"新标准"学前教育专业系列教材　　i教育·融合创新一体化教材

依据 《幼儿园教师专业标准（试行）》
　　　《中小学和幼儿园教师资格考试标准及大纲（试行）》 编写

学前教育政策与法规

钱　雨◎编　著

微课版

华东师范大学出版社
·上海·

图书在版编目(CIP)数据

学前教育政策与法规/钱雨编著. —上海:华东师范大学出版社,2022
 ISBN 978-7-5760-3093-8

Ⅰ.①学… Ⅱ.①钱… Ⅲ.①学前教育—教育政策—中国—高等学校—教材②学前教育—教育法—中国—高等学校—教材 Ⅳ.①G619.20②D922.16

中国版本图书馆 CIP 数据核字(2022)第 176605 号

学前教育政策与法规

编　　著　钱　雨
责任编辑　罗　彦
特约审读　沈吟吟
责任校对　张　筝　时东明
装帧设计　庄玉侠

出版发行　华东师范大学出版社
社　　址　上海市中山北路 3663 号　邮编 200062
网　　址　www.ecnupress.com.cn
电　　话　021-60821666　行政传真 021-62572105
客服电话　021-62865537　门市(邮购)电话 021-62869887
地　　址　上海市中山北路 3663 号华东师范大学校内先锋路口
网　　店　http://hdsdcbs.tmall.com

印 刷 者　上海盛隆印务有限公司
开　　本　787 毫米×1092 毫米　1/16
印　　张　15
字　　数　341 千字
版　　次　2023 年 2 月第 1 版
印　　次　2023 年 8 月第 3 次
书　　号　ISBN 978-7-5760-3093-8
定　　价　48.00 元

出 版 人　王　焰

(如发现本版图书有印订质量问题,请寄回本社客服中心调换或电话 021-62865537 联系)

序言
XU YAN

党的二十大报告提出，要办好人民满意的教育，促进教育公平，加强师德师风建设，保障妇女儿童合法权益。完善学前教育政策体系、提高学前教育质量，是实现这些目标的重要基础。学前教育面向的是"最柔软的群体"，聚焦千家万户的和谐生活，事关国家的未来，是民生保障的重中之重。"学前教育政策与法规"这门课程坚持问题导向与研究导向，旨在培养知法守法、师德高尚的学前教师，以保障每一名儿童的权益和安全。

一转眼，我教"学前教育政策与法规"这门课已经十四年了。在我参与学前教育政策的教学和研究过程中，我国学前教育政策研究也由青涩到羽翼渐丰，逐渐成为一门研究显学。在课程建设方面，我从最初的因授课时找不到合适的政策资料而不得不求助大量国际上的学前教育政策原版教材，到后来开设的"学前教育政策与法规"全英文课程被授予上海市留学生示范课程称号，这门课程的建设得到了校内外许多领导与专家的支持。

在开展教学的过程中，我主持了国家哲社、全国教科和教育部人文社科等多个政策研究项目，参与了我国学前教育立法的国际比较研究，撰写了数十篇中英期刊论文。这门课程也参考了国际相关课程的教材，吸纳了我国学前教育研究的成果，并在华东师范大学的本科生课堂教学实践中不断打磨。

我的初衷是想编著一本不那么枯燥、带有"温度"的《学前教育政策与法规》教材，能够把冰冷的文字转化为和煦的春风，让每个年轻的学生理解和反思：政策和我们的关系是什么？如何成为一个合格的学前教育者？如何在理解各项法律法规、政策的基础上依法执教，更好地关爱和保护儿童？

这本教材在教学资源上不断创新，融合了线上、线下的教学智慧，提供了大量的微课视频、教学案例和拓展阅读；在教学方法上也不断创新，以学生为中心，以问题为导向，融合了国际、国内的政策研究视野，鼓励学生将政策文本和教育实践相联系，将政策理论和政策研究相结合。希望更多的政策研究同仁能共同努力，让这门课程日趋成熟。此外，本教材入选华东师范大学精品教材建设专项基金项目。

本教材由华东师范大学钱雨编著和统稿。为提升教材质量,编者团队还包括:李乐、海青、张陈诗媛、朱美玲、赵丽、钱露和贾钱玉。

钱　雨

华东师范大学田家炳书院

目录 MU LU

导 论 为了每一个孩子 / 1

    ▶ 微课：课程介绍 / 1

01 第一章 学前教育政策与法规概论 / 3

    ▶ 微课：学前教育政策与法规概论（上）/ 3
    ▶ 微课：学前教育政策与法规概论（下）/ 3

第一节   教育政策与学前教育政策 / 4
第二节   学前教育政策与法规的类型和意义 / 7
第三节   我国学前教育政策与法规的发展历史 / 14

第二章 幼儿的权利与保护 / 26

    ▶ 微课：幼儿的权利与保护 / 26

第一节   幼儿权利与保护政策 / 28
第二节   幼儿的权利 / 42
第三节   幼儿的保护 / 54

03 第三章 学前教育机构工作人员的权利与义务 / 60

    ▶ 微课：学前教育机构工作人员的权利与义务 / 60

第一节   教师职业道德规范 / 61
第二节   学前教师 / 69
第三节   幼儿园园长 / 83
第四节   学前教育机构其他工作人员 / 86

第四章 学前教育与保育政策 / 92

> 微课：学前教育与保育政策（上）/ 92
> 微课：学前教育与保育政策（下）/ 92

第一节　学前教育与保育政策概述 / 93
第二节　《3—6岁儿童学习与发展指南》与《幼儿园保育教育质量评估指南》解读 / 96
第三节　《幼儿园工作规程》与《幼儿园教育指导纲要（试行）》解读 / 119
第四节　托育政策解读 / 129

第五章 学前教育机构的管理政策 / 137

> 微课：学前教育机构的管理政策 / 137

第一节　学前教育机构的法律地位 / 138
第二节　学前教育机构的准入标准 / 142
第三节　学前教育机构的权利与义务 / 149

第六章 学前教育法律法规 / 155

> 微课：幼儿安全事故的预防与处理 / 155

第一节　教育法律法规概述 / 156
第二节　《中华人民共和国学前教育法（征求意见稿）》解读 / 165
第三节　学前教育其他相关法律法规 / 173
第四节　幼儿安全事故的预防与处理 / 187

第七章 学前教育政策与法规的研究和展望 / 197

> 微课：学前教育政策与法规的研究和展望 / 197

第一节　学前教育政策与法规的主要研究方法 / 198
第二节　国际学前教育政策与法规的发展趋势 / 206
第三节　我国学前教育政策与法规的展望 / 219

附录　学前教育政策与法规原文 / 229

导论 为了每一个孩子

案例导入

每一个孩子

《每一个孩子》（英文片名《Every Child》）是一部短小而有趣的奥斯卡获奖动画片。创作者通过一个隐喻，形象地表现了当一个天真的孩童置身于不同的发展背景中时，可能面临的各种各样的风险。动画片里只出现了一个婴儿，却隐喻着每一个孩子可能面临的发展困境。例如，孩子可能遇到一个疏于管教的家长，一个沉溺于自身玩乐的家长，一个不欢迎孩子的家庭，一个贫困、弱势的家庭……这样的家庭或家长都可能给孩子的成长带来负面影响。

  想一想

如何关注每一个儿童的生存状态？如何从政策与法规的层面保护每一个儿童的权益？这些都是本门课程的学习者需要思考的问题。

学习"学前教育政策与法规"课程，是为了更好地关爱与守护每一个儿童，无论他们来自何处、身在何方。

在世界的各个角落，学前教育都在以不同的形式存在并发展着。我国学前教育事业正以前所未有的速度发展，但依然不能满足东部与西部地区家庭对学前教育的不同期待，也无法彻底解决城市与乡村学前教育中的众多难题。今天，无数农村家庭和民工子女依然面临着"入园难"的困境，学前教育机构与教师资源匮乏；而大量的城市家庭则在为"入优质园"奋斗，不愿让孩子输在"起跑线"上。如何解决这些社会难题，满足人们对学前教育的多重期待已经成为当前学前教育政策与法规研究的迫切问题。

 微课
课程介绍

近十年来，对教育公平的民声呼吁，以及对教育质量的社会渴求已经成为我国学前教育事业变革的重要课题。发人深省的是，"公平"与"质量"也正成为全球化的社会热点，是世界各地的政策研究者与教育工作者共同关注的焦点。可预见的是，在未来的漫漫岁月里，追求公平和质量的政策与法规研究仍将是中国乃至全球学前教育工作者共同关注的核心问题。

《中共中央国务院关于学前教育深化改革规范发展的若干意见》要求，到2035年全面普及学前三年教育，"为幼儿提供更加充裕、更加普惠、更加优质的学前教育"，把提高质量作为教育改革发展的核心任务。2021年教育部、国家发展改革委、财政部等九部门印发了《"十四五"学前教育发展提升行动计划》，提出了"普惠性学前教育保障机制进一步完善"的目标。

通过本课程的学习，可以了解国家有关学前教育的政策与法规，熟悉学前教师的权利和义务，掌握教师职业道德规范和专业素养的要求，充分了解国家重大政策与法规的主要内容和意义，为成为一名知法守法、师德高尚的学前教师，积极保障每一名儿童的权利和安全打下基础。

第一章 学前教育政策与法规概论

学习目标

（1）初步了解教育政策和学前教育政策的内涵。
（2）认识学前教育政策与法规的重要意义。
（3）通过历史回顾，了解我国学前教育政策与法规的发展历史。

学习准备

（1）预习本章内容，思考"想一想"中的问题。
（2）观看微课，学习本章重难点。

▶微课 学前教育政策与法规概论（上）　　▶微课 学前教育政策与法规概论（下）

本章导览

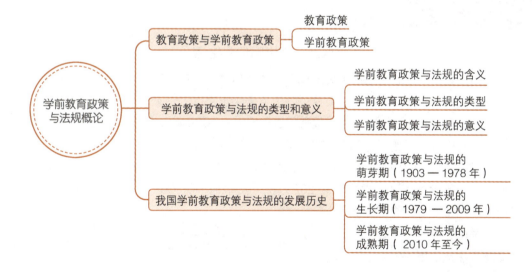

案例导入

为什么要学习学前教育政策与法规

在某校的"学前教育政策与法规"课程开课前，有几个同学针对"学习这门课的意义"这一问题开展了讨论。

"'学前教育政策与法规'这门课好像很枯燥。"

"对啊,感觉需要死记硬背的东西好多啊!"

"学这门课有什么用呢?去托幼机构工作会用到吗?"

……

诸如此类的疑惑,在不少同学的头脑中可能都浮现过。"学前教育政策与法规"这门课程会学习哪些内容?只有通过死记硬背才能学好这门课程吗?学习这些政策与法规对于未来的实际工作有什么帮助?我们应该如何学习这门课程,才能够掌握有"温度"的学前教育政策?本章将从学前教育政策概述开始,帮助大家理解学前教育政策与法规的含义、类型和意义,并通过历史回顾,进一步了解我国学前教育政策与法规的发展历史。

第一节 教育政策与学前教育政策

案例1-1-1

这些新规将影响你我生活

(1)《关于优化生育政策促进人口长期均衡发展的决定》——2021年6月,"三孩"政策正式发布,一对夫妻可以生育三个子女。

(2)《中华人民共和国家庭教育促进法》——2022年1月1日,该法正式实施,自此中国家长需要依法教养孩子。

(3) 2021年9月,由国家发改委联合22个部门发布的《关于推进儿童友好城市建设的指导意见》提出,到2025年,全国将建成100个儿童友好城市,从而推动儿童友好理念深入人心。

讨论:哪些政策对你的影响特别大?你觉得以上哪一条政策会对学前教育事业产生深远的影响?

在我们的日常生活中处处都有政策的"身影",如生育政策、入学政策、医保政策、高考政策等,但你知道"政策"这个词的来源吗?本节将介绍教育政策和学前教育政策的基本概念与内涵。

一、教育政策

"政"在汉语中有"政权""政事"等含义,"策"则有"计策""策划"等内涵。政策,从广义上讲,是政策与法规的总和;从狭义上讲,是不包括法律条文在内的行政决定。《辞海》中将政策定义为"国家、政党为实现一定历史时期的路线和任务而规定的行动准则和具体措施"。在本书中,政策是指政府、政党所制定的工作方针、规划、准则等。教育政策即政府在一定时期为实现一定教育目的而制定的关于教育事务的行动准则。

每一个人都会受到教育政策的影响。教育政策是公共政策的重要组成部分。各种公共政策会影响一个人或一个家庭的前途和命运,影响一个组织的成败兴衰,从长远来看,还关乎整个国家的发展前景。

自20世纪70年代开始,客观、科学、理性、技术控制的公共政策不断受到现实政治运作及各种社会道德价值争议的挑战,从而衍生出了多种对公共政策理解的再界定。这些挑战大致可溯源至20世纪60年代末至20世纪70年代在社会科学中兴起的"阐释理论"。

"阐释理论"受到海德格尔(Martin Heidegger)、伽达默尔(Gadamer)等现象学、解释学研究者的影响。它的基本假设是:社会科学的研究对象本质上不是客观存在的事实,而是人类通过社会过程建构出来的现实(Socially Constructed Reality),总是负载着人类主观赋予的意义及价值,不存在纯粹、客观、唯一的真理。正如杨诺(Dvora Yanow)所界定的,公共政策是"文本",它会被推行者所阐释并执行。作为"文本",它也会被不同的利益相关者加以"阅读"。而以阐释取向为本的教育政策研究,就是聚焦探讨该领域政策的意义、价值、感受或信念,并研究这些意义通过怎样的过程传递给不同的公众,以供他们"阅读"。

二、学前教育政策

学前教育政策是指对一定时期内学前教育机构的管理、教学、设施设备及质量督导等问题进行决断的中央和地方政府文件、规程与意见,是各级政府与学前教育机构管理与运行学前教育服务的政策依据与行动准则。它包括党和国家为实现一定历史时期的学前教育发展目标,依据党和国家在一定历史时期的基本任务、方针而制定的关于学前教育的行动准则。学前教育政策制定的主体主要是政府和政党,在一定条件下,专业团体等非政府组织也会成为学前教育政策制定的主体。由于各类政策不具有法律约束力,因此,学前教育政策要依靠宣传、提倡、监督等柔性手段来实施。

学前教育政策是静态与动态的辩证统一,包括静态的学前教育政策文本和动态的学前教育政策制定与实施过程。基于此,对于学前教育政策的研究与学习也应当包括静态的文本分析和动态的政策制定、实施及监控、评估。在我国,学前教育阶段包含0—3岁的托育阶段和3—6岁的幼儿园教育阶段。因此,学前教育政策包括0—3岁托育政策和3—6岁幼儿园教育政策的文本与实施。

基于当代教育政策研究与儿童教育科学研究的结果,许多发达国家(如美国、英国、日本等),以及发展中国家(如巴西、印度等),都把推动学前儿童教育公平、提升儿童教育质量作为国家最迫切的需要之一。经济合作与发展组织(OECD)的教育政策分析(1999年)指出:学前教育是向终身学习的第一笔投资,是一项意义远大的政策援助。该年度OECD的学前教育总结报告标题就是"儿童早期教育与保育:从投资中获益最多的教育阶段"。学前教育的获益者不仅是儿童个人及其家庭,也是整个社会①。

2010年9月,联合国教科文组织在莫斯科召开世界幼儿保育和教育大会,大会主题为"构筑国家财富"。学前教育事业的发展孕育并构筑着国家财富,这一主题充分体现了国际社会对发展学前教育事业的共识。

在世界全球化的趋势下,推动优质学前教育的普及不仅是儿童和家庭发展的追求和途径,也是各国政府为减少未来的失业救济、贫困补助等财政性支出所采取的战略措施。美国于1999年发布的教育研究报告《消除教育差距:回报与成本》中的主要结论是:教育公平能够给政府创造巨额的财政收入,给社会带来巨大的经济效益。这无疑引发了社会和个人对教育公平的新一轮关注。

基于当代科学研究的结果,美国白宫于1970年和1981年两次做出决定:把发展托幼事业作为国家最迫切的需要之一。1994年美国政府签署的《2000年目标:美国教育法》第一编中明确规定:到2000年,所有美国儿童都能够做好入学学习的准备。这一法案把发展学前教育放在全美八大教育目标之首。近年来,美国政府有意加强了对学前教育事业的组织领导,专门成立了相关委员会。

2012年,联合国教科文组织的穆尼奥斯(Vernor Muñoz)代表全球教育运动联盟发表了名为《开始的权利——学前教育与养护》的报告,再次重申接受优质的学前教育是每个幼儿的天赋权利,各国政府都应当积极行使自己的职责与义务来保障幼儿的权利,强调了学前教育政策的重要意义。

近年来,我国高度重视学前教育事业的改革与发展,先后制定并颁布了一系列重要的学前教育政策,对规范和促进我国学前教育事业的发展起到了重要的作用。一方面,我国政府不断在重要的教育规划与政策中凸显学前教育的重要性,如《关于深化教育体制机制改革的意见》,并从国家战略高度规划学前教育未来的发展方向与改革措施,如《教师教育振兴行动计划(2018—2022年)》。另一方面,我国先后制定或修订了一系列重要的专门性学前教育国家政策,如《中共中央国务院关于学前教育深化改革规范发展的若干意见》《国务院关于当前发展学前教育的若干意见》《新时代幼儿园教师职业行为十项准则》《幼儿园教育指导纲要(试行)》《3—6岁儿童学习与发展指南》《幼儿园教师专业标准(试行)》等。这些教育政策和专门性的学前教育政策指明了我国未来学

---

① 钱雨. 公平·质量·反思:全球化视野下的学前教育政策研究[M]. 南京:南京师范大学出版社,2015:14.

前教育的发展方向，为我国当前以及未来的学前教育改革与发展提供了有力保障。

学习学前教育政策等于背诵政策文件内容吗？你打算如何学习这门课程？

第二节　学前教育政策与法规的类型和意义

哪里学到的东西最重要

1988年，当75名诺贝尔奖获得者聚集一堂的时候，有记者问获奖者："您在哪所大学、哪个实验室学到了您认为最重要的东西？"一位白发苍苍的学者沉思片刻回答道："是在我的幼儿园里。"记者追问："您在幼儿园学到了什么重要的东西呢？"学者答道："把自己的东西分一半给小伙伴，不是自己的东西不拿，东西要放整齐，吃饭前要洗手，做错事情要表示歉意……"

讨论：你觉得学前教育和学前教育政策重要吗？为什么？

这则故事说明了学前阶段所养成的良好品格、习惯等是影响个体一生的重要核心素质。学前期作为个体社会化的起始阶段，是人的行为习惯、情感、态度、性格等基本形成的时期。儿童在学前期形成谦让、分享、合作、自律等良好的社会品质有助于其积极适应未来环境、健康和谐成长。因此，学前教育阶段的政策与法规对个体一生的发展有着重要影响。本节将重点介绍学前教育政策与法规的类型和意义。

一、学前教育政策与法规的含义

（一）学前教育政策与法规的含义

学前教育政策与法规是有关学前教育的政策和法规的总称。一般而言，政策是政府、政党所制定的工作方针、规划、准则等；法规是由立法机关或由立法机关授权的政府部门所制定的法律、规章，具有强制性、规范性。政策与法规虽然在制定的主体、实施方式、调整和适用的范围、要解决问题的性质等方面不同，但是两者又相互联系。前文已对学前教育政策的内涵进行了解读，这里主要介绍学前教育法规的含义。

学前教育法规是指由国家机关制定的有关学前教育方面的法律规范的总和，既包括全国人大及其常委会制定并通过的法律，也包括国务院制定的行政法规、地方国家机关制定的地方性法规。学前教育法规往往会以法规、规程、规章、条例、细则等形式颁布。由于法规制定的主体必须是国家权力机关或其授权的代表国家权力机关的部门，因而学前教育法规的实施会得到国家强制力的保护，具有强制性，即学前教育法规是由国家制定或认可、由国家强制力保障实施的学前教育的法律规范体系的总称。

从我国的法律法规体系来看，《中华人民共和国学前教育法》将是由全国人大制定并通过的第一部学前教育专门法，而在《中华人民共和国宪法》《中华人民共和国教育法》《中华人民共和国教师法》《中华人民共和国未成年人保护法》等重要的法律法规中也都设置了与学前教育有关的条款。这些法律法规为规范和保障我国学前教育事业的健康、可持续发展提供了重要的法律依据。

（二）学前教育政策与法规的关系

学前教育政策与学前教育法规之间既有联系，也存在区别。

1. 学前教育政策与法规的联系

政策与法规的目的是一致的。首先，学前教育政策与法规都集中反映了党和国家教育行政机关在学前教育方面的意志和主张，规定了学前教育各项工作的行为准则，体现了党和国家的意志，反映了人民对教育的要求和教育的基本规律。其次，学前教育政策是制定学前教育法规的依据，它们相互依存、相互渗透。一方面，政策是制定法规的依据，法规是政策的具体化、条文化、定型化，是政策得到实施的保证；另一方面，许多政策又是根据宪法和法律法规制定的，政策不能违背宪法和法律法规。最后，学前教育政策贯穿学前教育法规的立法、运行和实施过程。学前教育政策不仅指导着学前教育立法的过程，还配合着学前教育法规的运行和实施，与学前教育法规相辅相成。

2. 学前教育政策与法规的区别

学前教育政策与法规的区别如表1-2-1所示。

▲ 表1-2-1 学前教育政策与法规的区别

类　目	区　　别
制定主体	政策：制定主体较为宽泛，中央/地方政府政党及其各级组织、个人都有可能作为制定主体。 法规：由国家权力机关或其授权的代表国家权力机关的部门制定。
表现形式	政策：有纲要、决议、决定、规定、办法、通知、意见、路线、战略、方针、规划、计划等表现形式，多以红头文件的形式下发。 法规：以宪法、法律、行政法规、地方性法规、有权法律解释、自治条例、单行条例等法律规范性形式来表现。

续表

类 目	区 别
执行方式	政策：执行方式多样，以宣传、提倡、监督等柔性手段为主。 法规：以国家强制力为后盾保证实施，依靠国家强制力执行。
效力等级	1. 法规的位阶高于政策。 2. 当法规没有相关规定时方可运用政策，且不能和前者相抵触。

总之，学前教育政策与学前教育法规在制定主体、表现形式、执行方式、效力等级等方面有所不同，但从政策和法规之间实际存在的相互联系来看，学前教育政策与学前教育法规在一定条件下可以转化。一般情况下，政党或政府会根据社会、教育形势的实际变化，提出有关学前教育的意见，然后制定出相关政策；必要条件下，学前教育法规会在这些相关政策的基础上被进一步定型和规范，最终形成有关学前教育方面的法律规范。

案例1-2-2

学前教育政策与法规的相互转化

1993年，英国教育委员会发表报告，认为应为3—4周岁儿童提供优质的学前教育。1994年，在英国保守党全国大会上，时任首相约翰·梅杰（John Major）提出："如果家长想孩子获得学前教育的学额，政府应拨款为每一位4周岁儿童提供优质的学前教育学额。"英国政府通过立法将之前相关的政策进一步转化为法案：1996年，英国政府出台了《幼儿教育及资助学校法》，推出幼儿教育券计划，其核心是为每位4周岁儿童提供面值1 100英镑的教育券。该法案从1996年4月实施，到1997年5月，工党政府上台后宣布中止，但"为所有4周岁幼儿提供免费学额"的方向并没有改变。1998年，英国工党政府根据之前的法案推出了"确保开端计划"，这一政策主要针对4周岁以下的婴幼儿，特别是弱势儿童群体及其家庭，旨在通过医疗保健、免费学前教育、儿童保育、家庭支持等服务促进婴幼儿身体、智力与社会性等多方面的发展，提高学前教育的质量。

上述案例充分反映出在一定条件下，学前教育政策与法规之间是相互联系且可以相互转化的，二者难以分割。将政策转化为法规需要满足三个条件：（1）只有成功的和成熟的政策才能转化为法规；（2）只有具有长期稳定性的政策才能转化为法规；（3）只有对全局有重大影响的政策才能转化为法规。

二、学前教育政策与法规的类型

学前教育政策与法规从纵向角度可分为国家层面的学前教育政策与法规和地方层面的学前教育政策与法规；从横向角度可分为学前教育总体性的政策与法规和学前教育具体领域的政策与法规，具体内容如表1-2-2所示。

▲ 表1-2-2 学前教育政策与法规的类型与体系

纵向 \ 横向	学前教育政策与法规	
	总体性的政策与法规	具体领域的政策与法规
国家层面的学前教育政策与法规	宪法、教育法、其他部门法中的学前教育条款；学前教育部门法；学前教育规章；国家对学前教育发展的中长期规划，对学前教育发展的决定、决议，以及国家领导人的讲话、报告等。	有关学前教育经费、师资、机构、设备、课程等具体领域的纲要、章程、计划、规定、方案等。
地方层面的学前教育政策与法规	有关地方学前教育发展的计划、方案等；实施国家学前教育法规、规划的细则、办法、通知等。	有关地方学前教育具体领域，如各省市的学前教育经费、办园类型、幼儿园课程等方面的规划、办法、细则、要求等。

三、学前教育政策与法规的意义

案例1-2-3

如何证明学前教育政策的意义

研究者从长达40年的佩里实验项目中发现，早期教育的投资回报率达到1∶16左右，远高于其他投资。研究结果震惊世界，直接支持了美国多个学前教育法案的审议通过。佩里实验计划始于1962年，对123名来自低收入家庭的幼儿进行了近40年的追踪研究。佩里研究设置了试验组和控制组，从学业成就、经济状况、犯罪率、家庭关系和健康5个方面考察了优质学前教育的中长期效果。研究结果有力地证明了学前教育对人的发展具有长远的、多方面的影响。数据表明，早期发展的投入对人成年后的社会状态会产生极大影响。相较于其他阶段的教育投资，对早期阶段的教育投资是最有效率且成本最低的，每一美元在未来的回报率大约达到了16美元。

讨论： 你觉得这个研究说明了学前教育政策的重要性吗？还有哪些研究能够说明学前教育政策的意义呢？

（一）制定学前教育政策与法规是社会与经济发展的需要

学前教育对于基础教育乃至教育事业的整体发展具有重大影响。大量研究都表明了学前教育阶段对儿童一生的能力与成就影响显著。近年来，脑科学、经济学和教育学的研究均证实了学前教育阶段的重要价值，从而引发了许多国家的政策制定者对学前教育政策的关注。

脑科学和生物学的研究指出，在儿童期，人的大脑和身心发育有很强的可塑性，会受到环境的影响。好的学前教育将促进大脑神经建立更加丰富的连接，使儿童身心和谐发展、健康成长。教育学与评估科学的成果还表明，高质量的学前教育会影响儿童认知、健康和社会情感等领域的早期和后续发展。

在教育经济学家发起的各种关于学前教育成本与效益的研究中，由戴维·韦卡特（David Weikart）及其同事开展的高瞻佩里实验项目最为著名（见案例1-2-3）。研究发现，接受了优质学前教育的实验组儿童随后的学业成就更高，就业率与经济收入更高，家庭关系更加和睦，而犯罪率、吸毒率更低。研究表明，学前教育投资是回报率最大的公共投资，如图1-2-1所示。

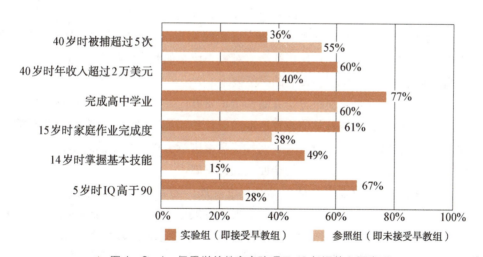

▲ 图1-2-1 佩里学前教育实验项目40年评估主要发现

2000年诺贝尔经济学奖获得者、芝加哥大学的赫克曼（James Heckman）教授在《提升人力资本投资的政策》一文中也指出，在其他条件相同的情况下，幼儿期对一个人投资1美金，将比在幼儿期之后投入同样的金额收益更大，"将人力资本的投入直接指向幼儿是对社会公共资金更有效的利用"。在纵向研究的每一个阶段，优质学前教育的投资回报率均高于小学、中学甚至大学教育阶段。赫克曼还指出："在所谓的正式学习开始之前，学习在婴儿期就已开始，并且将持续终身。早期学习引发后续学习，早期的成功孕育后续的成功，这一阶段的成功或失败是将来学龄阶段成功或失败的基础。"最佳的投资政策是：儿童年龄越小，投入的教育资金应当越多，并且随其成长过程而不断追加。

与全球同等经济发展水平的国家相比，我国学前教育投入的水平依然处于较低位置。作为一个人口大国，普及学前教育意味着需要大量的教育资源作为保证。过去10年间，我国学前教育经费的缺乏是导致幼儿园入园率下降的主要原因之一。随着我国义务教育目标的实现、国力的进一步发展，提高学前教育财政投入，推动学前教育事业和谐发展已经成为我国社会、经济与文化发展的需要。

不过需要指出的是，在学前教育发展的过程中，由于参与主体涉及政府、教育机构、社会团体、个人等各个方面，各自的权利与利益诉求不同，矛盾、冲突是客观存在的。比如，发展学前教育的经费如何保障；政府、机构、个人各自承担怎样的责任，可以享有怎样的权利等。因此，科学使用公共学前教育经费，提高公共学前教育经费使用的有效性和公平性，避免由于资源缺乏带来的国家公平行动目标偏离是至关重要的。当这些权利与利益分配发生冲突时，学前教育政策与法规就提供了调解、协调的准则、途径和方式，确保学前教育领域权利与利益分配的公正、和谐。总而言之，为进一步促进教育公平，满足社会公平与经济公平的需要，必须高度重视学前教育的政策研究。

（二）完善学前教育政策与法规体系是教育事业发展的需要

学前教育政策与法规通过对学前教育活动的目标与任务的规定、规划，为学前教育的发展指明了方向。这里的方向可以有两个层面的含义：一是为学前教育指明具体的归宿，比如学前阶段受教育者应达到的目标、一定时期学前教育应达到的规模与质量等。二是抽象的价值方向的引领。在现代社会，对每一位学前儿童实施保育和教育，是保障儿童权利的体现，也是社会和谐发展的必然要求。

学前教育政策研究是学前教育研究的一个重要方面，它明确了学前教育的性质，关系到学前教育的决策，制约着学前教育活动的设计和实施，对学前教育事业乃至整个教育事业的改革有着重大影响。只有对学前教育政策进行合理、科学的变革，才能促使我国学前教育事业在理论和实践层面的全面、和谐发展。

我国的学前教育事业在以全球罕见的速度发展。随着三孩政策的推动，0—6岁婴幼儿的人口数量将逐年上升。《国务院关于当前发展学前教育的若干意见》明确指出，把发展学前教育摆在更加重要的位置，各地区要"建立幼儿园保教质量评估监管体系"。因此，通过推动学前教育政策变革来提高教育质量，已成为我国学前教育事业发展与变革的迫切需求。

然而，在当前形势下，我国还存在教育资源分配不均的情况，如地域之间、幼儿园之间和幼儿之间的财政投入不均。此外，我国的学前教育政策研究还较为薄弱，缺少专业的研究与分析人员。政策研究的不完善增加了学前教育事业可持续发展的难度。学前教育是基础教育的基础。国家有义务通过学前教育政策变革来满足每一个学前儿童的基本学习需要，不断促进中国教育事业的稳步发展。

（三）推动学前教育政策与法规变革是提升学前教育质量的需要

学前教育政策与法规为参与学前教育的各方提供行为准则、程序规则，确保学前教育事业健康、有序地发展。学前教育政策与法规划定了各方的职责、义务，以此来确保学前教育事业得到有效监管。比如，各级政府应对学前教育的发展进行规划、保障和监督；机构应该依据相关规定，提供合格的保育和教育服务；保教人员应该履行规定的职责；家长要依法保障学前儿童接受学前教育。各方面各尽其责，学前教育才能健康发展。此外，学前教育政策与法规为学前教育运行的程序制定了规则，如准入制度、教师资格制度等。学前教育机构的运行应遵循一定程序，符合一定条件，如此，学前教育发展才不会陷入混乱。

党的十九届五中全会特别强调，要"完善普惠性学前教育保障机制"；《中共中央国务院关于学前教育深化改革规范发展的若干意见》要求，到2035年，全面普及学前三年教育；《"十四五"学前教育发展提升行动计划》明确提出，到2025年，全国学前三年毛入园率达到90%以上。以上政策对学前教育事业是一项新的挑战，因为国际相关研究发现，入园率快速上升可能导致学前教育整体质量下滑。因此，在鼓励提高幼儿入园率的同时，各级政府应对学前教育质量担负主要责任。只有不断提高教育质量，才能真正达到教育公平，促进儿童全面、持续地发展。

为推动学前儿童的和谐发展，世界各国均在积极完善相关的学前教育政策体系，如把0—3岁的托育与3—6岁的幼儿园教育体系进行整合。让父母没有后顾之忧地投入工作，国家会获得更多的财富，这已经成为众多国家对于完善学前教育政策体系的共识。

学前教育的总体质量影响着全体国民的基础素质、人力资源状况，进而影响着国家的综合国力。纽鲍尔（Neubauer）指出，最重要的教育"量（quanta）"，恰恰是那些儿童在其最早的学习期内所获得的教育量。因此，完善学前教育政策体系、提高学前教育质量，既关系到千家万户的生活与和谐社会的建设，也关系到每个儿童和家庭的长远发展与未来。

想一想

结合高瞻佩里实验项目等研究的数据，说说学前教育政策与法规的制定与研究为何如此重要。

第三节
我国学前教育政策与法规的发展历史

案例 1-3-1

中国第一部学前教育政策法规

鸦片战争后,中国沦为半殖民地半封建社会,清政府不得不进行改革,在1904年颁布了我国第一部学前教育政策法规《奏定蒙养院章程及家庭教育法章程》,它是《奏定学堂章程》的一部分。其内容包括蒙养家教合一、保育教导要旨及条目、屋场图书器具、管理人员事务共4章(21节)。确定幼教机构的名称为蒙养院,确立蒙养院的地位是"蒙养通乎圣功,实为国民教育之第一基址",并指出"蒙养院专为保育教导三至七岁之儿童"。《奏定蒙养院章程及家庭教育法章程》从一定意义上催生了第一批学前教育机构和最早的师资培训机构,并且为女学奠定了一定的基础。

在《奏定蒙养院章程及家庭教育法章程》颁布之后,我国的学前教育政策与法规经历了一段百年历程。本节将主要介绍我国学前教育政策与法规的发展简史。回顾历史,我国学前教育政策与法规的发展历程并非一帆风顺,既有阵痛曲折,也有经验收获。当代中国学前教育政策与法规研究的历史可以大致划分为三个阶段。

一、学前教育政策与法规的萌芽期(1903—1978年)

从1903年中国第一个学前教育机构——湖北幼稚园诞生至今,弹指一挥间,中国现代意义上的学前教育机构已走过了百年历程。

(一)清末学前教育政策与法规的肇端

清末"洋务运动"后期,两湖总督张之洞宣扬"中学为体""西学为用",倡办新式教育。湖北巡抚端方于1903年(光绪二十九年八月)在武昌寻常小学堂(后称模范初等小学堂)内创办了湖北幼稚园,我国第一所学前教育机构正式诞生。幼稚园特聘请3名日本女师范生任教,户野美知惠任园长。公布在1904年《东方杂志》上的《湖北幼稚园开办章程》指出:幼稚园是"因家庭教育之不完全而设,专辅小儿自然智能、开导事理、涵养德性,以备小学堂之基础为宗旨",主张"重养不重学",其保育教育任务包括发展身体、开发智能、培养行为习惯三个方面。同时规定招收5—6周岁幼儿入园，收托时间为每日3小时。保育科目设有行仪、训话、幼稚园语、日语、手技、唱歌、游戏共7项。该园为中国第一所公立幼稚园，后改称为武昌蒙养院，原址现为湖北武昌幼儿师范学校附属幼儿园。《湖北幼稚园开办章程》是中国近代学前教育政策与法规孕育期的标志。入园幼儿所用服装、图书、保育物品，均由官备，饭费由家庭负担。幼稚园内附设女子学堂，培养幼稚园"保姆"，招收15—35岁女子学习保育学科。

▲ 图1-3-1 湖北幼稚园创建人员合影

1904年，由张百熙、荣庆、张之洞等人制定的《癸卯学制》颁布，通过了《奏定蒙养院章程及家庭教育法章程》，这是我国学前教育和家庭教育最早的专门立法。清末学前教育政策与法规的初步发展情况如表1-3-1所示。

▲ 表1-3-1 清末学前教育政策与法规

时 间	名 称	内 容
1904年	《奏定蒙养院章程及家庭教育法章程》	规定：蒙养家教合一，以蒙养院辅助家庭教育，家庭教育包括女学；设蒙养院保育教导3—7周岁儿童；各省、府、厅（州、县）均应在育婴堂、敬节堂内附设蒙养院，一面教给乳媪、节妇保育教导幼儿之事，一面收容本地附近的幼儿入院受教；保育教导条目有游戏、歌谣、谈话、手技四项。
1907年	《奏定女子师范学堂章程》	规定：女子师范培养女子小学堂教习并讲习保育幼儿方法，女子师范学堂当附设女子小学堂及蒙养院，供师范生实习之用。使蒙养院从附设在育婴堂、敬节堂的陈规中摆脱出来，改变了由蒙养院培养幼教师资的做法，蒙养院招收女生也成为现实。

（二）民国时期学前教育政策与法规的调整

民国初期，南京临时政府在清末学前教育政策与法规的基础上进一步确立了有关蒙养院体制的政策与法规。1912—1913年颁布的《壬子·癸丑学制》，将清末的蒙养院改名为蒙养园，入园年龄为未满6周岁的儿童。1916年颁布了《国民学校令施行细则》，其中第六章"蒙养园及类于国民学校之各种学校"，对蒙养园的宗旨、保教内容、方法、设备要求等做了具体规定，成为民国初期学前教育机构运作的依据。1922年，北洋政府又确立了幼稚园体制的政策与法规，颁布的《学校系统改革案》对学前教育政策主要做了两方面的调整：一是将蒙养园改称为幼稚园，二是提出了单设幼稚师范学校的设想。新学制所确定的幼稚园体制一直被沿用到了中华人民共和国成立。

到了民国后期,学前教育政策与法规又有了进一步的调整。抗战前,学前教育政策与法规的初步拓展体现在三个方面:第一,国民政府大学院于1928年通过了《注重幼稚教育案》。第二,教育部于1929年公布了由陈鹤琴主持制定的《幼稚园课程暂行标准》(1932年、1936年两次修订)。第三,国民政府颁布的《师范学校法》(1932年)、《师范学校规程》(1933年),对幼稚师范教育做了规范。

抗战爆发后,国民政府对学前教育的政策与法规又做了进一步调整,将学前教育向农村、工厂推广,并实施了战时儿童保育。1939年,教育部公布了《幼稚园规程》,1943年改名为《幼稚园设置办法》。在学前教育师资教育方面,1940年政府支持创设了江西省立实验幼稚师范学校,1943年将该校改为国立。

(三)中国共产党领导下的革命根据地学前教育政策与法规的建设

1927年大革命失败以后,在由中国共产党领导的革命根据地中也开展了学前教育,颁布了一些学前教育政策与法规。老解放区学前教育的突出目的是保育儿童,以使广大的幼儿父母能参加抗战和生产劳动,同时也明确提出要保育好革命烈士的后代,培养革命的接班人。这一时期的政策与法规从制定到内容的完善充分体现出了"为战争服务"的特点,如相关教育政策多次指出干部教育优先于成人教育、成人教育优先于儿童教育,在内容上多为强调妇女和儿童保育及保护的条款,而缺少对儿童教育内容、教学方法等方面的规定。例如,在江西苏维埃根据地(简称苏区)颁布了以兴办托儿所为重点的学前教育政策——1934年,中华苏维埃共和国临时中央人民政府内务委员会颁发《托儿所组织条例》,对苏区的兴办托儿所运动进行了规范。在之后的抗日民主根据地也创办了保育院等学前教育机构,如1938年,在延安成立陕甘宁边区第一保育院;颁布了学前教育政策与法规,如1941年,陕甘宁边区政府修正并发布了《关于保育儿童的决定》,要求各地及各机关建立托儿所。

(四)中华人民共和国成立初期学前教育政策与法规的发展

1949年10月1日,中华人民共和国宣告成立。学前教育成为工农大众文化教育事业的一个重要组成部分。1949年11月,中央人民政府教育部成立,首次在初等教育司下设幼儿教育处。这一时期的幼儿教育法规主要以老解放区的经验为基础,以逐步向社会主义过渡、全面学习苏联为特点。

中华人民共和国成立初期,初步构建了学前教育的基本制度框架,确立了我国学前教育发展的性质、任务和发展方向,如表1-3-2所示。

▲ 表1-3-2 中华人民共和国成立初期学前教育政策与法规的初步构建

时间	教育政策与法规	内容
1951年	《关于改革学制的决定》	将"幼稚园"改为"幼儿园";将"幼稚师范"改为"幼儿师范",允许单独设立,也可附设在师范学校成为幼儿师范科。

续 表

时 间	教育政策与法规	内 容
1952 年	《幼儿园暂行规程》《幼儿园暂行教学纲要》	《幼儿园暂行规程》对幼儿园的学制、设置、领导、教养原则、教养活动项目、入园、结业、组织与编制、经费、设备等做了规定；《幼儿园暂行教学纲要》则进一步对幼儿园的教学做了详细说明。
1955 年	《关于工矿、企业自办中、小学和幼儿园的规定》	激发了企业自办学前教育机构的热情。
1956 年	《关于托儿所、幼儿园几个问题的联合通知》	明确了各类学前教育机构的管理归宿。

1951 年 10 月 1 日，中央人民政府政务院颁布《关于改革学制的决定》，这是新中国成立后公布实施的第一个学制，将幼儿教育列入学制体系的第一部分，并规定实施幼儿教育的机构为幼儿园，招收 3—7 岁的幼儿，幼儿教育成为小学教育的基础。

新中国成立初期，我国确定了政府办园和社会力量办园并举的"两条腿走路"的学前教育发展方针。在苏联学前教育专家的指导下，1952 年中央教育部颁布了《幼儿园暂行规程》和《幼儿园暂行教学纲要》。这些文件内容多受国外理论与实践的影响，缺乏科学分析的研究依据。但这些政策的颁布在当时有力地促进了新中国学前教育事业的发展，使幼儿园教育有了更加明确的目的、计划和学科教学思想。从 1949 年到 1978 年，全国幼儿园从 1 300 所激增到 16 万多所，在园幼儿从 13 万人增加到 787 万多人，如表 1-3-3 所示。此时，学前教育政策文本的数量比较贫乏、单一，社会对学前教育政策研究的重视程度尚且不足。

▲ 表 1-3-3 改革开放前我国学前教育事业发展统计表（部分）[①]

年 份	入园幼儿数（万人）	幼儿园数（万所）
1949	13.0	0.13
1950	14.0	0.18
1951	38.2	0.48

[①] 数据来源：教育部统计年鉴（1949—1975 年）。

续 表

年 份	入园幼儿数（万人）	幼儿园数（万所）
1952	42.4	0.65
1955	56.2	0.71
1957	108.8	1.64
1958	2 950.1	69.53
1960	2 933.1	78.50
1964	158.9	1.77
1975	620.0	17.17
1978	787.7	16.40

随后，我国逐渐形成了特有的单位福利性质的托幼机构办园体制。在城市中，托幼机构多由厂矿、企业、机关、团体或群众个人举办；在农村，则提倡农业生产合作社举办幼儿园。

在计划经济时代，这种以单位福利性质为特色的学前教育机构体制有力地促进了学前教育事业的发展。我国幼儿园数量和入园幼儿的人数大幅增加，基本满足了父母的需要。但它同时也表现出一种将学前教育定位于单位福利而非公共事业的观点。这一时期，我国逐步形成了受苏联社会主义学前教育理论影响的社会主义学前教育体系，政策与规程均受到国外学前教育理念的影响。该时期，我国的学前教育机构基本是"公办"的。其中，由各企业、机关学校、集体、政府部门等开办的幼儿园占到70%甚至80%以上，其经费由国家、单位和幼儿家庭共同分担。

二、学前教育政策与法规的生长期（1979—2009年）

（一）改革开放初期学前教育改革方针的初步确定

改革开放以来，中国学前教育事业进入了飞速发展与不断变革的时期。1978年，全国入园幼儿的总人数还不足800万，2009年已达到2 657.81万，如表1-3-4所示。这一时期全国幼儿的入园率也大幅增加，1991年幼儿三年毛入园率仅为27.8%，2009年已达到50.9%，增加了23.1%。在为更多幼儿提供入园机会的同时，我国政府开始研制更加丰富、系统的系列政策文件，以指导广大学前教育工作者进一步规范与改善工作，全面提高中国儿童保育教育质量。

▲ 表1-3-4 改革开放后我国学前教育事业发展统计表（部分）①

年 份	入园幼儿数（万人）	幼儿园数（万所）
1980	1 150.77	17.04
1990	1 972.23	17.23
1995	2 711.23	18.04
2000	2 244.18	17.58
2002	2 036.00	11.18
2005	2 179.03	12.44
2006	2 263.85	13.05
2008	2 474.96	13.37
2009	2 657.81	13.82

20世纪80年代末，随着经济体制改革，国家开始强调学前教育不再依托单位和集体，而是借助社会化的手段，动员和依靠社会各方面的力量为更多儿童提供接受学前教育的机会。

1979年，教育部等部门联合召开全国托幼工作会议。会后，中共中央、国务院转发了《全国托幼工作会议纪要》（简称《纪要》）。《纪要》提出了五个方面的要求：第一，加强托幼工作的统一领导和分工合作，国务院设立由各部门参与的托幼工作领导小组。第二，积极解决托幼工作经费和保教人员的工资、劳动保险、福利待遇问题。第三，坚持"两条腿走路"的方针，恢复、整顿、发展、提高各类托幼组织。第四，建设又红又专的保教队伍，要求各省市自治区恢复和建好幼儿师范学校。第五，努力提高保教质量。《纪要》确定了改革开放初期我国学前教育发展的政策方向，对领导机构、托幼事业经费、托幼机构体制、师资培养、保教质量等做出了全面规划。其中值得注意的是，《纪要》提出了托幼事业的"社会化"问题，为以后学前教育的社会化埋下了伏笔。

1985年颁布的《中共中央关于教育体制改革的决定》要求，在实行九年制义务教育的同时，"还要努力发展幼儿教育"。一方面，随着"社会化"方针的有效落实，3—6岁幼儿的入园机会不断增加，学前教育机构的保育教育质量不断提高。但另一方面，"入园难、入园贵"的问题开始成为老百姓茶余饭后的热点话题。这种问题激化、矛盾突出的现状，既是我国原有学前教育体制固有问题在当前的集中显现，也与政策研究者对社会现实、人口变化、经济发展与改革的复杂性估计不足有关。学前教育在政策

---

① 数据来源：教育部统计年鉴（1980—2009年）。

改革的过程中一度缺乏清晰的思路和严密的研究设计。

（二）相关学前教育政策与法规的出台

在全国托幼工作会议召开后，学前教育的各项改革工作逐步展开，国家相继出台了一系列政策、法规，形成了改革开放前十年学前教育的格局。主要包括三个方面：第一，有关托儿所的政策法规，如《城市托儿所工作条例（试行草案）》（1980年）、《三岁前小儿教养大纲（草案）》（1981年）。第二，有关幼儿园的政策法规，如《城市幼儿园工作条例（试行草案）》（1979年）、《幼儿园教育纲要（试行草案）》（1981年）、《托儿所、幼儿园卫生保健制度》（1985年）、《幼儿园教玩具配备目录》（1986年）、《全日制、寄宿制幼儿园编制标准（试行）》（1987年）、《托儿所、幼儿园建筑设计规范》（1987年）、《关于明确幼儿教育事业领导管理职责分工的请示》（1987年）等。第三，关于农村学前教育的政策，如《关于发展农村幼儿教育的几点意见》（1983年）、《关于进一步办好幼儿学前班的意见》（1986年）。

（三）1988—2000年的学前教育政策与法规

该阶段的学前教育政策与法规包括学前教育改革方针的调整和其他重要学前教育政策与法规的出台，如表1-3-5所示。

▲ 表1-3-5　1988—2000年的学前教育政策与法规

时间	名称	内容
1988年	《关于加强幼儿教育工作的意见》	提出四方面要求：第一，动员和依靠社会各方面力量，通过各种渠道、多种形式发展幼儿教育事业。第二，建立一支合格、稳定的幼儿园师资队伍。第三，端正办园指导思想，深化教育改革，全面提高保育、教育质量。第四，明确职责，加强领导。
1988年	《城市幼儿园建筑面积定额（试行）》《关于进一步办好职业高中幼师专业的意见》	内容略。
1989年	《幼儿园工作规程（试行）》《幼儿园管理条例》	
1991年	《关于加强幼儿园安全工作的通知》《关于改进和加强学前班管理的意见》	
1992年	《幼儿园玩教具配备目录》	
1994年	《托儿所幼儿园卫生保健管理办法》	

续 表

时间	名 称	内 容
1995 年	《关于企业办幼儿园的若干意见》	内容略。
1996 年	《关于开展幼儿园园长岗位培训工作的意见》《幼儿园工作规程》	
1997 年	《全国幼儿教育事业"九五"发展目标实施意见》	措施包括：第一，提高认识，切实加强幼儿教育的领导和管理。第二，深化幼儿园办园体制的改革。第三，深化教育、教学改革，全面提高保教质量。第四，切实加强幼儿师资队伍的建设。第五，拓宽幼儿教育经费渠道，加大投入力度。明确提出：幼儿教育属于非义务教育，发展这项事业应坚持政府拨款、主办单位和个人投入、幼儿家长缴费、社会广泛捐助和幼儿园自筹等多种渠道解决经费问题。

（四）2000—2009 年的学前教育政策与法规

2000 年以后，国家在已出台的《幼儿园管理条例》（1989 年）、《幼儿园工作规程》（1996 年）等政策的基础上，又对学前教育政策与法规做出了新的调整。这一时期的重要政策与法规主要有：教育部于 2001 年发布《幼儿园教育指导纲要（试行）》，全面调整、重新设计了我国学前教育的内容和指导策略；在 2003 年，国务院转发教育部等部门制定的《关于幼儿教育改革与发展的指导意见》，再次明确我国学前教育改革发展的战略方针和基本措施。这些重要文件，有效促进了幼儿园保育教育质量的提高。同时，部分地区，如浙江省长兴县、浙江省宁波市镇海区、山东省淄博市辛店街道、江苏省南京市等开始探究教育券制度的实施。不过，教育券的具体效果还需要进一步研究。

此时在西方，政策研究已经成为教育领域的一门"显学"，许多西方高校的教育政策课程已经非常成熟。中国的学前教育政策研究则刚开始成长，有不少中国学者通过研究为政府的财政投入等提供了借鉴与启示。

三、学前教育政策与法规的成熟期（2010 年至今）

2010 年至今，我国政府高度重视学前教育发展，学前教育政策研究获得重大进展。为此，2010 年可以称为中国学前教育政策发展的新"元年"，预示着学前教育政策研究春天的到来。

2010 年 7 月 13 日，全国教育工作会议召开。7 月 29 日，中共中央、国务院发布《国家中长期教育改革和发展规划纲要（2010—2020 年）》（以下简称《教育规划纲要》），为我国学前教育的发展提出了新的战略方针和任务。其中的"工作方针"明确指出，要"促进公平、提高质量"。11月3日，国务院常务会议研究部署学前教育工作。11月21日，国务院下发了《关于当前发展学前教育的若干意见》，俗称"学前教育国十条"。12月1日，全国学前教育工作电视电话会议召开，对加快学前教育发展、切实缓解"入园难"等问题进行了全面部署。

为进一步深化教育体制改革，根据《教育规划纲要》的部署，国家决定自2010年起在部分地区和学校开展学前教育的国家教育体制改革试点。《国务院办公厅关于开展国家教育体制改革试点的通知》（国办发〔2010〕48号）明确提出，要"建立健全体制机制，加快学前教育发展"，并结合对我国国情的深入调查与了解，开展与建立学前教育体制改革的"专项改革试点"。文件指出要"坚持以人为本，着力解决重大现实问题。从人民群众关心的热点难点问题入手，着力破除体制机制障碍，努力解决深层次矛盾，把办好人民满意的教育作为推进教育改革的出发点，把能否促进人的全面发展、适应经济社会需要作为检验教育改革的根本标准。坚持统筹谋划，确保改革协调有序推进……坚持因地制宜，鼓励各地各校大胆试验。充分考虑城乡差别大、区域发展不平衡的现实，把整体部署和尊重基层结合起来，充分发挥地方、学校和师生的主动性、积极性、创造性，鼓励各地各校紧密结合实际，积极探索，勇于创新，增强教育事业改革发展的内在动力，努力形成全社会共同推进教育事业改革发展的良好局面。"文件还提出，"为加强对教育体制改革工作的领导，国务院成立国家教育体制改革领导小组，审议教育改革的重大方针和政策措施，研究部署、指导实施教育体制改革工作，统筹协调教育改革发展中的重大问题。试点工作由国家教育体制改革领导小组组织领导，省级人民政府和国家有关部门组织实施。"

各地认真贯彻落实党中央、国务院的重大决策，编制实施了学前教育三年行动计划。同时，我国启动中西部农村学前教育推进项目，重点支持农村乡镇中心幼儿园建设。项目实施三年来，中央财政投入55.6亿元，在中西部农村地区建设3 149所幼儿园，为63万适龄儿童提供入园机会。国家对学前教育给予了高度重视，组织大量专家、学者对当前的学前教育现实问题开展调研。

2011年2月25日，教育部在基础教育二司成立学前教育三年行动计划推进工作领导小组，指导和督查各地学前教育三年行动计划的实施情况。8月31日，国务院常务会议决定扩大中小学教师职称制度改革试点，增加财政投入支持发展学前教育，决定实施中央财政学前教育项目，听取对中央企业监督检查情况的汇报。9月5日，全国学前教育三年行动计划现场推进会召开。

就在同一天，中央财政支持的学前教育重大项目启动。这一政策决定对我国的学前教育发展带来了重大影响。中央财政重点支持以下4大类7个学前教育重大项目：

第一类：支持中西部农村扩大学前教育资源（简称"校舍改建类"项目）。包括：(1)利用农村闲置校舍改建幼儿园。(2)农村小学增设附属幼儿园。(3)开展学前教育巡回支教试点。

第二类：鼓励社会参与、多渠道多形式举办幼儿园（简称"综合奖补类"项目）。包括：(1)积极扶持民办幼儿园发展。(2)鼓励城市多渠道多形式办园和妥善解决进城务工人员随迁子女入园。

第三类：实施学前教育教师国家级培训计划（简称"幼师培训类"项目）。从2011年起将中西部地区农村学前教育教师培训纳入"中小学教师国家级培训计划"，由中央财政安排专项资金予以支持，引导地方科学制定学前教育教师培训规划，创新培训模式，完善培训体系，全面提高学前教育教师队伍整体素质和专业化水平。

第四类：建立学前教育资助制度（简称"幼儿资助类"项目）。按照"地方先行、中央补助"的原则，从2011年秋季学期起，由地方结合实际先行建立学前教育资助制度，对家庭经济困难儿童、孤儿和残疾儿童入园给予资助。中央财政视地方工作情况给予奖补。

2011年12月28日，教育部发文禁止学前教育"小学化"。12月31日，三部门印发《幼儿园收费管理》暂行办法。2012年2月10日，教育部印发《幼儿园教师专业标准（试行）》。2月12日，教育部印发《学前教育督导评估暂行办法》，要求每年7月31日以前，各省、自治区、直辖市结合国家《学前教育督导评估指标体系》，将《学前教育发展状况监测统计表》和《学前教育督导评估自评报告单》报送国家教育督导团评估与审查。《学前教育督导评估指标体系》分为6个一级指标和22个二级指标，从政府职责、经费投入、园所建设等方面对各地区的学前教育发展状况进行评估与督导。5月19日，教育部举办首届学前教育宣传月启动仪式。7月5日，教育部学前教育专家指导委员会成立。10月9日，教育部印发《3—6岁儿童学习与发展指南》。12月31日，教育部决定在上海市、北京市海淀区等14个地区开展0—3岁婴幼儿早期教育试点，并对试点任务、内容和有关工作提出了明确要求。2013年1月8日，教育部印发《幼儿园教职工配备标准（暂行）》。

自2010年起，与政策相关的论文以每年上百篇的数量快速增加。立法问题、实现惠及全体幼儿的公平教育等都成为政策研究的热点。2013年，经济合作与发展组织（OECD）在经济调查系列的"中国"报告中指出：和几乎所有的经济合作与发展组织成员国以及很多其他新兴国家相比，中国在过去5年内更好地经受住了全球经济金融危机的考验。在我国，从农村到城市的迁移，从农业到更高生产率的工业和服务业的转移，将继续推动经济增长，同时也为学前教育事业带来了许多挑战，如表1-3-6所示。

▲ 表1-3-6　中国在园幼儿、教师与幼儿园数量增长一览表[①]

年　份	幼儿数量（人）	教师数量（人）	幼儿园数量（所）
2010	29 766 700	1 305 300	150 400
2011	34 244 500	1 496 000	166 800

① 数据来源：教育部统计年鉴（2010—2020年）。

续 表

年 份	幼儿数量（人）	教师数量（人）	幼儿园数量（所）
2012	36 857 600	1 677 500	181 300
2013	38 946 900	1 885 100	198 600
2015	40 507 000	2 050 000	223 700
2020	48 182 600	2 913 400	291 700

我国是人口大国，0—6岁儿童的人数位于全球第二。在我国，民工子女、贫困家庭儿童等处境不利儿童的数量众多，同时随着三孩政策的全面开放，预示着我国出生人口在未来会有更大增长，这些都为我国学前教育事业的发展带来了一定的压力。

本章小结

本章第一节首先介绍了政策、教育政策和学前教育政策的含义。政策是指国家、政党为实现一定历史时期的路线和任务而规定的行动准则和具体措施；教育政策是指政府在一定时期为实现一定教育目的而制定的关于教育事务的行动准则；学前教育政策是指对一定时期内学前教育机构的管理、教学、设施设备及质量督导等问题进行决断的中央和地方政府文件、规程与意见，是各级政府与学前教育机构管理与运行学前教育服务的政策依据与行动准则。然后在此基础上进一步介绍了政策研究的起源和发展，以及教育政策研究的范式。

本章第二节介绍了学前教育政策与法规的含义、类型和意义。其中意义具体包括：制定学前教育政策与法规是社会与经济发展的需要；完善学前教育政策与法规体系是教育事业发展的需要；推动学前教育政策与法规变革是提升学前教育质量的需要。

本章第三节通过历史回顾，梳理了我国学前教育政策与法规的发展历史。中国学前教育政策研究的历史可以大致划分为三个阶段：学前教育政策与法规的萌芽期（1903—1978年）、学前教育政策与法规的生长期（1979—2009年）、学前教育政策与法规的成熟期（2010年至今）。

思考与练习

1. 填空题

（1）学前教育政策是各级政府与学前教育机构管理与运行学前教育服务的_____与_____。

（2）在中共中央、国务院发布的《国家中长期教育改革和发展规划纲要（2010—2020年）》中，"工作方针"明确指出要"_____、_____"。

2. 简答题

(1) 教育政策和学前教育政策的含义是什么?

(2) 学前教育政策与学前教育法规之间的联系与区别是什么?

(3) 简述我国学前教育政策与法规的发展历程。

3. 论述题

请你联系实际谈谈学习学前教育政策与法规的意义。

第二章 幼儿的权利与保护

学习目标

（1）初步了解与幼儿权利有关的国内外政策文件的基本内容。
（2）初步掌握幼儿基本权利的内容，以及维护幼儿基本权利的途径。
（3）能运用相关法律法规和政策指导教育实践，分析与评价幼儿教育工作中幼儿权利保护的实际问题。

学习准备

（1）预习本章内容，思考"想一想"中的问题。
（2）观看微课，学习本章重难点。

▶ 微课
幼儿的权利与保护

本章导览

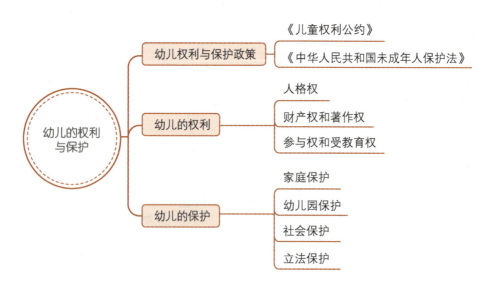

案例导入

2020 年儿童权利十大事件

2020 年是国家"十三五"规划和《中国儿童发展纲要（2011—2020 年）》的收官之年，也是《中国儿童发展纲要（2021—2030 年）》①和"十四五"儿童发展规划编制的关键之年。2020 年末，北京某儿童公益发展中心评选出了年度值得瞩目的"中国儿童权利十大事件"，如表 2-0-1 所示。

▲ 表 2-0-1　2020 年儿童权利十大事件

法律法规与政策的制定	社会热点事件	基层队伍建设
1. 《民法典》自 2021 年 1 月 1 日起施行，开启妇女儿童权益保护新时代。 2. 多部门合力推进强制报告制度，织密未成年人保护网。 3. 新《中华人民共和国未成年人保护法》促进未成年人保护综合治理。 4. 《中华人民共和国预防未成年人犯罪法》时隔 21 年迎来大修，护佑未成年人成长。 5. 刑法修正案个别下调刑事责任年龄，加大对未成年人的保护力度。	1. 儿童遭受侵害案件频发，多项政策与法规护航未来儿童保护工作。 2. 国务院印发《因新冠肺炎疫情影响造成监护缺失儿童救助保护工作方案》，对相关儿童给予救助保护。	1. "儿童主任"在中国基层诞生十年，为儿童提供"最后一公里"福利与保护服务。 2. 让法治种子在校园萌发：全国已有 33102 名检察官担任学校法治副校长。 3. 确定全国统一儿童救助保护热线为 12349，建设"一站式"热线服务综合平台。

"十三五"期间，随着儿童福利事业的持续发展，儿童保障范围越来越大，儿童福利、儿童保护、公共服务"三驾马车"并驾齐驱，加快了从补缺型福利向适度普惠型福利转变的速度，构建了由家庭、学校、社区共育的儿童发展服务新格局，为"十四五"时期妇女儿童权益保障工作的高质量发展奠定了基础。

回望过去的一年，最让你印象深刻的有关儿童权利与保护的事件是什么？对于这些事件，你有什么感受与想法？作为幼儿教育工作者，我们如何在未来的实际工作中切实保护幼儿的权利？本章将从国内外幼儿权利与保护政策文件开始，探讨幼儿权利的基本内容，分析当前幼儿保护方面必须注意的具体问题。

---

① 该《纲要》已于 2021 年 9 月正式发布。

第一节 幼儿权利与保护政策

案例 2-1-1

点亮儿童的未来

2019年的世界儿童日具有特殊意义,因为这一天也是《儿童权利公约》获得通过的30周年纪念日。在11月20日当天,中国11个城市举办了"点亮儿童未来"主题宣传活动,北京场发布了由中国儿童代表参与修订的儿童版联合国《儿童权利公约》。始于1954年的世界儿童日是联合国儿童基金会为儿童而设立的全球行动日,也是充分体现儿童参与的节日。世界儿童日这天,世界各地共同为儿童事业所取得的进步庆祝,呼吁全社会坚守为儿童做出的承诺,并提醒我们要为儿童做出更大努力。我们每个人都要尊重儿童的权利,做幸福童年的守护者。

讨论: 你是如何理解"点亮儿童未来"这句话的呢?你了解哪些保护儿童权利的政策文件?

联合国将每年的11月20日设立为世界儿童日,旨在就儿童问题达成国际共识,提高全世界的儿童权利意识,改善儿童福祉。《儿童权利公约》是第一部有关保障儿童权利且具有法律约束力的国际性约定。儿童的权利应当得到父母、监护人、社会组织、政府及国际组织的保护,让儿童在快乐中成长。在本节中,我们将学习国内外关于幼儿权利与保护的重要政策文件及法规。

一、《儿童权利公约》

案例 2-1-2

请你听我说

联合国儿童基金会曾在中国发起"请你听我说"的活动,邀请了全国范围内不同背景的孩子们在卡片上写下心底最真实的声音,这些声音非常令人动容。之后，联合国儿童基金会将这些象征儿童权利心声的画面进行了处理，得到了一段珍贵的视频。自《儿童权利公约》诞生以来，中国乃至全世界范围内的儿童状况得到了革命性的变化，但仍有许多目标尚未达成。我们要关注儿童的权利，他们需要更多的倾听和尊重。

讨论： 在了解"请你听我说"的活动后，你是否心有感慨？你认为儿童的成长需要哪些权利的保护？

《儿童权利公约》于1989年11月20日获得联合国大会通过。《儿童权利公约》是联合国根据《联合国宪章》《世界人权宣言》《儿童权利宣言》等国际公约主持制定的一项全球性国际公约，也是国际社会保护儿童权利的共同约定。

《儿童权利公约》揭示了一个重要的理念：儿童是拥有完整自身权利的人，他们并非其父母的归属品，也不是任何决定的被动接受者。该《公约》指出，18岁以前均属于童年，在童年这一特殊且受保护的阶段，必须让儿童有尊严地成长、学习、玩耍、发展并成就自我。

《儿童权利公约》是国际儿童福祉的一个重要里程碑。作为一个有史以来得到最多国家广泛批准的人权条约，它改变了全世界众多儿童的生活。《儿童权利公约》的缔约国多达196个，为实现儿童权利提供了一个共同的伦理和法律框架。

（一）《儿童权利公约》简述

20世纪初期，工业化国家没有儿童保护的相关标准。儿童和成年人一起在不卫生、不安全的环境下工作是司空见惯的现象。随着对儿童发展需求认识的不断加深，人们开始逐渐意识到儿童处境的不公平。在这个时期，联合国、国际劳工组织等国际组织为保护儿童权益制定过一系列公约和法律。在1919年举行的第一次国际童工大会上，国际劳工组织通过了《最低年龄公约》，规定14岁为工业雇用儿童的最低年龄。此《公约》得到72个国家的批准，这是国际组织第一次管理儿童参与的劳动。

1924年，国际联盟通过了由救助儿童会的主要创始人之一埃格兰泰恩·杰布（Eglantyne Jebb）起草的《日内瓦儿童权利宣言》。该《宣言》阐明，所有人需要为儿童做到以下几点：提供儿童成长的途径；在必要时提供特殊帮助；优先救济儿童；为儿童提供经济自由，让他们免受剥削；培养儿童的社会意识和责任感。1946年，联合国大会创立了联合国国际儿童紧急救援基金会（现称联合国儿童基金会），将全球的儿童事务作为工作重点。1948年，由联合国大会通过的《世界人权宣言》承认了儿童必须受到特殊的照顾和协助。1959年，由联合国大会通过的《儿童权利宣言》具体说明了儿童应享有的权利，提出儿童除其他权利外，还享有受教育、玩耍、生活在良好环境以及卫生保健服务的权利。

鉴于《儿童权利宣言》不具有条约法的效力，且给儿童权利以条约法的保障已日益成为必要，在1978年的联合国人权委员会会议上，波兰的亚当·洛帕萨（Adam

Lopatka）教授倡议起草具有条约法效力的《儿童权利公约》（简称《公约》）。1979年，《公约》起草工作开始。联合国将这一年定为国际儿童年。历时10年，《公约》于1989年11月20日在第44届联合国大会以第25号决议通过。1990年1月26日，《公约》向所有国家开放，以供签署。在获得20个国家的批准之后，于1990年9月2日作为国际法正式生效。

拓展阅读

回首《儿童权利公约》30年

30多年前，世界各国领导人通过了一项国际公约——联合国《儿童权利公约》，为全世界儿童做出了历史性的承诺。在过去的30年里，孩子们的生活显著改善。

(1) 自1990年以来，5岁以下儿童死亡率降低了50%以上。

(2) 自1990年以来，儿童营养不良率几乎减半。

(3) 与1990年相比，今天能够获得清洁饮用水的人口增加了26亿人。

但仍有数百万儿童无法享有基本权利，他们的童年生活面临着巨大的挑战。

(1) 2.62亿儿童和青少年失学。

(2) 6.5亿女童和妇女未满18岁即步入婚姻。

(3) 到2040年，约有四分之一的儿童将生活在水资源极其缺乏的地区。

不是每个儿童都能拥有美好的童年，还有许多儿童无法享受到完整的童年时光。我们应当承担起责任，呼吁各国政府、企业和社区的领导者履行承诺，为儿童的权利而行动。

1.《公约》的结构

《公约》由序言和54项条款组成，共分为四个部分（包括序言），具体内容见表2-1-1。

▲ 表2-1-1 《儿童权利公约》的结构

结构	内 容
序言部分	(1) 回顾《联合国宪章》原则。 (2) 有关人权的宣言和公约中的条款。
第一部分（第1条至41条）	**实质性条款：** (1) 儿童的定义。 (2) 公约的四项基本原则。 (3) 儿童应当享有的生存权、受保护权、发展权和参与权的具体内容。

续表

结 构	内 容
第二部分（第42条至45条）	**程序性条款：** （1）缔约国的义务。 （2）联合国儿童权利委员会的责任。 （3）儿童权利委员会的组成和任期。
第三部分（第46条至54条）	**缔约条款：** 公约的签署、批准、加入、生效、修改、保留、退出等事项。

2.《公约》的主要内容

（1）关于儿童的定义。《儿童权利公约》第1条规定："儿童系指18岁以下的任何人，除非对其适用之法律规定成年年龄低于18岁。"《公约》认为每一位儿童既是一个独立的个人，又是家庭和社会的一分子。《公约》中所指的"儿童"与中国法律中"未成年人"的概念一致。

（2）四项基本原则。《儿童权利公约》建立在以下四项基本原则之上：

第一，**无歧视原则**（第2条），每一个儿童都平等地享有《公约》所规定的全部权利，儿童不应因其本人或其父母或法定监护人的种族、肤色、性别、语言、宗教、政治观点、民族、财产状况和身体状况等受到任何歧视。

第二，**儿童最大利益原则**（第3条），涉及儿童的一切行为，必须首先考虑儿童的最大利益。

第三，**尊重儿童基本权利的原则**（第6条），所有儿童都享有生存和发展的权利（两者完整兼具），应最大限度地确保儿童的生存和发展。

第四，**尊重儿童观点的原则**（第12条），任何涉及儿童的事情，均应听取儿童的意见。

（3）儿童的权利。《公约》共54条，实质性条款41条，其中被提到的儿童权利多达几十种，如姓名权、国籍权、受教育权、健康权、医疗保健权、受父母照料权、娱乐权、闲暇权、隐私权、表达权等。但其最基本的权利可以概括为四种，即生存权、受保护权、发展权和参与权，具体见表2-1-2。

▲ 表2-1-2 《儿童权利公约》中儿童的基本权利

类 别	内 容
生存权	（1）每个儿童都有其固有的生命权和健康权。 （2）包括有权接受可达到的最高标准的医疗保健服务。
受保护权	（1）不受危害自身发展影响的、被保护的权利。 （2）包括保护儿童免受歧视、剥削、酷刑、虐待或疏忽照料，以及对失去家庭的儿童和难民儿童的基本保证。

续 表

类 别	内 容
发展权	（1）儿童拥有充分发展其全部体能和智能的权利。 （2）儿童有权接受正规和非正规的教育。 （3）儿童有权享有促进其身体、心理、精神、道德和社会发展的生活条件。
参与权	（1）参与家庭、文化和社会生活的权利。 （2）儿童有参与社会生活的权利，有权对影响他们的一切事项发表自己的意见（表达权）。

案例 2-1-3

春游时的意外

一天，某幼儿园在组织幼儿春游时发生了意外：旅游大巴发生车祸，导致车上的 2 名幼儿受重伤。从那以后，为避免意外事件的再次发生，幼儿园决定减少幼儿的户外活动和外出参观、游戏的时间，尽量待在教室。

讨论：这种做法正确吗？请用《儿童权利公约》分析该幼儿园的做法并提出建议。

分析：本案例涉及儿童权利的保障问题。幼儿园应向幼儿提供规范、安全的学习条件和生活环境，不能因为担心出意外就限制或减少幼儿的户外活动时间。《儿童权利公约》第 31 条规定，儿童应有时间休息和游戏，有同等的机会参加文化和艺术活动。幼儿园不得以安全为由，减少和限制幼儿的活动。《儿童权利公约》的四项基本原则之一就是"儿童最大利益原则"，涉及儿童的一切行为，必须首先考虑儿童的最大利益。

基于对幼儿权利的保护，可向该幼儿园提出以下建议：① 幼儿园应为幼儿提供规范、安全的室外活动环境。② 幼儿园在组织户外活动时，应对幼儿进行必要的安全教育和能力培养。

（二）《儿童权利公约》对各国儿童教育的影响

1990 年以来，《儿童权利公约》产生了全球性影响，改善了众多儿童的生活。一方面，各国在制定本国的宪法、法律、政策及预算时参考了该《公约》的规定；另一方面，各国为保护儿童身心健康采取了一些具体措施，列举如表 2-1-3 所示。

《儿童权利公约》勾勒出了儿童的全新愿景：儿童是权利的拥有者，他们有获得卫生保健服务、充足营养、接受教育、参与文化与社会生活、免受暴力伤害和剥削，并有时间和空间玩耍的权利。

▲ 表 2-1-3 为保护儿童身心健康采取的具体措施

国　家	措　　施
美　国	要求学前教育机构在各项活动中应最大限度地保障儿童的健康。
英　国	在幼儿学校中对幼儿实行免费医疗。
苏　联	在 1976 年的《幼儿园教育大纲》中： (1) 增加体育课的教学时数。 (2) 制定提高儿童运动积极性的措施。 (3) 制定儿童入学前应该达到的身体发育标准和体育锻炼标准。 在 1990 年的《学前教育改革构想》中： (1) 提出应"保障和增强儿童的健康"。 (2) 将保健工作贯穿在学前教育机构的整个儿童生活组织、物质环境和社会环境组织及儿童的各种活动中。

中国常驻联合国大使代表中华人民共和国政府于 1990 年 8 月 29 日签署了《儿童权利公约》，成为第 105 个签约国。1991 年 12 月 29 日第七届全国人民代表大会常务委员会决定批准中国加入《儿童权利公约》，1992 年 3 月 2 日向联合国递交批准书，从而使中国成为该《公约》的第 110 个批准国。《儿童权利公约》于 1992 年 4 月 2 日对中国生效。2000 年 9 月 6 日，时任中国常驻联合国代表王英凡代表中国政府在纽约的联合国总部签署了《〈儿童权利公约〉关于买卖儿童、儿童卖淫和儿童色情制品问题的任择议定书》，2002 年 8 月 29 日中国批准了该项议定书。2001 年 3 月 15 日，中国常驻联合国代表在纽约签署了《〈儿童权利公约〉关于儿童卷入武装冲突问题的任择议定书》。

自中国加入《儿童权利公约》以来，中国基于《儿童权利公约》的立法原则和具体权利内容在立法、行政和司法层面都采取了积极措施进行落实，儿童基本权利的保护作为我国人权事业建设的重要内容，越来越得到政府的重视。从立法文件来看，1991 年《中华人民共和国未成年人保护法》对儿童权利做了最为全面的立法规定，随后中国又于 1999 年颁布了《中华人民共和国预防未成年人犯罪法》，2006 年对《中华人民共和国义务教育法》和《中华人民共和国未成年人保护法》分别进行了修订，2020 年对《中华人民共和国未成年人保护法》再次进行了修订，为儿童权利的具体内容制定了更为明确的保护标准。

除此之外，我国在其他立法文件中也对未成年人的权利保护问题予以了特别的规定。例如，2012 年修订的《中华人民共和国刑事诉讼法》第五编就专门增加了"未成年人刑事案件诉讼程序"一章，对未成年人的诉讼权利给予了充分的重视。在《中华人民共和国婚姻法》《中华人民共和国继承法》《中华人民共和国妇女权益保障法》《中华人民共和国收养法》等法律文件中也都有专门对儿童权利进行特殊保护的相关规定，所有这些立法文件都是在具体践行《儿童权利公约》。

从其他政策性文件来看，我国政府于 1992 年制定了《九十年代中国儿童发展规划纲要》，首次提出了有关儿童发展问题的49项指标；于2001年制定并实施了《中国儿童发展纲要（2001—2010年）》，对儿童权利保护事业提出了更高的标准和要求。2011年，国务院颁布了《中国儿童发展纲要（2010—2020年）》，首次将"最大利益"等公约原则列为保护儿童权利的基本原则。2021年9月，国务院颁发了《中国儿童发展纲要（2021—2030年）》，提出到2030年，保障儿童权利的法律法规政策体系更加健全，促进儿童发展的工作机制更加完善，儿童优先的社会风尚普遍形成，城乡、区域、群体之间的儿童发展差距明显缩小；儿童享有更加均等和可及的基本公共服务，享有更加普惠和优越的福利保障，享有更加和谐友好的家庭和社会环境；儿童在健康、安全、教育、福利、家庭、环境、法律保护等领域的权利进一步实现，思想道德素养和全面发展水平显著提升，获得感、幸福感、安全感明显增强。该《纲要》围绕健康、安全、教育、福利、家庭、环境、法律保护7个领域，提出70项主要目标和89项策略措施。

在行政层面，具有高效性和及时性的行政措施对儿童权利的保护具有重要意义。《儿童权利公约》第4条明确要求缔约国应采取一切适当措施，以实现《公约》所确认的各项权利。总体来看，我国行政机关对儿童进行了特殊的行政保护。在儿童生命权和安全权方面，2006年9月教育部联合公安部等9个国家部委下发了《中小学幼儿园安全管理办法》，明确了教育、公安、建设、卫生等相关部门保障儿童安全的责任，体现了行政机关对儿童生命权和安全权的重视。在教育权方面，我国设立了不同类型的学校，保障不同地区的儿童能够普遍接受免费的义务教育。在生存权和发展权方面，政府加强对特殊儿童的救助，保障流浪儿童能够受到国家的保护。在特殊儿童群体的权利保护方面，我国对聘用童工现象，以及性侵犯和非法买卖儿童的行为，分别采取了严厉的行政处罚措施，以遏制这些现象的发生。以上几个方面都体现出了我国政府在保障儿童权利方面所付出的努力和决心。

二十多年来，在《儿童权利公约》的影响下，一个以《中华人民共和国宪法》为核心，以《中华人民共和国民法典》等基本法律为骨干，由《中华人民共和国母婴保健法》《中华人民共和国义务教育法》《中华人民共和国收养法》等民事和行政法律法规及地方性法规组成的中国特色儿童权利法律保障框架正逐步形成。

拓展阅读

童年的新威胁、新机遇

虽然儿童权利保护已经取得了显著的成果，但《儿童权利公约》依然有待进一步落实和推广。目前，成百上千万儿童的权利还在继续受到侵害，他们难以获得充分的卫生保健服务，无法得到足够的营养，无法上学，还时刻笼罩在暴力的阴影下。部分国家和地区的儿童享受不到完整的童年时光，因为他们被迫辍学、从事危险工作、结婚、上战场或被关押在成人监狱里。数字技术的发展、环境变化、持续的冲突以及人口大规模迁移流动等全球性变化正在显著地影响并改变着儿童的童年生活。今天的儿童在实现其权利方面遇到了新挑战，也拥抱着新机遇。

思考： 现今中国乃至世界范围内的儿童面临的主要危机是什么？作为教师，我们应当怎么做？

二、《中华人民共和国未成年人保护法》

案例 2-1-4

虐 童 事 件

近年来，不断有虐童事件发生，威胁着幼童的身心安全，让他们的童年充满痛楚，幼小心灵被灼伤。这些虐童事件大部分发生在家庭中，但也有部分发生在托幼机构中，引发了社会的广泛关注。

讨论： 看到这些虐童新闻，你有什么样的感受？当前社会中还存在哪些威胁未成年人权益的事件？我们如何通过法律保护未成年人？

新修订的《中华人民共和国未成年人保护法》（以下简称《未保法》）针对儿童保护问题，从预防到处置做了专门的规定，包括家庭监护不力、性侵害以及未成年人网络保护缺位等问题，明确规定建立协调机制，确立民政部门作为我国儿童保护的主责机构，解决了此前多头管理、责任不清的问题，为建立自上而下的未成年人保护专责体系提供了依据。《未保法》是我国第一部有关保护青少年身心健康、保障青少年合法权益的专门性法律，1991年9月4日经第七届全国人民代表大会常务委员会通过，于1992年1月1日施行。

《未保法》为未成年人家庭、教育机构、司法机关及全社会各界人士提供了一个共同遵守的保护未成年人权益的行为准则。《未保法》及各省、自治区、直辖市制定的未成年人保护条例，不仅规定了家庭、学校、社会各方面应如何教育、保护、培养未成年人，而且还规定了未成年人的权利与义务，保护他们的合法权益不受侵犯，以及未成年人犯罪如何审理、处置和如何教育改造等内容。

随着科学技术及社会大背景的变化，未成年人的生活环境发生了翻天覆地的变化。2020年10月17日，第十三届全国人民代表大会常务委员会第二十二次会议第二次修订

《未保法》，自 2021 年 6 月 1 日起施行。修订后的《未保法》分为总则、家庭保护、学校保护、社会保护、网络保护、政府保护、司法保护、法律责任和附则，共 9 章 132 条。

（一）《未保法》简述

1. 未成年人的概念

未成年人是一个完整的法律概念，是相对于成年人而言的，但其在不同的历史时期有不同的含义。《中华人民共和国民法典》第十七条规定："十八周岁以上的自然人为成年人。不满十八周岁的自然人为未成年人。"根据大多数国家的法律规定和我国青少年的实际情况，《未保法》明确规定："本法所称未成年人是指未满十八周岁的公民。"

2.《未保法》的结构与内容

新修订的《未保法》包括 9 章。第一章为总则，包括：制定本法的依据与宗旨；未成年人权利保护的责任主体；未成年人依法享有的各项权利——生存权、发展权、受保护权、参与权等；保护未成年人工作新增"最有利于未成年人"的原则，并提出了处理涉及未成年人事项的六大要求。新修订的《未保法》在原来的"四大保护"（家庭保护、学校保护、社会保护、司法保护）的基础上增加了政府保护和网络保护，修订的"六大保护"分别各自成章。第八章为法律责任，第九章为附则。该结构与国际社会《儿童权利公约》一脉相承，如图 2-1-1 所示。

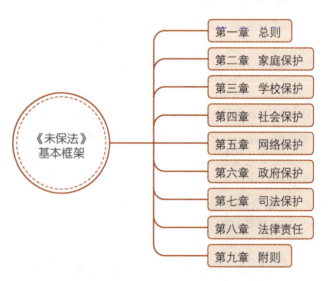

▲ 图 2-1-1 《未保法》基本框架

保护未成年人是一项社会系统工程，涉及方方面面。《未保法》第六条中规定："保护未成年人，是国家机关、武装力量、政党、人民团体、企业事业单位、社会组织、城乡基层群众性自治组织、未成年人的监护人以及其他成年人的共同责任。"在规定共同责任的同时，为保证法律得到严格的实施，《未保法》还特地设有"法律责任"这一章。

（1）**家庭保护**：父母或其他监护人对未成年人进行的保护，包括在生活上的关心照顾和思想上的教育培养。由于家庭对未成年人的成长与发展影响深远，因此，为使未成年人有一个良好的家庭环境，《未保法》第十五条至第二十四条专门规定了父母或者其他监护人在培养、教育未成年人方面的责任，以及监护和抚养的基本义务。与旧《未保法》相比较，该章主要新增了以下内容：一是细化了家庭监护职责，具体列举了父母或者其他监护人应当做的10类行为，包括为未成年人提供生活、健康、安全等方面的照顾；教育和引导未成年人遵纪守法、勤俭节约，养成良好的思想品德和行为习惯等。二是具体列举了父母或者其他监护人禁止做的11类行为，包括虐待、遗弃、非法送养未成年人或者对未成年人实施家庭暴力；放任或者迫使应当接受义务教育的未成年人失学、辍学；允许、迫使未成年人结婚或者为未成年人订立婚约等。三是加强监护人在保障未成年人安全等方面的监护职责，并增加监护人的报告义务。四是针对农村留守儿童等群体性的监护缺失问题，完善了委托照护制度。五是增加不得以抢夺、藏匿未成年子女等方式争夺抚养权的规定。

案例2-1-5

殴打不是管教

王某的儿子今年5岁。因孩子不认真学习写字，王某经常对其拳脚相加，甚至用皮带、棍棒抽打孩子。邻居打110举报王某殴打孩子。王某则回应，父亲打儿子是天经地义的，作为父亲有管教孩子的义务，打他是为了管教他，为他好。王某的观念对吗？为什么？

分析：父母是孩子的监护人，对孩子有教育、监督、管理的职责和义务，但孩子不是父母的私有财产，孩子有自己独立的人格，父母绝不能虐待孩子。我国《未保法》明确规定，禁止对未成年人实施家庭暴力，禁止虐待未成年人。一般"家庭暴力"是指以殴打、捆绑、残害、强行限制人身自由或者其他手段，给其家庭成员的身体、精神等方面造成一定后果及伤害后果的行为。持续性、经常性的家庭暴力构成虐待。如果未成年子女因被父母伤害而造成严重后果的，父母还将构成犯罪，承担刑事责任。

（2）**学校保护**：学校、幼儿园和其他教育机构对未成年人实施的保护。随着九年制义务教育的普及与推广，学校在未成年人成长过程中的作用愈显重要。《未保法》第二十五条至第四十一条规定了各级各类教育机构及其人员、教育部门等政府相关部门对于培养和教育未成年学生的责任，同时要求尊重学生的人格，不得歧视学生。重新修订的《未保法》从教书育人和安全保障两个角度规定了学校、幼儿园及婴幼儿照护服务机构的保护义务。教书育人方面主要是完善了中小学、幼儿园的教育、保育职责；安全保障方面主要规定了校园安全的保障机制以及安全事故和突发事件的处置机制,增加了学生欺凌及校园性侵的防控与处置措施。

(3) **社会保护**:各级政府、社会团体、企事业组织和其他组织及公民对未成年人实施的保护。未成年人的保护,需要社会的各个职能部门共同参与,一起创造一个有利于未成年人健康成长的社会环境。《未保法》第四十二条规定:"全社会应当树立关心、爱护未成年人的良好风尚。国家鼓励、支持和引导人民团体、企业事业单位、社会组织以及其他组织和个人,开展有利于未成年人健康成长的社会活动和服务。"第四十三条至第六十三条规定了各级人民政府及社会各职能部门为未成年人健康成长创造良好的社会环境,以及为培养国家的建设者和接班人等方面的责任。

> **拓展阅读**
>
> ### 《中国儿童发展纲要(2021—2030年)》前言摘录
>
> 儿童是国家的未来、民族的希望。当代中国少年儿童既是实现第一个百年奋斗目标的经历者、见证者,更是实现第二个百年奋斗目标、建设社会主义现代化强国的生力军。促进儿童健康成长,能够为国家可持续发展提供宝贵资源和不竭动力,是建设社会主义现代化强国、实现中华民族伟大复兴中国梦的必然要求。党和国家始终高度重视儿童事业发展,先后制定实施三个周期的中国儿童发展纲要,为儿童生存、发展、受保护和参与权利的实现提供了重要保障。
>
> 当前,我国正处于实现"两个一百年"奋斗目标的历史交汇期。坚持党的全面领导,坚持以人民为中心,坚持新发展理念,统筹推进"五位一体"总体布局,协调推进"四个全面"战略布局,推进国家治理体系和治理能力现代化,构建人类命运共同体,为儿童事业发展提供了重大机遇、擘画了美好前景。站在新的历史起点上,需要进一步落实儿童优先原则,全面提高儿童综合素质,培养造就德智体美劳全面发展的社会主义建设者和接班人,引领亿万儿童勇担新使命、建功新时代。
>
> 依据宪法和未成年人保护法等有关法律法规,按照国家经济社会发展的总体目标和要求,结合我国儿童发展的实际情况,参照联合国《儿童权利公约》和2030年可持续发展议程等国际公约和文件宗旨,制定本纲要。

(4) **网络保护**:网络空间作为家庭、学校、社会等现实世界的延展,已经成为未成年人成长过程中极为重要的新环境。新修订的《未保法》与时俱进,对网络时代的热点问题进行了回应。具体内容有:① 个人信息保护,即收集未成年人信息需经过未成年人及其父母或者其他监护人的同意。《未保法》对未成年人的个人网络信息保护做出了规定，明确网络产品和服务提供者应当提示未成年人保护其个人信息，并对未成年用户使用其个人信息进行保护性限制。信息处理者通过网络处理未成年人个人信息的，应当遵循合法、正当和必要的原则。处理不满十四周岁未成年人个人信息的，应当征得未成年人的父母或者其他监护人同意。② 保护责任，即明晰未成年人网络保护的各方责任。《未保法》还专门规定，网络产品和服务提供者应当建立便捷、合理、有效的投诉和举报渠道，公开投诉、举报方式等信息，及时受理并处理涉及未成年人的投诉、举报。

《未保法》第六十四条至第八十条以国家、社会、学校、家庭这四大责任主体为本，形成了科学化、体系化、整体性的未成年人网络保护体系。2021年1月15日，教育部办公厅印发《关于加强中小学生手机管理工作的通知》。该《通知》要求，中小学生原则上不得将个人手机带入校园。

（5）**政府保护**：政府在未成年人保护工作中承担着主体责任。新《未保法》将旧版《未保法》中的相关内容加以整合，增设"政府保护"专章，从第八十一条至第九十九条明确规定各级政府应当建立未成年人保护工作协调机制，细化政府及其有关部门的职责，并对国家监护制度做出详细规定。国家建立性侵害、虐待、拐卖、暴力伤害等违法犯罪人员信息查询系统，向密切接触未成年人的单位提供免费查询服务。

案例 2-1-6

走失的儿童

某地民政部门发现了一名6岁左右的走失儿童，该儿童有轻微的智力障碍，没有任何身份信息。由于天色已晚，当地民政部门依法对这名儿童进行临时监护，并委托当地的儿童福利机构进行安置。过了几天，当地公安机关找到了走失儿童的父母，原来该儿童是在爷爷奶奶家走失的，公安机关对其父母进行了批评教育。当地民政部门对儿童的父母进行了评估，认为其父母具备履行监护职责的条件，遂将该儿童从儿童福利院接出送回其父母处抚养。

分析：当地民政部门对走失儿童进行临时监护符合《未保法》"政府保护"中第九十二条对未成年人进行临时监护的情形规定，即"监护人下落不明且无其他人可以担任监护人"。当地民政部门委托儿童福利机构对走失儿童进行照顾符合第九十三条"对临时监护的未成年人，民政部门可以采取委托亲属抚养、家庭寄养等方式进行安置，也可以交由未成年人救助保护机构或者儿童福利机构进行收留、抚养"的规定。民政部门在对走失儿童的父母进行评估后将儿童送回其父母处抚养符合"临时监护期间，经民政部门评估，监护人重新具备履行监护职责条件的，民政部门可以将未成年人送回监护人抚养"的规定。

(6) **司法保护**：公安机关、人民检察院、人民法院以及司法行政部门依法行使权力，履行职责，对未成年人实施的专门保护。违法犯罪的未成年人虽然是极少数的，但作为一部专门的保护未成年人的法规，不能弃之不管。因此，《未保法》中专门设有"司法保护"这一章，提出对违法犯罪的未成年人实行教育、感化、挽救的方针，坚持教育为主、惩罚为辅的原则。

（二）新修订《未保法》的亮点

1. 关爱呵护"留守儿童"，发展并完善家庭监护制度

父母和家庭在未成年人成长的过程中扮演着不可替代的角色。联合国《儿童权利公约》中规定，父母要对孩子的成长和发展承担首要、共同责任。但到底什么是父母或其他监护人的职责？监护人应当做什么，不能做什么？原《未保法》对此一直缺乏明确的规定，相关表述较为笼统不清。新《未保法》不仅对监护人的监护职责做出全面规定，还规定了不得实施的具体行为，这些规定为保证监护人更好地履行监护职责提供了法律支撑。未成年人的父母或者其他监护人应当为未成年人提供生活、健康、安全等方面的保障，关注未成年人的生理、心理状况和情感需求，保障未成年人休息、娱乐和体育锻炼的时间等。

随着我国城镇化步伐加快，城乡人口流动加剧，"留守儿童"群体规模也在不断加大。新《未保法》规定：未成年人的父母或者其他监护人因外出务工等原因在一定期限内不能完全履行监护职责的，应当委托具有照护能力的完全民事行为能力人代为照护；无正当理由的，不得委托他人代为照护。在新《未保法》中，"代为照护"一词代替了原来的"委托监护"，这背后的主要考虑是："委托监护"的说法淡化了原监护人的责任，有些委托人将孩子"一托了之"，完全不顾孩子的成长与发展；而"代为照护"更为强调被委托人只是承担代为照顾的职责，很多具体的监护职责还需要原监护人承担。《未保法》也明确规定，确定被委托人时要"听取有表达意愿能力未成年人的意见"，并规定未成年人的父母或其他监护人要"与未成年人、被委托人至少每周联系和交流一次，了解未成年人的生活、学习、心理等情况，并给予未成年人亲情关爱"。这条规定可避免实践中的监护人因外出务工等原因而导致监护实际缺位的问题，保障未成年人的安全和健康。

根据国际组织相关数据，全世界每天有2 000多个家庭因非故意伤害或"意外事故"而失去孩子，我国每年因为交通事故死亡的未成年人就达到3 000人左右，伤残达到14 000人左右。新《未保法》在"家庭保护"这一章中强调了父母或其他监护人对儿童安全的保障义务，不仅明确规定"不得使未满八周岁或者由于身体、心理原因需要特别照顾的未成年人处于无人看护状态"，更专门规定了父母或其他监护人在保障儿童安全方面的具体义务及详细措施。这些规定具体明确，有助于父母或监护人在日常生活中落实。

2. 筑牢安全"防火墙"，发展网络保护制度

随着移动互联网的普及，互联网已成为人们学习、工作、生活的重要平台。新《未

保法》专门增设"网络保护"一章，初步构建了我国未成年人网络保护的法律基础。

针对未成年人网络沉迷这一焦点问题，新《未保法》从八个角度对此做出了具体规定：① 明确了新闻出版、教育、卫生健康、文化和旅游、网信等政府部门的具体责任；② 对容易导致未成年人沉迷网络的内容做出了规定；③ 网络游戏、网络直播、网络音视频、网络社交等网络服务提供者应当针对未成年人使用其服务设置相应的时间管理、权限管理、消费管理等功能；④ 明确了网络游戏要经过特殊批准的制度；⑤ 为了综合实现对未成年人的网络保护及其隐私权保护，明确规定了国家建立统一的未成年人网络游戏电子身份认证系统，这是新《未保法》创设的一项重大制度，对于预防未成年人网络游戏沉迷以及促进该领域的未来发展有重大意义；⑥ 明确规定了对游戏产品的分类管理制度；⑦ 对网络游戏服务的时间做出了特别规定；⑧ 明确规定了学校的教育和引导功能。

3. 保护儿童群体，发展强制报告制度

近年来，侵害未成年人合法权益的犯罪案件数量正逐年上升。为了更好地打击犯罪，维护未成年人的合法权益，新《未保法》增加了强制报告制度。强制报告制度有助于及早发现未成年人遭受侵害的案件，有助于预防案件发生或者避免严重后果，能在一定程度上解决儿童权益侵害事件"发现难"的问题。《未保法》在总则部分就明确规定：国家机关、居民委员会、村民委员会、密切接触未成年人的单位及其工作人员，在工作中发现未成年人身心健康受到侵害、疑似受到侵害或者面临其他危险情形的，应当立即向公安、民政、教育等有关部门报告。

4. 建立学校"防线"，向性侵和欺凌说"不"

近年来，国内外的性侵案件多发。根据世界卫生组织2016年的数据，每5名女性和13名男性中就有1人被报告在童年时期曾遭受性虐待。《未保法》规定，对性侵害、性骚扰未成年人等违法犯罪行为，学校、幼儿园不得隐瞒，应当及时向公安机关、教育行政部门报告，并配合相关部门依法处理。

《未保法》创新发展了侵害人身权益违法犯罪人员信息查询制度。除此之外，《未保法》还要求密切接触未成年人的单位在招聘工作人员时，应当向公安机关、人民检察院查询应聘者是否具有性侵害、虐待、拐卖、暴力伤害等违法犯罪记录；发现其具有前述行为记录的，不得录用。在"法律责任"部分也明确规定了违反上述义务所要承担的法律责任。

新《未保法》在附则部分明确规定了学生欺凌的定义，并在"学校保护"中针对学校如何防治和处理校园欺凌提出了八项具体规定：① 学校应当建立学生欺凌防控工作制度。② 学校要对教职员工、学生等开展防治学生欺凌的教育和培训。③ 学校对学生欺凌行为应当立即制止。④ 学校应当通知实施欺凌和被欺凌未成年学生的父母或者其他监护人参与欺凌行为的认定和处理。⑤ 学校应当对相关未成年学生及时给予心理辅导、教育和引导。⑥ 学校应当对相关未成年学生的父母或者其他监护人给予必要的家庭教育指导。⑦ 对实施欺凌的未成年学生，学校应当根据欺凌行为的性质和程度依法加

强管教。⑧对严重的欺凌行为，学校不得隐瞒，应当及时向公安机关、教育行政部门报告，并配合相关部门依法处理。

第二节 幼儿的权利

学前教育现代化的重要标志之一就是明确和尊重幼儿的基本权利。本节主要探讨幼儿权利的基本内容，包括人格权、财产权和著作权、参与权和受教育权等。

《2020年儿童权利指数》

非政府组织儿童权利（Kids Rights）利用联合国教科文组织、联合国开发计划署与联合国《儿童权利公约》的数据，编写了《2020年儿童权利指数》，用以衡量全球儿童权利受尊重的程度。该报告将20项指标分为5个领域：生命、医疗保健、教育、保护，以及保证儿童权利的有利环境。通过这些指标可了解世界各国是如何尊重儿童权利的，以及各国致力于保护儿童权利的程度，如图2-2-1所示。

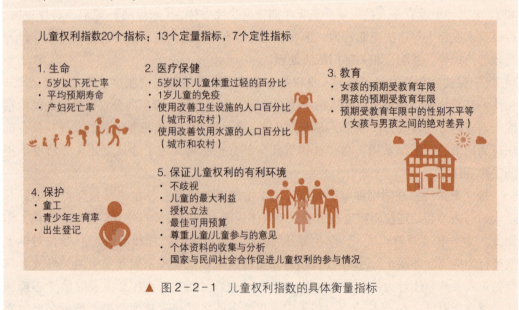

▲ 图2-2-1 儿童权利指数的具体衡量指标

▲ 表 2-2-1　2020 年儿童权利指数排名（部分）

综合排名	国　　家	儿童权利指数
1	冰岛	0.967
2	瑞士	0.937
3	芬兰	0.934
4	瑞典	0.915
5	德国	0.908
6	荷兰	0.904
7	斯洛文尼亚	0.897
8	泰国	0.893
9	法国	0.891
10	丹麦	0.890

该指数中冰岛、瑞士及芬兰位居前三，如表 2-2-1 所示。原因在于，该指数不是简单地对儿童生活的硬件设施进行排名，而是根据各国落实儿童权利的能力进行评分。

一、人格权

幼儿具有人格权。人格权是指为民事主体所固有而由法律直接赋予民事主体所享有的各种人身权利，是以人格利益为内容、为维护独立人格而必需的民事权利。人格权包括生命权、健康权、身体权、人身自由权、姓名权、肖像权、隐私权、名誉权等权利。

人格权具有自然属性，是社会和个体生存发展的基础，它与人的法律意义上的"出生"相伴随，每个自然人都具有独立的人格权。人格权具有平等性，人们无论在年龄、智力、能力、家庭出身、社会地位、种族、宗教信仰上有何不同，都享有平等的人格权。人格权是一种绝对权，因而任何他人都不得妨碍权利主体对其权利的行使。幼儿作为具有民事权利能力的公民，其人格权也应当受到尊重和保护。

（一）生命权、健康权、身体权

我国《中华人民共和国民法典》（以下简称《民法典》）第一千零二条规定"自然人享有生命权"，第一千零四条规定"自然人享有健康权"，第一千零三条规定"自然人享有身体权"。

1. 生命权

生命权是指以自然人的性命维持和安全利益为内容的人格权。生命是公民作为权利主体而存在的物质前提，生命权一旦被剥夺，其他权利就无从谈起。所以，生命权是人最基本的权利。它是享有其他民事权利、从事一切民事活动的基础，具有不可逆转性。幼儿出生后即获得了生命权，享有生命安全不受侵害、不被剥夺和特殊保护的权利。

幼儿生命权的主要内容是：维护生命的延续，不受非法侵害和剥夺；排除生命危险，人们有权采取正当防卫或紧急避险制止对幼儿的不法侵害行为；改变可能威胁幼儿生命的环境，幼儿（或法定监护人）有权要求幼儿园采取措施，使幼儿园的园址、场地、园舍、设施、设备等处于安全状态，无任何危险因素存在。

案例 2-2-1

关在校车上

早上，小强一直在校车上蹦蹦跳跳。张老师看见后警告小强："太危险了，你再这样就把你关在校车上。"小强听后安静了一会儿，但不久又开始打闹了起来。张老师非常生气，便把他关在校车里想吓唬他。小强的父母得知后，一纸诉状将张老师告上了法庭。

分析： 张老师的行为有可能危害幼儿的生命，侵犯了幼儿的生命权。幼儿的生命权是以其生命利益为内容的最基本的权利，任何人都不得非法侵害或剥夺其生命权。张老师在教育小强的过程中，应当懂得幼儿的年龄特点——对规则的认识尚达不到理性高度。对待犯错误的幼儿，张老师应当耐心教育并给予充分的理解和宽容，但是她却采取了体罚的方式。这种漠视生命、无视法律、教育方式粗暴简单、突破师德底线的行为应当受到道义谴责和刑事制裁。《中华人民共和国未成年人保护法》第一百二十九条规定："侵犯未成年人合法权益，造成人身、财产或者其他损害的，依法承担民事责任；构成犯罪的，依法追究刑事责任。"

2. 健康权

健康权是指自然人依法享有的以保持其身体机能安全为内容的权利。维护健康权旨在令人体机能正常运转，以维护生命的正常活动。健康包括肉体组织、生理及心理机能三个方面的健康，无论对其中哪一方面的侵害都构成对自然人健康的侵害。

幼儿健康权的主要内容是：维护机体组织器官生理功能的正常，通过合理膳食、体育锻炼保持其完好状态；维护心理功能的正常，能够进行正常的意识活动和与人交往；一旦出现不正常的情况，有权得到医治和调适，以恢复原有状态。

3. 身体权

身体权是指自然人保持其身体组织完整，支配其肢体、器官和其他身体组织并保护自己的身体不受他人违法侵犯的权利。身体权是自然人享有的一种独立的人格权。身体权与生命权、健康权密切相关,对身体权的侵害往往导致对自然人健康的损害,甚至剥夺自然人的生命,因此,此时应当以侵害生命权或健康权视之。但是生命权以保护自然人生命的延续为内容,身体权所保护的是身体组织的完整及对身体组织的支配。当侵害人只是侵害了他人身体,并未造成他人死亡或健康损害的后果时,应当以保护身体权为名义对被侵权人进行法律救济。

幼儿身体权的主要内容是:身体组织器官的完整、完好性;对自己身体组织器官的支配权。也就是说,任何破坏幼儿身体组织器官完好性和限制其身体支配权的行为都是侵权行为,如教师在未征得幼儿同意的情况下就剪掉其头发等行为,即使没有对幼儿造成伤害或其他严重后果,也仍然构成对幼儿身体权的侵犯。

为维护幼儿的生命权、健康权和身体权,幼儿园应当加强管理,不断完善管理制度,加强对幼教工作人员的职业教育和幼儿权利保护问题的教育,提高其自身的素质。教师对幼儿应该以正面引导为主,切忌伤害幼儿的身体,否则一旦造成事故,不仅要追究其民事责任,还有可能追究刑事责任。在硬件设施上,幼儿园应考虑到幼儿的特点,避免其在活动中发生伤害事故。这一点我们将在第六章第四节中详细介绍。

案例2-2-2

静　　坐

当班上有幼儿不听刘老师的指令时,刘老师就会罚他们在教室里静坐,不许参加游戏和户外活动。刘老师觉得自己的这个"方法"很好用,幼儿也非常害怕她。你觉得刘老师的做法好吗?你对刘老师有什么建议?

分析: 刘老师的做法属于变相体罚,侵犯了幼儿的权益。这不是一个有智慧的老师会选择的处理办法,因为将幼儿独自留在教室可能会带来意想不到的危险。班级管理是为了让幼儿获得更好的发展,而不是为了控制幼儿,尤其是侵犯幼儿身体权的做法最不可取。

 想一想

(1)学前教师的哪些不当教育行为应被明确禁止?
(2)学前教师如何在班级管理中把握好"尺度"和"温度"?

> **拓展阅读**
>
> **教育惩戒新规实施，教育惩戒将有法可依**
>
> 　　教育部在前期广泛调研、公开征求意见的基础上，制定颁布了《中小学教育惩戒规则（试行）》（教育部令第49号，以下简称《规则》）。《规则》回应了社会关切的教育热点问题，在起草过程中就受到了各方面的高度关注。《规则》第一次以部门规章的形式对教育惩戒做出规定，系统规定了教育惩戒的属性、适用范围以及实施的规则、程序、措施、要求等，旨在把教育惩戒纳入法治轨道，更好地推动学校全面贯彻落实党的教育方针和立德树人根本任务。
>
> 　　《规则》首次对教育惩戒的概念进行了定义，规定教育惩戒是"学校、教师基于教育目的，对违规违纪学生进行管理、训导或者以规定方式予以矫治，促使学生引以为戒、认识和改正错误的教育行为"，明确教育惩戒不是惩罚，而是教育的一种方式，强调了教育惩戒的育人属性，是学校、教师行使教育权、管理权、评价权的具体方式。《规则》强调，实施教育惩戒应当遵循教育性、合法性、适当性的原则，"符合教育规律，注重育人效果；遵循法治原则，做到客观公正；选择适当措施，与学生过错程度相适应"。
>
> 　　《规则》强调，教育惩戒与体罚和变相体罚是不同性质的行为，明确禁止了七类不当的教育行为，划定教师行为红线，规定了对越界教师的处罚方式，方便各方监督。同时，《规则》也强调学校应当支持、监督教师正当履行职务，维护教师合法权益；教师无过错的，不得因教师实施教育惩戒而给予其处分或者其他不利处理。《规则》还明确了教育惩戒的相关救济程序，并鼓励充分发挥家长在学生管理中的作用，形成育人合力。
>
> 　　《规则》已于2021年3月1日起实施。教育部将积极指导推动各地、各校贯彻落实《规则》，依据《规则》健全教育惩戒的实施、监管和救济机制，学前教师尤其要慎用教育惩戒，营造良好教育生态。

（二）人身自由权

人身自由权是自然人依法享有的自主行为和自由思想的权利。人身自由是自然人从事社会生活，进行各种民事活动的前提条件，也是真实享有和履行法定权利与义务的基本保障。任何人不得非法剥夺、限制、阻碍他人的人身自由。

《中华人民共和国宪法》第三十七条规定："中华人民共和国公民的人身自由不受侵犯……禁止非法拘禁和以其他方法非法剥夺或者限制公民的人身自由，禁止非法搜查公民的身体。"

学前教师为维护幼儿的人身自由权应当做到：以正面教育为原则，采用正确的教育方式，不要以罚站、关进小房间等违法措施对幼儿进行行为矫正；不要因为班里失窃物品而对幼儿进行搜身；不要限制幼儿大小便、喝水和户外活动的权利；允许和尊重幼儿独立思考；在不违背规则的前提下，自由表达自己的真实想法。

（三）姓名权

姓名权是自然人依法享有的决定、变更和使用自己的姓名并排除他人干涉或非法使用的权利。此处的姓名包括户籍上的姓名，以及曾用名、艺名、笔名，但乳名原则上不属于姓名。在法律上，姓名的意义主要体现在两个方面：其一，姓名是使自然人特定化的社会标志，特定的姓名代表特定的民事主体，从而姓名成为民事主体资格的外在表现；其二，姓名是自然人维持其个性所必不可少的要素，是自然人作为人所必须具备的人格利益。

《民法典》第一千零一十四条规定："任何组织或者个人不得以干涉、盗用、假冒等方式侵害他人的姓名权"。这一规定明确了权利主体依法享有的权利，任何不特定的人都负有不得侵害和不妨碍权利人行使权利的义务。幼儿的姓名由其监护人决定或变更。幼儿园应正确使用幼儿的姓名，不得任意改变其姓名。

案例2-2-3

中　奖

钟老师用自己班级幼儿的姓名，报名参加了某抽奖活动，结果幼儿星星被幸运抽中。因为领取奖品需凭幼儿的户口簿，钟老师就把这件事告诉了星星的妈妈，并向她借户口簿。星星的妈妈认为钟老师侵犯了星星的姓名权，要求钟老师交回兑奖凭条。

分析： 这是一起因幼儿的姓名权受到侵害所引起的纠纷。姓名是公民用以确定、表明自己身份，与其他人相区别的符号。任何组织或者个人不得以干涉、盗用、假冒等方式侵害他人的姓名权。本案中，钟老师未经星星及其家长的同意，私自使用幼儿的姓名，侵犯了其姓名权。

（四）肖像权

肖像权是自然人享有的以肖像为精神和物质利益并排斥他人侵害的人格权。肖像是人特有或专属的外在形象，通过摄影、绘画、录像、雕塑等艺术手法固化于一定的物质载体上。它的精神利益是因肖像而发生的社会评价和自我认知；它的物质利益是因使用权利人的肖像而产生的财产利益，或基于权利人的社会身份、知名度，或基于权利人肖像的美学价值。肖像权具有专属性，任何人不得非法窃取、占有、毁损、玷污他人肖像，未经权利人同意，不得以营利为目的使用他人肖像。但是经过权利人同意，肖像可以被一次或重复使用、利用。《民法典》第一千零一十八条规定："自然人享有肖像权，有权依法制作、使用、公开或者许可他人使用自己的肖像。"

幼儿肖像权的主要内容有：第一，拥有权。每个幼儿的肖像都是独一无二的。在肖像权上，他们存在着独立的人格利益，未经监护人许可，他人无权拥有幼儿的肖像权。第二，专有使用和处理权。幼儿可以使用、收藏、处理自己的肖像，也可以通过转让获取精神和物质利益。第三，受保护权。幼儿（通过法定代理人）有权在肖像权上寻求法律保护。如果肖像受到玷污、毁损、丑化或被用于营利，他们有权要求侵权人停止侵害、恢复名誉、赔礼道歉和赔偿损失。

幼儿园或学前教师在维护幼儿肖像权上应当做到：未经监护人同意，不要将幼儿的肖像给厂商、电商、报刊媒体、印刷单位等使用；未经监护人同意，不可擅自同意影视公司、电视台给幼儿录像和公开播放；不要私自拍摄幼儿照片，并将照片随意发至网络平台，或发给其他人；不要玷污、毁损、恶意丑化幼儿的肖像；要慎重利用幼儿的照片为幼儿园做宣传或公开展示。

案例2-2-4

集体生日照

某幼儿园在为幼儿过集体生日时拍了一组照片。一家蛋糕店老板偶然看到这些照片，便想选两张用于宣传广告。幼儿园感到这样的宣传对自己有利，便送了两张集体照给该蛋糕店。广告贴出后，幼儿家长向店主提出异议，店主认为是幼儿园同意使用的，自己不存在侵权之嫌。家长又向幼儿园提出侵权赔偿的交涉，最后双方通过协商解决了纠纷。

分析：在这起案件里，幼儿园和蛋糕店共同侵犯了幼儿的肖像权。幼儿的肖像权是其在肖像上所享有的以人格利益为内容的权利，幼儿具有制作和使用自己肖像的专有权，其他任何人未经幼儿监护人同意，不得以营利为目的使用幼儿的肖像。本案中，幼儿园和蛋糕店未经家长的同意，擅自以营利为目的使用了照片，侵犯了幼儿的肖像权。根据《民法典》第一千零一十九条规定，"未经肖像权人同意，肖像作品权利人不得以发表、复制、发行、出租、展览等方式使用或者公开肖像权人的肖像。"本案中，幼儿园和蛋糕店应当承担侵犯幼儿肖像权的民事责任。

案例2-2-5

小小表演队

某幼儿园有支表演队，每逢儿童节、纪念日或重大活动时，都会为大家进行表演，远近闻名。有一次，某大酒店即将开业，酒店负责人找到幼儿园园长，希望请表演队为酒店助兴,并向幼儿园支付一定的演出费用。后来,孩子们的表演被当作这家酒店的广告片在电视上进行了播放。有家长在电视上看到自己的孩子后,联名向法院起诉,状告电视台、酒店、幼儿园共同侵犯了幼儿的肖像权。

分析:在这起案件里,电视台、酒店和幼儿园共同侵犯了多名幼儿的肖像权。幼儿作为自然人权利主体,不仅对自己的照片具有专有权,对其他物质载体,如录像、绘画、雕塑等也同样具有专有权。该酒店和幼儿园在这起案件中同样存在侵犯幼儿肖像权的违法问题,且违反了《未保法》第三十八条"学校、幼儿园不得安排未成年人参加商业性活动"的规定。所以对于该案件,当由酒店、幼儿园、电视台共同承担侵权行为的民事责任。

(五) 隐私权

隐私权是指公民享有的私人生活安宁与私人信息依法受到保护,不被他人非法侵扰、知悉、搜集、利用和公开等的一种人格权。隐私是人的精神世界里最薄弱的地方,具有隐蔽性,一旦被他人获悉、干扰,就会受到伤害,所以任何人不得侵犯他人的隐私权。幼儿虽然年龄小,但作为自然人,其隐私权也同样受到法律保护。《儿童权利公约》第十六条规定:"儿童的隐私、家庭、住宅或通信不受任意或非法干涉,其荣誉和名誉不受非法攻击。"《未保法》第四条规定:处理涉及未成年人事项,应当"保护未成年人隐私权和个人信息"。

幼儿隐私权的主要内容包括:幼儿个人的特征资料或有关数据,如生理特征、缺陷、身体健康状况等;幼儿个人生活中的特殊经历,如个人身世、患病经历、痛苦往事等;幼儿的私人领域,如身体、私人物品和私人空间等;幼儿的档案信息和受教育资料等。

幼儿园应该尊重幼儿的隐私权,不得错误地认为"小孩子哪有什么隐私",更不能拿幼儿的隐私来开玩笑。这无论从促进幼儿的健康成长,还是从法律的角度来看,均是不应该的。学前教师在维护幼儿隐私权上要做到:第一,注意对有生理缺陷幼儿的隐私保护。教师对无关保育工作需要的幼儿隐性生理缺陷,不要刻意打探,即便知晓也不要对他人宣扬;在与其他教师交谈时,不要当着幼儿的面泄露某一特定幼儿的生理缺陷;对幼儿明显的生理缺陷,不要过于惊讶,以免引起其他幼儿的过度注意。教师不要以关爱幼儿为名,反复向生病幼儿提及其治病经历,因为每一次回忆,都是一次痛苦的体验。第二,注意对离异家庭幼儿的隐私保护。教师不要公开宣扬离异家庭幼儿的处境,不要总对幼儿提及不与他们一起生活的父或母是否爱他们等话题,以免幼儿有不安全感、孤独感和被抛弃感。第三,注意对幼儿身体的隐私保护。教师不要轻易触碰幼儿身体的隐私部位,也不能拿幼儿身体的某个隐私部位开玩笑;帮幼儿换掉脏衣裤时,要注意回避众人视线。第四,注意对幼儿个人信息资料的保护。教师不要轻易将幼儿的家庭地址、父母工作单位、联系方式等信息泄露给他人,勿将幼儿的个人资料、身体检查报告等公开示众。

案例2-2-6

不穿短袖的楠楠

楠楠是个非常乖巧的孩子,但她从来不穿短袖,永远把自己遮得严严实实的。一次户外活动后,老师看楠楠热得汗流浃背,想帮她挽起袖子,而楠楠却紧张地往后缩,眼里还噙满了泪水,原来孩子的手臂上有一个大胎记。老师迅速把楠楠的袖子拉了下来,对她说:"对不起,宝贝,老师帮你擦擦汗,没关系!"此后,老师一直为楠楠保密,楠楠在幼儿园里度过了快乐的时光。

分析: 楠楠手臂上的胎记是她的个人隐私。她害怕被发现后遭受别人嘲笑,这是可以理解的。老师替楠楠挽袖子的这一行为,是出于对楠楠的关心与爱护,而不是有意刺探和非法窃取他人的信息资料与生活秘密。当老师发现这个秘密后,马上进行了补救,安慰了孩子。

讨论: 对于楠楠的情况,你有更好的做法吗?

(六)名誉权

名誉权是自然人或法人就其自身特征所表现出来的社会价值而获得社会公正评价的权利。名誉权与生俱来,并无年龄上的区分,是公民基本的人格权,依法受到保护。我国《民法典》第一千零二十四条规定:"民事主体享有名誉权。任何组织或者个人不得以侮辱、诽谤等方式侵害他人的名誉权。"

幼儿具有独立的人格,依法享有名誉权。任何侮辱、诽谤、捏造事实、散播流言蜚语、损害幼儿名誉的行为,都是违法行为,同时也伤害了幼儿的人格尊严。

二、财产权和著作权

尽管幼儿年龄小、心智尚未发育成熟,但其与成年人一样,同样享有法律规定的财产权与著作权,任何个人或单位如有侵犯幼儿财产权和著作权的行为,应当依法承担相应的法律责任的。

(一)财产权

财产权是指财产所有人依法对自己的财产享有的占有、使用、收益和处分的权利。根据《中华人民共和国教育法》第四十三条的规定,如果学校、教师侵犯了受教育者的人身权、财产权等合法权益,受教育者可以提出申诉或者依法提起诉讼。幼儿虽然年龄小,但也享有与成年人平等的财产权,属于幼儿个人所有的物品,无论价值大小、品性如何,都应当视其为个人所有权范围。

幼儿园里可能涉及的幼儿私人物品包括：幼儿自己的服装、鞋帽、其他生活用品；幼儿带到幼儿园的宠物；幼儿身上携带的零用钱；幼儿带到幼儿园的玩具、图书及其他文化用品；幼儿带到幼儿园的电子产品，如手机、平板电脑、游戏机、录音笔等。上述私人物品被幼儿携带到幼儿园后，无论其是否被园规、班规允许，都会产生财产权的法律问题。

对于幼儿的私人物品，教师应依法进行处理或管理，不得任意损坏、没收、抵押、占有、使用等。学前教师在维护幼儿财产权上应当做到：妥善看管好幼儿的衣物，避免失窃、损坏、误穿；不要私自占有、使用幼儿的个人物品；不要以各种借口和理由没收幼儿的个人物品；如有因出于善意而对幼儿藏在身上的细小玩具零件等危险物品，或影响幼儿正常学习的物品（如游戏机、手机等）进行临时代管的情况，要征得或说服幼儿同意并告知家长才可执行。教师要精心保管幼儿的贵重物品，不要发生损坏和遗失的情况。如果教师侵犯了幼儿的财产权，应当承担相应的民事赔偿责任。

（二）著作权

著作权，又称版权，是作者对其创作的文字、科学和艺术作品依法享有的专有权。著作权是民事权利，是知识产权的组成部分。它包括著作人身权和著作财产权两大类。根据《中华人民共和国著作权法》（以下简称《著作权法》）第十条的规定，著作人身权包括作者对其作品的发表权、署名权、修改权和保护作品完整权等。著作财产权指作者及其他著作权人对其作品依法所享有的使用和获得报酬的权利。

幼儿也享有法律赋予的著作权。成人不可因其年龄小、知识经验不足而剥夺他们的著作权，只要其作品符合《著作权法》的有关规定，即形成著作权。幼儿不能创作小说、剧本、论文等，但幼儿往往好奇心强、想象力丰富，乐于从事创造性活动，因此在众多幼儿作品中，也不乏产生令人耳目一新的优秀作品。幼儿著作权的范围通常包括：创意画、儿童国画、泥塑、折纸、剪贴画、手工、摄影、创编舞、幼儿诗歌等。幼儿对他们创作的这些艺术作品享有专有权，他们可以（经过其监护人）发表、署名、修改、发行、展览、表演，获得名誉、社会评价及经济利益。

在维护幼儿著作权方面，幼儿园应在使用其作品时征得幼儿监护人的同意，否则不得将幼儿作品进行展览或向报刊投稿。教师不可未经幼儿监护人同意做出以下侵权行为：公开展览幼儿的作品；将幼儿作品向报刊投稿；编辑、汇编出版幼儿作品；把幼儿作品据为己有，以素材的形式出版教案或作为教材的一部分。另外还要注意尊重幼儿对发表作品的修改权和保护作品完整权。

案例 2-2-7

美术作品的著作权

5 岁的乐乐常有儿童画获奖。有一次，乐乐的家长收到一封来自某幼教刊物的批评信，希望他们不要一稿多投。原来，有一幅乐乐创作的儿童画在两家刊物上同时发表,而乐乐的家长仅向其中一家投稿,另一家则是幼儿园老师擅自翻拍寄去的。乐乐的家长得知此事后,觉得老师侵犯了乐乐的著作权,要求她归还稿酬并赔礼道歉。老师则认为,乐乐之所以在美术上小有成绩,是因自己的悉心指导和推荐。双方陷入争执中。

分析: 这是一起因著作权纠纷引起的案件,老师的行为构成对乐乐著作权的侵犯。根据我国《著作权法》第九条、第十一条的规定,著作权首先属于作者,即作品的创作人。老师不能以指导过乐乐画画,帮助乐乐提高了绘画能力为由,而未经乐乐法定监护人的同意,任意把乐乐的作品送至出版机构发表,其行为显然具有侵权性质。学前教师应把幼儿作为一个拥有独立法律人格的公民来看待,公开发表、展览幼儿任何形式的作品都要履行合法的程序。

三、参与权和受教育权

幼儿作为独立个体,依据《儿童权利公约》和我国相关法律法规,依法享有参与家庭与社会生活的权利,依法享有进入幼儿园等教育机构接受适宜其身心发展水平的学前教育的权利。

(一)参与权

幼儿的参与权是指幼儿参与家庭、社会、文化生活的权利。《儿童权利公约》第十二条规定:"缔约国应确保有主见能力的儿童有权对影响到其本人的一切事项自由发表自己的意见,对儿童的意见应按照其年龄和成熟程度给以适当的看待。"《儿童权利公约》第十三条规定:"儿童应有自由发表言论的权利,此项权利应包括通过口头、书面或印刷、艺术形式或儿童所选择的任何其他媒介,寻求、接受和传递各种信息和思想的自由,而不论国界。"

幼儿的认知和表达能力虽然尚弱,但作为独立个体也具有表达自我需要、思想感情、意见建议的权利。幼儿的社会性参与不仅是他们的基本权利,而且也是他们成长和发展的基本需要。

幼儿园里的幼儿,其参与权包括不同程度地参与教育教学的权利,具体表现在:第一,自主选择权,如幼儿可以自主选择区域活动的内容、合作伙伴等;第二,自主决策权,如幼儿可以在教师的帮助下,共同讨论班里的事情,自主做出取舍或采取措施解决问题;第三,自主游戏权,如幼儿可以自主选择游戏的内容、方式,选择在游戏中扮演某一角色,提出新的游戏方案并尝试与实施;第四,话语权,如幼儿可以自由地对有关自己的某件事情表达意愿,在自己的认知范围内对幼儿园一日生活的一些内容表达想法、意见和建议。

学前教师在维护幼儿参与权上应当做到:告知幼儿参与权的具体内容,让他们知道自己是权利主体,这是幼儿实现参与权的前提;要鼓励、支持、引导幼儿主动参与幼儿园的一日生活,充分发挥他们的潜能,学做自己的主人;要为幼儿实现参与权创造条件,如提供环境、机会和宽松的氛围等;要尊重幼儿的参与权,耐心倾听他们的心声,听取和采纳他们合理的意见与建议;要随着幼儿的成长与经验图式的日趋丰富,不断提升"幼儿参与的阶梯",拓展幼儿参与各种活动的深度与广度。

案例 2-2-8

孩子的班规

大一班的李老师精心设计了一次教育活动,题目是"做自己的小主人",旨在通过这个活动让孩子们设计自己班级的一日生活流程。孩子的积极性和潜能被充分调动出来了,他们七嘴八舌、各抒己见,提出了许多建议和措施。李老师帮助孩子们进行归纳,一份新的班规出台了,然后她将班规张贴在墙面上。而刘老师却说,孩子太小,一日生活应该服从幼儿园的规定。

分析:这个案例涉及幼儿参与权的问题。幼儿是学习的主体,他们用自己的方式观察世界、理解事物,在与环境的交互作用中丰富着自己的经验图式,在人际交往中学会扮演自己的角色。由于班规是通过大家集思广益制定出来的,因此能得到幼儿的普遍认可,也能自觉地遵守。教育活动、家庭生活、社会生活都应当将幼儿置于主体的位置,让他们真正地参与到与其有关的事务中来,并在其中发表自己的意见,在能力范围内为自己的事情作决策。

本案例中,李老师能够发现幼儿思维活跃的特点,因势利导地充分调动幼儿在解决班级问题上的能动性,让他们参与到班规的制定过程中,说明她把幼儿参与权的实现落在了实处。这不仅是一种正确的教育价值观,也是在依法执教。

(二)受教育权

幼儿的受教育权是指幼儿依法享有的能够进入幼儿园或其他学前教育机构,以适合于其身心发展的方式接受系统的学前教育的权利。受教育权是幼儿的一项基本人权。《世界人权宣言》第二十六条规定:"人人都有受教育的权利,教育应当免费,至少在初级和基本阶段应如此。"我国《宪法》第四十六条规定:"中华人民共和国公民有受教育的权利和义务。"《未保法》第八十三条规定:"各级人民政府应当保障未成年人受教育的权利,并采取措施保障留守未成年人、困境未成年人、残疾未成年人接受义务教育。"

幼儿受教育权的主要内容包括:第一,学习机会权。幼儿有接受学前教育的机会,可以由其监护人代为选择适合的幼儿园或其他学前教育机构。第二,学习条件权。幼儿在受教育的过程中,在课程设置、内容、师资水平、保教设施方面应获得同等条件的支持。第三,参加幼儿园的教育教学活动的权利。幼儿能够参与幼儿园有目标、有计划、有组织的教育活动,参与幼儿园一日生活的各个环节。第四,学习成功权。幼儿通过在幼儿园接受保育和教育,促使自己在体、智、德、美诸多方面和谐发展。第五,获得公正评价权。幼儿有权获得来自幼儿园(主要是教师)对于自己在个性品质、能力、身心发展状况等方面的科学恰当、公平公正的评价。学前教师应实事求是地对幼儿进行评定,不得以个人的好恶而有失偏颇。教师应让家长能够全面了解幼儿的在园表现,这有利于幼儿健康地成长。

政府相关职能部门应当举办和支持举办各级各类的幼儿园或其他学前教育机构,保证财政投入和普惠性政策的实施,保证适龄幼儿能够接受系统、正规的学前教育。幼儿园应当按照国家法律法规的规定招收幼儿入园。幼儿园在招生中须杜绝徇私舞弊,私设违反国家规定的入园条件,如收取赞助费、组织入园考试等;也不得违反规定开除幼儿。学前教师不得以任何借口剥夺幼儿参与集体性、区域性或其他自主性游戏活动的权利;教师应当关心、爱护幼儿,对于发展滞后、学习有困难的幼儿,应当耐心教育并给予帮助,不得歧视或漠视幼儿。

第三节　幼儿的保护

当前,幼儿保护问题已经日益引起社会的广泛关注。幼儿是力量最弱的群体,极易受到伤害和侵犯。如何设立一个权利保护体系,让全社会动员起来共同抵制侵犯幼儿权利的行为,切实保护幼儿的合法权利,是幼儿保护的关键问题。本节内容将进一步从家庭、幼儿园、社会、立法等不同主体的角度,分析幼儿保护中的具体问题。

一、家庭保护

家庭是以婚姻为基础、以血缘关系为纽带,或以收养关系为基础建立起来的社会生活的基本单位。家庭作为每个孩子人生成长的起点,不仅具有繁衍后代的功能,而且具有教育后代、保护后代的社会职责。家庭保护是指父母或其他监护人对未成年人进行的保护。这种保护不仅仅是生活上的关心和照顾,思想上的教育和培养也同等重要。家庭保护是对未成年人保护的重要环节,家庭保护的好坏,直接影响未成年人的成长。我国《未保法》把家庭保护作为家长及其他监护人的一项法定义务进行了规定,规定监护人必须履行的10项具体职责和不得实施的11项具体行为,以及不履行家庭保护义务应当承担的责任。

家庭保护是通过父母或其他监护人对幼儿依法行使监护权,履行对幼儿的抚养、保护和法律规定的其他义务而完成的。家庭中的其他成年人也有协助幼儿的监护人行使保护的责任。除此之外,尊重、教育和引导幼儿也是监护人不可忽视的责任。父母或其他监护人要以健康向上的思想、文明有礼的言行和正确积极的方法培养幼儿，保护幼儿的合法权利，使其沿着健康的方向成长，最终成为对国家、对社会有用的人。监护人应具体做到以下各项：

（1）为幼儿提供生活、健康、安全等方面的保障；合理管教幼儿，不得虐待、遗弃、非法送养幼儿或者对幼儿实施暴力。

（2）尊重幼儿接受学前教育的权利，不应剥夺幼儿接受教育的权利，不得使在幼儿园的幼儿辍学。

（3）关心幼儿的日常生活和在园活动，不让幼儿接触可能影响其身心健康的图书、报刊、电影、广播电视节目、音像制品、电子出版物和网络信息等；不带幼儿进入不适宜、不安全的活动场所。

（4）教育和引导幼儿遵纪守法、尊敬师长、勤俭节约，养成良好的思想品德和行为习惯；对幼儿进行安全教育，提高幼儿的自我保护意识和能力。

（5）保障幼儿休息、娱乐和体育锻炼的时间，引导幼儿进行有益身心健康的活动。

（6）学习家庭教育知识，接受家长学校或幼教机构的家庭教育指导，学习并掌握科学的幼儿教育方法。

案例 2-3-1

变更抚养权

江某与钟某离婚后，5岁的儿子由母亲钟某抚养，江某每月支付抚养费直到孩子独立生活为止。但离婚后，钟某将因婚姻的不幸而产生的负面情绪转嫁到孩子身上，以种种理由拒绝父子相见，也不让孩子上幼儿园。最终江某将钟某告上法庭，要求变更抚养权。

分析：根据《未保法》，钟某作为法定监护人，并没有履行"为未成年人提供生活、健康、安全等方面的保障"的监护职责，剥夺了孩子的受教育权。而江某作为父亲有"在不影响未成年人学习、生活的情况下探望未成年子女"的权利，钟某不允许父子相见的做法违背了"直接抚养的一方应当配合"的规定。钟某的做法严重影响了幼儿的身心健康发展，侵犯了幼儿的合法权益。为保护孩子的受教育权，保障其健康成长，在其母亲不尽抚养义务的情况下，父亲如要求变更子女抚养关系，法院在事实证据充分的情况下应予以支持。

二、幼儿园保护

学前教育是我国社会主义教育事业的重要组成部分。作为专门从事幼教工作的场所，幼儿园是保护幼儿受教育权的主要部门，也是幼儿成长的快乐天地，可以帮助幼儿健康快乐地度过童年时光。幼儿园作为教育机构，既有责任为幼儿提供良好的教育，又要保障幼儿在园内各类活动中的人身安全和健康，防止意外事故的发生，并为幼儿提供健康安全的活动器材和教育设施。幼教工作者应当尊重幼儿的受教育权，关心爱护幼儿。幼儿园保护的具体内容如下：

（1）幼儿园应当做好保育、教育工作，遵循幼儿身心发展规律，实施启蒙教育，促进幼儿在体质、智力、品德等方面的和谐发展。

（2）幼儿园应当提供必要的卫生保健条件，为幼儿提供合格、卫生的教学和生活设施；保证幼儿活动的时间，饮食的健康与安全，以及幼儿有充足的休息时间。

（3）幼儿园应当建立安全管理制度，对幼儿进行安全教育，完善安保设施，配备安保人员，保障幼儿在园期间的人身和财产安全；使用校车的幼儿园应当建立健全校车安全管理制度。

（4）幼儿园应当根据需要，制定应对自然灾害、事故灾难、公共卫生事件等突发事件和意外伤害的预案，配备相应设施并定期进行必要的演练。

（5）幼儿园应与家长密切联系、互相配合，合理安排幼儿的学习时间，保障其休息、娱乐和体育锻炼的时间；对家长进行家庭教育的指导，共同探讨教育幼儿的有效方法；幼儿园不得对学龄前幼儿进行小学课程教育。

（6）学前教师应当尊重幼儿的人格尊严，不得对幼儿实施体罚、变相体罚或者其他侮辱人格尊严的行为。

（7）学前教师应为人师表，以自身良好的言行影响和教育幼儿。对调皮、不听话的幼儿应当耐心教育，不得放任不管或任意剥夺其参与各项活动的权利。

（8）学前教师应尊重和维护幼儿的合法权利，对于损害幼儿权利的行为，可以通过合法的途径来交涉处理。

（9）对于身心有障碍的幼儿，教师应采取多种保护性措施，帮助他们克服学习、生活、文体活动等方面的困难，教育其他幼儿要尊重、关心、爱护他们。

三、社会保护

社会是以共同的物质生产为基础而相互联系的人们的总体。社会保护是各社会团体、企事业组织和其他组织及公民对幼儿实施的保护。全社会要共同努力，为幼儿提供良好的条件和环境，禁止他们参加不利于其成长的活动。具体包括以下内容：

（1）全社会应当树立关心、爱护幼儿的良好风尚。

（2）爱国主义教育基地、图书馆、青少年宫、儿童活动中心、儿童之家应当对幼儿免费开放；博物馆、纪念馆、科技馆、展览馆、美术馆、文化馆、社区公益性互联网上网服务场所以及影剧院、体育场馆、动物园、植物园、公园等场所，应当按照有关规定对幼儿免费或者优惠开放。

（3）儿童乐园、公园等公共娱乐场所中为幼儿提供服务的设施环境，应符合幼儿的特点，保证安全健康，并采取相应的安全保护措施；一些须由父母陪同才可进行的活动项目，应有明显的标志，并禁止幼儿单独参与。

（4）影视、文化、出版以及其他有关单位和人员，要为幼儿创作、出版、发行、展出、演出、播放符合其年龄特点，并有利于幼儿身心健康的影视、录音、书籍、报刊、图画、文艺节目和其他精神产品。凡为幼儿提供精神产品的单位和个人，都应对产品的内容负责；如有不适宜幼儿身心健康发展的产品应禁止提供。

（5）社区内的企事业单位要与幼儿园配合，为幼儿园的教育工作提供人力或物质上的帮助，并尽可能地降低收费或免费。

（6）各级工会、妇联、体协应把保护幼儿的健康成长列为经常性的工作，会同教育部门建立家庭教育指导机构，提供幼儿教育的咨询服务及家庭教育的各种指导。

（7）居民委员会、村民委员会应当设置专人专岗负责幼儿保护工作，并在政府有关部门的指导下，开展保护幼儿的活动，利用寒暑假进行有益于幼儿身心健康的文体活动。

（8）公民有义务帮助有困难的幼儿，对于使用家庭暴力虐待幼儿的行为，任何公民、组织均有义务向有关部门反映，以保护幼儿的合法权益。

四、立法保护

无论是家庭、幼儿园还是社会的保护，都必须以法律为后盾，以法律为依据，否则将于法无据，不能真正保护幼儿应享有的权利。在我国社会主义法制不断健全的今天，运用立法手段来保护幼儿权利的方式正在日益完善。

如前文所述，《儿童权利公约》规定十八周岁以下儿童的基本权利有四种，即生存权、受保护权、发展权、参与权。《未保法》于1992年1月1日起实施。该法第二、三、四章的有关条款对幼儿的保护做出了专门的规定，并先后进行了两次修订。我国于1995年3月颁布的《中华人民共和国教育法》规定了学前教育的性质、任务，幼儿园的保育规范、卫生保障规范和幼儿保护规范。在《中华人民共和国残疾人保障法》中也有相应条款对残疾幼儿的教育做了规定。

此外，为进一步加强对托育机构的指导，提高托育机构的服务质量，保障婴幼儿安全健康地成长，2021年1月12日国家卫生健康委发布的《托育机构婴幼儿伤害预防指南（试行）》指出："伤害是儿童面临的重要健康威胁，造成了沉重的疾病负担。婴幼儿伤害的发生与其自身生理和行为特点、被照护情况、环境等诸多因素有关。常见的伤害类型包括窒息、跌倒伤、烧烫伤、溺水、中毒、异物伤害、道路交通伤害等。大量证据表明，伤害不是意外，可以预防和控制。"托育机构应当最大限度地保障婴幼儿的安全和健康，切实做好伤害防控工作，建立伤害防控监控制度，制定伤害防控应急预案。其中的重点工作有：第一，根据现有法律和相关规定要求，落实安全管理的主体责任，健全细化安全防护制度，认真执行各项安全措施。第二，排查并去除托育机构内环境安全隐患，提升环境安全水平。第三，规范和加强对婴幼儿的照护。第四，开展针对工作人员、家长及幼儿的伤害预防教育和技能培训。第五，加强对工作人员的急救技能培训，配备基本的急救物资。

由此可见，随着国家法制工作的不断健全与完善，有关婴幼儿权利与保护的法规、规章也纷纷颁布和实施，它们对保障婴幼儿的合法权利与身心安全具有积极的作用。

本章小结

本章第一节介绍了与幼儿权利有关的国内外政策文件。分述了联合国《儿童权利公约》的背景、结构、主要内容，以及对各国特别是中国幼儿教育的影响；《中华人民共和国未成年人保护法》的结构、主要内容及修订的指导思想、总体思路和四大"亮点"。

本章第二节介绍了幼儿的权利。结合幼儿园的案例分别阐述了幼儿的人格权、财产权和著作权、参与权和受教育权，其中人格权又包括生命权、健康权、身体权、人身自由权、姓名权、肖像权、隐私权、名誉权等。学前教师应当懂得如何维护幼儿的基本权利，了解侵权行为应当承担的法律后果。

本章第三节分别从家庭保护、幼儿园保护、社会保护、立法保护四个方面具体说明如何切实保障幼儿的合法权利，抵制侵害幼儿权利的行为，多方合力构建一个幼儿保护体系。

思考与练习

1. 填空题

请根据《未保法》中"六大保护"的具体内容，并结合自身的经验完成以下表格的填写。

保护类型	实施保护的主体	含义	违法现象举例
家庭保护			
学校保护			
社会保护			

保护类型	实施保护的主体	含　义	违法现象举例
网络保护			
政府保护			
司法保护			

2. 简答题

简述幼儿人格权的主要内容。

3. 论述题

请联系实际，谈谈学前教师维护幼儿权利对幼儿健康成长的意义及其具体做法。

4. 材料分析题

音乐课上，小明一直在说话。于老师开始"警告"小明，如果再讲话，就用胶带纸把他的嘴巴封起来并让他站到外面去。小明没有听老师的话，又开始自言自语。这回，于老师发火了，立刻走到小明跟前，掏出胶带纸贴在了他的嘴上并把他拉到了教室外。

请分别运用《儿童权利公约》和《中华人民共和国未成年人保护法》分析于老师侵犯了小明的哪些权利。

第三章 学前教育机构工作人员的权利与义务

学习目标

（1）掌握学前教师的职业道德规范，并自觉践行师德规范。

（2）初步了解我国学前教师、园长及学前教育机构其他工作人员的权利、义务和工作职责。

（3）了解《幼儿园教师专业标准（试行）》《幼儿园园长专业标准》等文件的主要内容。

学习准备

（1）预习本章内容，思考"想一想"中的问题。
（2）观看微课，学习本章重难点。

▶ 微课
学前教育机构工作人员的权利与义务

本章导览

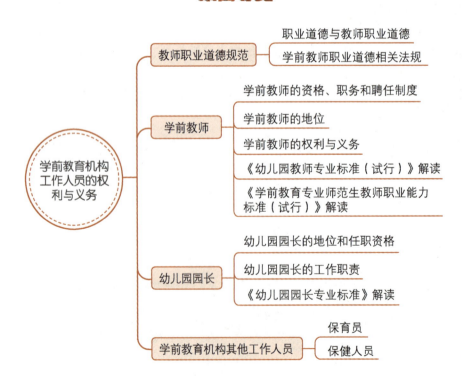

> 案例导入
>
> **喜欢的老师**
>
> "你喜欢你的老师吗？""为什么喜欢？"针对这两个问题，某幼儿园的老师对小朋友展开了一项调查。在小朋友眼中，幼儿园老师最重要的特质包括：喜欢听小朋友说话，会和小朋友一起玩，会很多本领，善良、温柔、漂亮、聪明、不发脾气……小朋友用真挚的话语描述着他们眼中的老师形象。

 想一想

请回忆一下，你小时候最喜欢的老师是什么样的？未来有一天，你也会成为一名老师，你希望自己成为一名怎样的老师？为此，今天的你需要做哪些准备？

第一节
教师职业道德规范

优秀的学前教师可以有很多特质，他们或许温柔可亲，关心孩子的生活，或许幽默风趣，喜欢和孩子玩到一块……但是要成为一名合格的学前教师，了解并遵守教师职业道德规范是最为基础的要求。本节我们来学习教师职业道德规范的内涵和相关要求。

一、职业道德与教师职业道德

 案例 3-1-1

不一样的教师

媒体上有时会报道某些教师的负面新闻。例如，天津某中学教师在训话中歧视学生，甚至说出"别怪我瞧不起你，某同学妈妈一年挣的比你妈妈 50 年挣的都多"的言论，该教师最后因为"违背基本师德要求"被教育局撤销教师资格。

但媒体也报道了许多令人感动的教师故事。例如，"全国十大师德标兵""感动中国 2020 年度人物"——免费女子高中华坪女中校长张桂梅，"每天只睡四个小时""整整十二年,十万里家访路""把1 800名大山女孩送进大学校园",这些数字背后是一位教师在教育事业上的默默耕耘,她用自己的坚韧、拼搏、无私的大爱改变了大山女孩的命运。

讨论: 在张桂梅的事迹中,最令你感动的是什么?

优秀的、受学生爱戴的教师都具有高尚的教师职业道德,他们的心中有大爱。接下来,我们先来了解一下什么是教师职业道德。

(一) 教师职业道德的含义和特点

自古以来,我国就十分注重师德建设。孔子提出了我国历史上最早的教师职业道德规范,即教师要"诲人不倦""有教无类"。韩愈在《师说》中指出,教师的职责在于"传道、授业、解惑"。人民教育家陶行知先生提出,第一流的教授必须具有两种要素:一有真知灼见;二肯说真话,敢驳假话,不说狂话。这些教育家们对于教师职业的论述对今天的师德建设仍有重大的参考价值。

教师职业道德又称为"教师道德"或者"师德",它是指教师在职业活动中应该遵循的,用以调节教师职业工作中教师与学生、教师与集体、教师与社会等关系的道德规范和行为准则的总称,它体现着教师所应当具有的道德情感、道德观念、道德情操,以及由此而形成的整体性的道德品质。《中华人民共和国教师法》中明确规定,教师要"遵守宪法、法律和职业道德,为人师表"。《关于学前教育深化改革规范发展的若干意见》也指出,要"强化师德师风建设,通过加强师德教育、完善考评制度、加大监察监督、建立信用记录、完善诚信承诺和失信惩戒机制等措施,提高教师职业素养,培养热爱幼教、热爱幼儿的职业情怀"。教师职业道德主要由教师的职业理想、职业责任、职业态度、职业纪律、职业技能、职业良心、职业作风、职业荣誉八个因素构成。

拓展阅读

法律和职业道德的区别

法律是指由全国人民代表大会及其常委会依照立法程序制定,并由国家主席签署公布的规范性文件,其法律效力仅次于宪法,一般以"法"字配称,如我国的《刑法》《教育法》《出境入境管理法》等。

职业道德是与人们的职业活动紧密联系的符合职业特点所要求的道德准则、道德情操与道德品质的总和,它既是对本职人员在职业活动中的行为标准和要求,同时又是职业对社会所负的道德责任与义务。职业道德属于自律范围,它通过公约、守则等对职业生活中的某些方面加以规范。

(二) 新时代的教师职业道德

在社会文明发展的新阶段，教师职业道德也有了新的内涵。有学者认为，传统的教师职业道德已无法满足新环境的要求，开始思考现代教师职业道德的特殊性。当前我国社会已经迈入快速发展、信息化、全球化的新时代，人们的生活信仰、思想观念、行为方式等呈现出多样化、个性化的特点，教育活动的对象、环境、目标、条件和方法也发生了巨大的变化，这些对教师的职业道德提出了更多、更高、更严的要求。在我国长期的教育实践中，教师往往被要求做到"立德树人""为人师表"，教师的职业道德更多是一种外在的义务，新时期教师要避免流于形式、口号式的道德行为，要将义务的道德转化为主体责任的道德，推进教师自治、行业自律、专业自主的教师职业道德建设。要避免职业道德浮于表面、沦为空谈的解决办法就是教师积极投身于道德实践，立足实践、扎根实践，在实践中修炼、反思和成长，努力做到"知行合一"。

自进入新时代以来，国家非常重视教育事业，强调要发挥教师在"立德树人"中的重要作用。2014年第30个教师节前夕，习近平总书记在北京师范大学考察时，勉励广大师生，要求大家做"有理想信念、有道德情操、有扎实学识、有仁爱之心"的"四有"好老师。

二、学前教师职业道德相关法规

（一）学前教师职业道德规范

《幼儿园工作规程》指出：幼儿园教职工应当贯彻国家教育方针，具有良好品德，热爱教育事业，尊重和爱护幼儿，具有专业知识和技能以及相应的文化和专业素养，为人师表，忠于职责，身心健康。《幼儿园教师专业标准（试行）》也提出要"师德为先"，即教师在开展教育教学活动、履行教书育人职责的过程中，将师德放在首位。

学前教师职业道德规范是学前教师从事职业活动时应该遵守的共同的行为准则，是评价教师行为是非善恶的具体标准，是构成教师职业道德体系的基本要素，也是社会主义核心价值体系在教育活动中的具体体现。那么，学前教师的职业道德应该包括哪些方面呢？

根据《中小学教师职业道德规范》的相关内容，结合学前教育的特殊性以及幼儿的身心特点，学前教师职业道德规范应包括爱国守法、爱岗敬业、关爱幼儿、教育幼儿、为人师表、终身学习这六方面内容。

（1）**爱国守法**。作为学前教师，首先必须守法，更应爱国。学前教师只有热爱国家、热爱人民，才能心甘情愿为教育事业奉献自己的心血；只有做到守法，才能为幼儿做好榜样，培养他们的爱国主义情怀，才能做到依法执教，为幼儿的身心健康成长保驾护航。在具体的教学实践中，学前教师可以通过以下行为来践行爱国守法：从自身做起，拥有热爱祖国、热爱家乡的情怀，在日常教学中做好榜样，潜移默化地实施爱国主义教育；了解和幼儿相关的法律法规，维护好幼儿和自身的权利，明确道德和法律的底线，有意识地控制不当行为的发生。

（2）**爱岗敬业**。即热爱自己的岗位，用恭敬、严肃的态度对待自己的工作。幼儿容易受到伤害、自我表达能力有限等特点都决定了学前教师要付出足够的细心、耐心、爱心去了解幼儿，促进幼儿身心的健康发展。此外，为了个人专业的发展，教师也要热爱自己的岗位，创造性地工作。在具体的教学实践中，教师可以通过以下行为来践行爱岗敬业：树立坚定的教育理念和教育理想，在工作中建立职业认同感；追求工匠精神，精通专业知识，成为有专业素养的教师。

（3）**关爱幼儿**。对学前教师来说，关爱幼儿涵盖三个方面的含义，即爱护全体幼儿、尊重幼儿独立的人格、关心幼儿的健康和安全。《中华人民共和国教师法》第八条规定，教师要"关心、爱护全体学生，尊重学生人格，促进学生在品德、智力、体质等方面全面发展"。可见，关爱幼儿是教师必须承担的责任和义务。此外，因幼儿身心比较稚嫩，缺乏自我保护能力，教师需要倾注爱心，以促进他们的健康成长。在平时的教学中，教师要做到以下几点：及时消除安全隐患，避免安全事故的发生；关注幼儿的身心健康，帮助幼儿养成良好的行为习惯；及时关注幼儿的身体发育状况，做好幼儿的疾病防治工作；尊重幼儿的权利，让幼儿拥有一段健康快乐的童年时光。

案例 3-1-2

霸 凌 学 生

某年12月，一则"某老师发动全班同学霸凌学生"的话题备受关注，网友纷纷对该事件中教师的做法表示愤慨。视频中某班级正在排练节目，摄像教师在教室后面拍摄。一名男生正高声背诵《满江红》，个别孩子不时回头看摄像机，有时还捂耳朵。拍摄暂停，两位教师轮流批评了第一排的某个孩子，命令他坐到后排去，还鼓动同学说"全班同学都讨厌你"。

讨论： 事件中的两位教师到底做错了什么？该事件给我们什么启示？如果你是那位拍摄的教师，你该怎么做？

分析： 在整个过程中，教师的语言暴力非常明显，如"讨厌你"等。不使用侮辱性、辱骂性的语言，不施行语言暴力，是对教师师德的基本要求。在这一事件中，教师缺乏作为教育者的道德敏感性与基本的是非判断力。

（4）**教育幼儿**。即做好保育和教育的工作，帮助幼儿养成良好的行为习惯和健康的人格，呵护好幼儿纯真的童心。为此，教师要坚持保教结合的原则，在照料幼儿生活的同时，促进幼儿各方面的发展；要坚持以游戏为基本活动，自觉抵制"小学化"的倾向；要做好家园共育的工作，争取家长的理解和支持，为幼儿成长助力。

（5）**为人师表**。即教师要严格要求自己，为幼儿做好表率。卢梭在《爱弥儿》中对教师说:"你要记住,在敢于担当培养一个人的任务以前,自己就必须造就一个人,自己就必须是一个值得推崇的模范。"作为幼儿的支持者、引导者、合作者,学前教师要注意自己的一言一行,为幼儿树立良好的榜样。

(6) **终身学习**。即学前教师要做到活到老、学到老。在日新月异的现代社会,终身学习不仅是学前教师要做到的,还是每个公民必须具备的核心素养。学前教师要做到两个方面的内容:一是自己要坚持终身学习的态度和行为,二是教育幼儿要有终身学习的理念。在具体的教学工作中,学前教师要树立终身学习的信念,自觉把理论和实践相结合,通过读书、自我反思和总结、参加培训等途径提升专业素养,在教学中不断钻研、探索,不断提高自我。

> **拓展阅读**
>
> ### 《中小学教师职业道德规范》
> (教育部2008年修订版本)
>
> 一、爱国守法。热爱祖国,热爱人民,拥护中国共产党领导,拥护社会主义。全面贯彻国家教育方针,自觉遵守教育法律法规,依法履行教师职责权利。不得有违背党和国家方针政策的言行。
>
> 二、爱岗敬业。忠诚于人民教育事业,志存高远,勤恳敬业,甘为人梯,乐于奉献。对工作高度负责,认真备课上课,认真批改作业,认真辅导学生。不得敷衍塞责。
>
> 三、关爱学生。关心爱护全体学生,尊重学生人格,平等公正对待学生。对学生严慈相济,做学生良师益友。保护学生安全,关心学生健康,维护学生权益。不讽刺、挖苦、歧视学生,不体罚或变相体罚学生。
>
> 四、教书育人。遵循教育规律,实施素质教育。循循善诱,诲人不倦,因材施教。培养学生良好品行,激发学生创新精神,促进学生全面发展。不以分数作为评价学生的唯一标准。
>
> 五、为人师表。坚守高尚情操,知荣明耻,严于律己,以身作则。衣着得体,语言规范,举止文明。关心集体,团结协作,尊重同事,尊重家长。作风正派,廉洁奉公。自觉抵制有偿家教,不利用职务之便谋取私利。
>
> 六、终身学习。崇尚科学精神,树立终身学习理念,拓宽知识视野,更新知识结构。潜心钻研业务,勇于探索创新,不断提高专业素养和教育教学水平。

(二) 学前教师师德师风建设

1. 加强师德、师风建设的方法

师德是教师的魂,学前教师应该具备高尚的师德;明确自己作为一名教师的道德底

线，坚决抵制任何会损害幼儿身心发展的行为。2018年11月，教育部在印发《新时代幼儿园教师职业行为十项准则》的通知中指出，师德师风是评价教师队伍素质的第一标准。2019年11月15日，《关于加强和改进新时代师德师风建设的意见》指出，要"把师德师风作为评价教师队伍素质的第一标准，将社会主义核心价值观贯穿师德师风建设全过程"。幼儿园要加强师德师风建设，具体需做到以下几点：

（1）贯彻学习。部署扎实开展《新时代幼儿园教师职业行为十项准则》（以下简称《准则》）的学习贯彻，结合落实师德师风建设长效机制，制定具体化的教师职业行为负面清单及失范行为处理办法，同时做好宣传解读，采取多种形式帮助广大教师全面理解和准确把握《准则》精神，做以德立身、以德立学、以德施教、以德育德的楷模，维护教师职业形象，提振师道尊严。

（2）扎实落实。把《准则》要求落实到教师管理的具体工作中去，在引进、招聘教师的关口就确保每位入职教师知准则、守底线，将师德考核纳入教师的年度考核、表彰奖励、职称评聘、推优评先等工作中，完善师德考核指标体系。

（3）严格处理。对于教师的师德违规行为，要按照相应的处理指导意见、处理办法要求，严格受理举报和查处违规行为。对于有虐待、猥亵、性骚扰等严重侵害幼儿行为的，一经查实，要撤销该教师所获荣誉、称号，追回相关奖金，依法依规撤销教师资格、解除教师职务、清除出教师队伍；涉嫌违法犯罪的要及时移送司法机关依法处理。

拓展阅读

《新时代幼儿园教师职业行为十项准则》

一、坚定政治方向。坚持以习近平新时代中国特色社会主义思想为指导，拥护中国共产党的领导，贯彻党的教育方针；不得在保教活动中及其他场合有损害党中央权威和违背党的路线方针政策的言行。

二、自觉爱国守法。忠于祖国，忠于人民，恪守宪法原则，遵守法律法规，依法履行教师职责；不得损害国家利益、社会公共利益，或违背社会公序良俗。

三、传播优秀文化。带头践行社会主义核心价值观，弘扬真善美，传递正能量；不得通过保教活动、论坛、讲座、信息网络及其他渠道发表、转发错误观点，或编造散布虚假信息、不良信息。

四、潜心培幼育人。落实立德树人根本任务，爱岗敬业，细致耐心；不得在工作期间玩忽职守、消极怠工，或空岗、未经批准找人替班，不得利用职务之便兼职兼薪。

五、加强安全防范。增强安全意识，加强安全教育，保护幼儿安全，防范事故风险；不得在保教活动中遇突发事件、面临危险时，不顾幼儿安危，擅离职守，自行逃离。

六、关心爱护幼儿。呵护幼儿健康，保障快乐成长；不得体罚和变相体罚幼儿，不得歧视、侮辱幼儿，严禁猥亵、虐待、伤害幼儿。

七、遵循幼教规律。循序渐进，寓教于乐；不得采用学校教育方式提前教授小学内容，不得组织有碍幼儿身心健康的活动。

八、秉持公平诚信。坚持原则，处事公道，光明磊落，为人正直；不得在入园招生、绩效考核、岗位聘用、职称评聘、评优评奖等工作中徇私舞弊、弄虚作假。

九、坚守廉洁自律。严于律己，清廉从教；不得索要、收受幼儿家长财物或参加由家长付费的宴请、旅游、娱乐休闲等活动，不得推销幼儿读物、社会保险或利用家长资源谋取私利。

十、规范保教行为。尊重幼儿权益，抵制不良风气；不得组织幼儿参加以营利为目的的表演、竞赛等活动，或泄露幼儿与家长的信息。

2. 违反职业道德的处理办法

为进一步加强师德师风建设，教育部于2018年11月8日正式发布《幼儿园教师违反职业道德行为处理办法》（以下简称《处理办法》），它就幼儿园教师违反职业道德的一些行为提出了十四条处理办法。《处理办法》的出台对规范幼儿园教师的职业行为，保障教师、幼儿的合法权益，进一步加强师德师风建设，推动学前教育事业健康发展等方面具有重要的意义。作为未来的学前教育工作者，我们应该积极学习该文件，争做"四有"好老师，时刻不忘道德底线，做社会尊重、家长爱戴、幼儿喜欢的"最美幼师"。《处理办法》的主要内容如下：

（1）适用对象：所有幼儿园教师，包括公办幼儿园、民办幼儿园的教师。

（2）应该予以处理的教师违反职业道德的行为（《处理办法》第四条）：

① 在保教活动中及其他场合有损害党中央权威和违背党的路线方针政策的言行。

② 损害国家利益、社会公共利益，或违背社会公序良俗。

③ 通过保教活动、论坛、讲座、信息网络及其他渠道发表、转发错误观点，或编造散布虚假信息、不良信息。

④ 在工作期间玩忽职守、消极怠工，或空岗、未经批准找人替班，利用职务之便兼职兼薪。

⑤ 在保教活动中遇突发事件、面临危险时，不顾幼儿安危，擅离职守，自行逃离。

⑥ 体罚和变相体罚幼儿，歧视、侮辱幼儿，猥亵、虐待、伤害幼儿。

⑦ 采用学校教育方式提前教授小学内容，组织有碍幼儿身心健康的活动。

⑧ 在入园招生、绩效考核、岗位聘用、职称评聘、评优评奖等工作中徇私舞弊、弄虚作假。

⑨ 索要、收受幼儿家长财物或参加由家长付费的宴请、旅游、娱乐休闲等活动，推销幼儿读物、社会保险或利用家长资源谋取私利。

⑩ 组织幼儿参加以营利为目的的表演、竞赛活动，或泄露幼儿与家长的信息。

⑪ 其他违反职业道德的行为。

(3) 教师违反职业道德行为的处理办法：

当教师出现以上违反职业道德的行为时，需要根据情节轻重予以处分或处理。处分包括警告、记过、降低岗位等级或撤职、开除；处理包括给予批评教育、诫勉谈话、责令检查、通报批评，以及取消在评奖评优、职务晋升、职称评定、岗位聘用、工资晋级、申报人才计划等方面的资格。此外，教师是中共党员的，同时给予党纪处分。教师涉嫌违法犯罪的，及时移送司法机关依法处理。

教师受到处分的，符合《教师资格条例》第十九条所规定情形的，由县级以上人民政府教育行政部门依法撤销其教师资格。教师受处分期间暂缓教师资格定期注册。依据《中华人民共和国教师法》第十四条规定丧失教师资格的，不能重新取得教师资格。教师被依法判处刑罚的，依据《事业单位工作人员处分暂行规定》给予降低岗位等级或者撤职以上处分。其中，被依法判处有期徒刑以上刑罚的，给予开除处分。教师受到剥夺政治权利或者因故意犯罪受到有期徒刑以上刑事处罚的，丧失教师资格。

教师受记过以上处分期间不能参加专业技术职务任职资格评审。《处理办法》还对处理的权限做出了明确的规定，根据教师违反职业道德情节的轻重来决定相应的处理部门和程序。

案例3-1-3

课外辅导

某幼儿园的孙老师借用场地，为幼儿及小学生进行课外辅导，收费标准为每人每月300元。孙老师对禁止在职教师从事有偿家教的规定和相关处罚措施心知肚明，但其仍利用职务之便兼职兼薪，无视相关文件规定和组织教育。区教育局经研究决定，撤销孙老师的教师资格，给予其行政记过处分，收缴其违规所得，责成幼儿园认定其该年度师德考核不合格。

(4) 给予处分的注意事项：

① 幼儿园及幼儿园主管部门发现教师存在《处理办法》第四条所列举行为的，应当及时组织调查核实，视情节轻重给予相应处理。在做出处理决定前，应当听取教师的

陈述和申辩，调查了解幼儿情况，听取其他教师、家长委员会或者家长代表的意见，并告知教师其有要求举行听证的权利。对于拟给予降低岗位等级以上的处分，如教师要求听证的，拟做出处理决定的部门应当组织听证。

② 给予教师处理时，应当坚持公平公正、教育与惩处相结合的原则；应当与其违反职业道德行为的性质、情节、危害程度相适应；应当事实清楚、证据确凿、定性准确、处理恰当、程序合法、手续完备。

③ 处理决定应当以书面形式通知教师本人并载明认定的事实、理由、依据、期限及申诉途径等内容。教师不服处理决定的，可以向幼儿园主管部门申请复核。对复核结果不服的，可以向幼儿园主管部门的上一级行政部门提出申诉。对教师的处理，应在期满后根据其悔改表现予以延期或解除，处理决定和处理解除决定都应完整存入人事档案及教师管理信息系统。

（5）幼儿园以及有关部门管理者师德师风建设管理不当的行为清单：
① 师德师风长效机制建设、日常教育督导不到位。
② 师德失范问题排查发现不及时。
③ 对已发现的师德失范行为处置不力、方式不当或拒不处分、拖延处分、推诿隐瞒的。
④ 已做出的师德失范行为处理决定落实不到位，师德失范行为整改不彻底。
⑤ 多次出现师德失范问题或因师德失范行为引起不良社会影响。
⑥ 其他应当问责的失职失责情形。

第二节　学前教师

成为一名学前教师，需要哪些条件和资格？学前教师如何履行自己的权利与义务？本节将介绍学前教师的资质与地位、权利与义务。

一、学前教师的资格、职务和聘任制度

根据《中华人民共和国教育法》（以下简称《教育法》）的规定，国家实行教师资格、职务、聘任制度，通过考核、奖励、培养和培训，提高教师素质，加强教师队伍建设。学前教师的工作离不开以下三个制度：

（一）学前教师资格制度

《教师资格条例》是为提高教师素质，加强教师队伍建设，依据《教师法》制定的。《教师资格条例》第二条规定：中国公民在各级各类学校和其他教育机构中专门从

事教育教学工作，应当依法取得教师资格。教师资格是国家对专门从事教育教学工作人员的最基本的要求，是公民获得教师工作的前提条件。教师资格制度包括了教师资格的基本条件、教师资格考试、教师资格认定、教师资格丧失等内容。

1. 教师资格分类

教师资格主要分为：幼儿园教师资格、小学教师资格、初级中等学校教师资格、高级中等学校教师资格、高等学校教师资格等。本书介绍的是幼儿园教师资格。

2. 学前教师资格的基本条件

《教师法》第十条规定：中国公民凡遵守宪法和法律，热爱教育事业，具有良好的思想品德，具备本法规定的学历或者经国家教师资格考试合格，有教育教学能力，经认定合格的，可以取得教师资格。同文第十一条规定：取得幼儿园教师资格，应当具备幼儿师范学校毕业及其以上学历。

3. 学前教师资格考试

不具备《教师法》规定的教师资格学历的公民，要申请获得教师资格，应当通过国家举办的或者认可的教师资格考试。教师资格考试科目、标准和考试大纲由国务院教育行政部门审定。教师资格考试试卷的编制、考务工作和考试成绩证明的发放，属于幼儿园教师资格考试的，由县级以上人民政府教育行政部门组织实施。幼儿园教师资格考试每年进行两次，考试科目全部及格的，发给教师资格考试合格证明；当年考试不及格的科目，可以在下一年度补考；经补考仍有一门或者一门以上科目不及格的，应当重新参加全部考试科目的考试。

4. 学前教师资格认定

幼儿园教师资格，由申请人户籍所在地或者申请人任教学校所在地的县级人民政府教育行政部门认定。教育行政部门和受委托的高等学校每年春季、秋季各受理一次教师资格认定申请。具体受理期限由教育行政部门或者受委托的高等学校规定，并以适当形式公布。申请人应当在规定的受理期限内提出申请。申请认定学前教师资格，应当提交教师资格认定申请表和下列证明或者材料：身份证原件和复印件、学历证书原件和复印件、教师资格考试合格证明、教育行政部门或者受委托的高等学校指定的医院出具的体格检查证明、普通话水平测试等级证书原件和复印件；户籍所在地的街道办事处、乡人民政府或者工作单位、所毕业的学校对其思想品德、有无犯罪记录等方面情况的鉴定及证明材料。

非师范院校毕业或者教师资格考试合格的公民申请认定幼儿园教师资格的，应当进行面试和试讲，考察其教育教学能力；根据实际情况和需要，教育行政部门或者受委托的高等学校可以要求申请人补修教育学、心理学等课程。

教育行政部门或者受委托的高等学校在接到公民的教师资格认定申请后，应当对申请人的条件进行审查；对符合认定条件的，应当在受理期限终止之日起30日内颁发相应的教师资格证书；对不符合认定条件的，应当在受理期限终止之日起30日内将认定结论通知本人。已取得教师资格的公民拟取得更高等级学校或者其他教育机构教师资格的，应当通过相应的教师资格考试或者取得《教师法》规定的相应学历，并依照《教师资格条例》第五章的规定，经认定合格后，由教育行政部门或者受委托的高等学校颁发相应的教师资格证书。教师资格证书在全国范围内适用。教师资格证书由国务院教育行政部门统一印制。

5. 教师资格丧失

依照《教师法》第十四条规定丧失教师资格的，不能重新取得教师资格，其教师资格证书由县级以上人民政府教育行政部门收缴。有下列情形之一的，由县级以上人民政府教育行政部门撤销其教师资格：弄虚作假、骗取教师资格的；品行不良、侮辱学生，影响恶劣的。被撤销教师资格的，自撤销之日起 5 年内不得重新申请认定教师资格。

（二）学前教师职务制度

《教师法》第十六条规定：国家实行教师职务制度，具体办法由国务院规定。教师职务制度是国家对教师岗位设置及各级岗位任职条件和取得该岗位的程序等内容的规定。国家实行教师职务制度，其目的就是充分调动和发挥教师为社会主义教育事业服务的积极性和创造性，激励教师不断提高政治思想觉悟、文化业务水平、学术教育水平和履行职责的能力，努力完成本职工作，促进人才合理流动。在最新的《中华人民共和国学前教育法草案（征求意见稿）》（以下简称《学前教育法草案》）中，进一步完善了学前教师的职务制度，其中指出："幼儿园教师职务分为初级、中级、副高级和正高级职务，由教育行政部门会同有关部门组织专门评聘。"从我国教师职务系列各试行条例的规定来看，担任教师职务的任职条件一般包括：

（1）具备各级各类相应教师的资格。

（2）遵守法纪，具有良好的思想政治素质和职业道德，为人师表，教书育人。

（3）具有相应的教育教学水平、学术水平，能全面、熟练地履行现职务职责。

（4）符合学历、学位以及工作年限的要求。

（5）身体健康，能坚持正常工作。

（三）学前教师聘任制度

根据《教师法》和《教育法》的规定，幼儿园实行教师聘任制度。教师的聘任应当遵循双方地位平等的原则，由幼儿园和教师签订聘任合同，明确规定双方的权利、义务和责任。教师按合同履行义务，幼儿园按合同为教师提供教育教学、科学研究、进修等方面的条件并支付工资，实行聘任制度的幼儿园要对受聘教师的业务水平、工作态度和成绩进行考核，作为提职、调薪、奖惩和能否续聘的依据。教师聘任制度可以提高教师的责任感，可以充分利用社会人力资源，建设一支优秀的教师队伍。实施教师聘任制度的步骤、办法由国务院教育行政部门规定。

教师聘任制度依其聘任主体实施行为的不同可以分为以下几种形式：（1）招聘，即幼儿园面向社会公开、择优选具有教师资格的应聘人员。（2）续聘，即聘任期满后，幼儿园与教师继续签订聘任合同。（3）解聘，即幼儿园因某种原因不适宜继续聘任教师，双方解除合同关系。（4）辞聘，即受聘教师主动请求幼儿园解除聘任合同的行为。

案例 3-2-1

某幼儿园教师招聘条件

（1）具有中华人民共和国国籍，拥护党的路线、方针和政策，政治思想素质好。

（2）热爱教育事业，遵纪守法，工作责任感强，具有良好的职业素质。

（3）全日制普通高校毕业生，学前教育专业，年龄为18—30周岁。

（4）持有教师资格证和普通话考试合格证书。

（5）具有适应岗位要求的身体条件。

（6）具备岗位所需的其他条件。

讨论：这则招聘启事有哪些可以修改和需要进一步明确的地方吗？如果你是园长，你打算怎么草拟园所的教师招聘通知？

二、学前教师的地位

根据《教师法》的相关规定，学前教师是履行幼儿教育教学职责的专业人员，承担教书育人，培养社会主义事业建设者和接班人的使命。学前教师具有特定的权利和义务。学前教师的地位问题一直是学前教育领域讨论的热点话题。

改革开放以来，我国学前教师队伍建设也朝着越来越专业化的方向发展，国家出台了相应的政策，以保障学前教师的地位。2003年，国务院办公厅转发了《关于幼儿教育改革与发展的指导意见》，提出了之后5年的幼儿教育改革与发展目标，要求加强师资队伍建设，努力提高学前教师素质。2010年，国家颁布了《国家中长期教育改革和发展规划纲要（2010—2020年）》，要求"严格执行幼儿教师资格标准，切实加强幼儿教师培养培训，提高幼儿教师队伍整体素质，依法落实幼儿教师地位和待遇。"

为了进一步加强学前教师的专业化发展，教育部于2012年出台了《幼儿园教师专业标准（试行）》，于2013年出台了《幼儿园教职工配备标准（暂行）》，成为规范学前教师队伍标准化建设发展的重要标准。在国家政策的引导下，我国学前教师队伍日益壮大，其结构也逐步优化，有越来越多的本科生和研究生加入幼儿教育的行列。

党的十九大报告明确指出："努力让每个孩子都能享有公平而有质量的教育。"保障学前教师的地位，建设一支更专业的学前教师队伍，是保障学前教育质量的前提。《学前教育法草案》指出"全社会应当尊重幼儿园教师"，还规定了幼儿园教师在职称评定、岗位聘任（用）等方面享有与中小学教师同等的待遇，标志着我国学前教师的地位正逐步提高。

三、学前教师的权利与义务

作为中华人民共和国的公民，我们每一个人都享有宪法所规定的权利，同时也必须履行相应的义务。我国公民的基本权利包括：平等权、政治权利和自由、宗教信仰、社会经济权利、文化权利等。公民的基本义务包括：维护国家统一和全国各民族团结；遵守宪法和法律，尊重社会公德；维护祖国安全、荣誉和利益；保卫祖国，抵抗侵略，依法服兵役和参加民兵组织；依法纳税。

学前教师的权利和义务是指教育法律规范设定的这个职业特定的法律权利和法定义务。《教师法》对教师的权利和义务进行了具体的规定，教师既享有法律规定的权利，也必须履行法律规定的义务。

（一）学前教师的权利

学前教师的权利，是指学前教师在教育活动中享有的由相关法律赋予的权利，它是国家对学前教师在教育活动中可以为或不为一定行为的许可与保障。依据《教育法》和《教师法》，学前教师享有以下权利：

1. 教育教学权

教师有进行教育教学活动，开展教育教学改革和实验的教育教学权，这是教师为履行教育教学职责必须具备的基本权利。它主要指学前教师可以依据《3—6岁儿童学习与发展指南》《幼儿园工作规程》等政策的规定，以及其所在幼儿园的教育理念开展健康、语言、社会、科学、艺术各领域的教育活动，且要以游戏为基本活动形式；按照课程计划、课程标准的要求确定活动内容和进度，并不断完善活动内容；针对不同的幼儿因材施教，在教育教学的形式、方法、具体内容等方面进行改革、实验和完善。非依法律规定，任何组织或个人均不得剥夺在聘学前教师的这项法定权利。但合法的解聘或待聘，不属于侵犯教师这一权利的行为。

2. 科学研究权

教师有从事科学研究、学术交流、参加专业的学术团体，在学术活动中发表意见的科学研究权，这是教师作为专业技术人员所享有的一项基本权利。学前教师在完成现定的教育教学任务的前提下，有在幼儿园对自己感兴趣的课题进行科学研究，将自己在幼儿园的教学经验撰写成学术论文或者著书立说，依法成立或参加学术团体，发表自己的观点，开展学术争鸣等科研权。

3. 指导评价权

教师有指导学生的学习和发展，评定学生的品行和学习的指导评价权，这是教师在教育教学活动中居于主导地位的基本权利。学前教师有根据幼儿的身心发展规律和年龄特点，对幼儿进行因材施教，引导幼儿身心健康发展的权利，还可以对幼儿的生活习惯、各个领域的发展情况、学习品质等方面进行评价。

4. 获取报酬权

教师有权按时获取工资报酬，享受国家规定的福利待遇以及寒暑假期的带薪休假，这是教师的基本物质保障权利,是宪法赋予公民的劳动的权利和劳动者有休息权利的具体化。《学前教育法草案》第四十八条(工资福利)指出,幼儿园及其举办者应当按照国家相关规定保障教师和其他工作人员的工资福利、社会保险待遇,改善工作和生活条件。同文第四十九条(其他待遇)指出,幼儿园教师在职称评定、岗位聘任(用)等方面享有与中小学教师同等的待遇。符合条件的幼儿园教师可以按规定享受艰苦边远地区津贴、乡镇工作补贴等津贴、补贴。承担特殊教育任务的幼儿园教师按规定享受特殊教育津贴。

5. 民主管理权

教师有对学校的教育教学、管理工作和教育行政部门的工作提出意见和建议,通过教职工代表大会或者其他形式参与学校民主管理的权利。这是教师参与教育民主管理的权利,是宪法赋予公民的民主权利在教育领域的具体适用。学前教师有权通过教职工代表大会及工会等组织对幼儿园的教育教学、管理工作和教育行政部门的工作提出意见和建议,帮助提升幼儿园的办园质量。

6. 终身学习权

教师有通过参加进修或者其他方式的培训,满足自己终身学习需求的权利。这是教师享有的接受继续教育,不断获得充实和发展的基本权利。它主要包括:学前教师有权参与各种形式的入职培训、职后培训、进修和接受其他培训,不断更新知识,调整知识结构,提高自己的思想品德和业务素质,保障教育教学质量;教育行政部门和幼儿园及其他教育机构应当采取多种形式,开辟多种渠道,保证学前教师进修培训权的顺畅行使,提高教师的专业理念和专业素养。

2018年颁布的《关于学前教育深化改革规范发展的若干意见》进一步指出,要"健全教师培训制度",提出要"研究制定全国幼儿园教师培训工作方案",大规模培训幼儿园教师,"重点加强师德师风全员培训、非学前教育专业教师全员补偿培训和未成年人保护方面的法律培训等",要"创新培训模式,支持师范院校与优质幼儿园协同建立培训基地,强化专业学习与跟岗实践相结合,增强培训针对性和实效性,切实提高教师专业水平和科学保教能力"。可以看出,教师的这一权利正越来越受到重视。

新入职教师的规范化培训

为深入贯彻落实《中共中央国务院关于全面深化新时代教师队伍建设改革的意见》精神,推动各地创新教师培训模式,提升教师培训针对性和实效性,在总结各地培训经验的基础上,教育部于2020年发布了《幼儿园新入职教师规范化培训实施指南》,为幼儿园教师培训工作提供了关键依据。规范化培训内容以师德为先、幼儿为本、能力为重和终身学习为基本设计理念，围绕"师德修养与职业信念、幼儿研究与支持、幼儿保育与教育、教育研究与专业发展"四个模块展开，并将四个模块的培训内容又具体化为18个培训专题，如在"幼儿保育与教育"下设置了"环境的创设与利用""一日生活的组织与保育""游戏活动的支持与指导""教育活动的计划与实施""沟通与合作"五个专题。该《实施指南》还对教师培训的方法、原则、要求、考核与评价等内容做了规定。

你觉得以上哪些培训内容是你最需要的？职前教育和职后培训，哪个更重要？

（二）学前教师的义务

学前教师的义务是指法律规定的对教师必须做出一定行为或不得做出某些行为的约束。它是由法律规定的，并以国家强制力量保障其履行。根据我国《教育法》及《教师法》的规定，学前教师必须履行以下义务：

1. 遵守宪法、法律和职业道德，为人师表

学前教师作为中华人民共和国的公民，必须遵守宪法、法律，遵守学前教师职业道德规范和职业行为准则。学前教师不仅是遵守宪法和法律的表率，而且要在教育教学工作中，自觉培养幼儿的法治观念和民主意识。

2. 贯彻国家的教育方针，遵守规章制度，履行教师聘约，完成保教工作任务

教学工作是教师的本职工作，教师在教育教学活动中必须贯彻国家的教育方针，遵守规章制度，遵守教育行政部门、学校及其他教育机构制定的教育教学管理的各项规章制度，以及依据有关法律法规制定的教学工作计划，履行聘任合同中约定的教育教学工作职责，完成职责范围内的教育教学任务，保证教育教学质量。学前教师应当按照国家有关规定，根据幼儿的年龄特点和身心发展规律，科学实施保育与教育活动。

3. 关爱幼儿，通过合法、科学、适宜的保教活动促进幼儿身心健康发展

关爱幼儿是学前教师的基本义务之一。学前教师要通过多种多样的保教活动促进幼儿身心和谐发展，这些活动不仅要符合幼儿的年龄特点，还必须遵守国家的基本法律法规。例如，教师运用幼儿喜闻乐见和易于理解的方式激发其爱家乡、爱祖国的情感；帮助幼儿感受中国是一个多民族的大家庭，各民族之间要互相尊重、团结友爱；结合社会实际，帮助幼儿了解基本的社会规则，体会规则的重要性，学习自觉遵守规则等。

案例 3-2-2

迎 国 庆

适逢祖国 70 周年华诞，某幼儿园的老师们为孩子们策划了一系列的迎国庆活动，活动内容包括向班级孩子介绍国庆节的由来和意义，制作手持小国旗的手工活动，党员老师带领孩子们共唱国歌，观看 70 周年大阅兵视频，大班孩子合唱歌曲《今天是你的生日，中国》。幼儿园里飘扬着一面面孩子们亲手做的五星红旗，阵阵稚嫩的童声在校园里回荡，孩子们深切表达了对祖国母亲的热爱与祝福。

分析： 从以上案例可以看出，老师们通过一系列迎国庆的主题活动，激发了幼儿热爱祖国的情感。

4. 关心、爱护全体幼儿，尊重幼儿人格，促进幼儿全面发展

教师在教育教学活动中，应关心爱护全体幼儿，尊重幼儿的人格，促进幼儿在品德、智力、体质等方面的全面发展。《未保法》第二十七条规定："学校、幼儿园的教职员工应当尊重未成年人人格尊严，不得对未成年人实施体罚、变相体罚或者其他侮辱人格尊严的行为。"由于幼儿缺乏自我保护能力，身心比较脆弱，因此，他们更加需要学前教师的爱与呵护，使他们能够健康成长。学前教师还应该充分利用各种资源，为幼儿提供丰富多样的活动，满足幼儿通过亲近自然、实际操作、亲身体验等方式获取经验的需要，促进其在健康、语言、社会、科学、艺术等方面的协调发展。

5. 制止有害于幼儿的行为或者其他侵犯幼儿合法权益的行为，批评和抵制有害于幼儿健康成长的现象

保护幼儿的合法权益，保障其身心健康成长，是全社会的共同责任。作为学前教师，更应负有这项义务。教师应当在幼儿园工作和与教育教学相关的活动中，对侵犯幼儿合法权益的违法行为予以制止，保护幼儿的合法权益不受侵犯；应当对社会上出现的有害于幼儿身心健康成长的不良现象进行批评和抵制，这既是全社会的责任，也是学前教师义不容辞的义务。

四、《幼儿园教师专业标准（试行）》解读

幼儿园教师是履行幼儿园教育工作职责的专业人员，需要经过严格的培养与培训，应具有良好的职业道德，掌握系统的专业知识和专业技能。为促进幼儿园教师专业发展，建设高素质幼儿园教师队伍，根据《教师法》，教育部于 2012 年颁布出台了《幼儿园教师专业标准（试行）》（以下简称《专业标准》）。《专业标准》是国家对合格幼儿园教师专业素质的基本要求，是幼儿园教师开展保教活动的基本规范，是引领幼儿园教师专业发展的基本准则，是幼儿园教师培养、准入、培训、考核等工作的重要

依据。

《专业标准》意在解决当下幼儿园教师队伍中存在的问题与不足，提高教师队伍整体素质。在过去 10 年间，我国的学前教育毛入园率从 2010 年的 56.6% 增长到 2020 年的 85.2%，普惠性幼儿园的覆盖率也逐年提升。《专业标准》的颁布和实施有利于满足人民日益增长的"有园上、上好园"的需求，有利于促进我国学前教育进一步的普及和优化。

（一）《专业标准》的出台背景

随着教育规划纲要的贯彻落实，《国务院关于当前发展学前教育的若干意见》的颁发，各地学前教育三年行动计划的纷纷出台，以及国家学前教育重大项目的启动，大力发展学前教育正成为我国教育事业发展的一道亮丽的风景线。学前教育事业发展不仅需要建设一大批坚实安全的幼儿园，更需要建设一支师德高尚、业务精良的幼儿园教师队伍。要实现"基本普及"的战略目标，满足人民群众对学前教育的热切需求，不仅仅体现在入园率的提高上，更重要的是学前教育质量的提升，而其中的关键与核心便是教师队伍专业水平的提升。目前，我国学前教育仍是整个教育体系的短板，发展不平衡、不充分的问题十分突出，其中一个表现就是教师队伍建设滞后，缺乏统一的管理标准。《专业标准》正是在回应学前教育事业发展之需，在加快普及学前教育的新形势下，为保障教育质量和幼儿健康成长而出台的一个重要文件。

（二）《专业标准》的主要内容

《专业标准》主要分为三个部分：基本理念、基本内容和实施建议。

1. 基本理念——师德为先、幼儿为本、能力为重、终身学习

（1）师德为先。其主要内涵是：热爱学前教育事业，具有职业理想，践行社会主义核心价值体系，履行教师职业道德规范，依法执教。关爱幼儿，尊重幼儿人格，富有爱心、责任心、耐心和细心；为人师表，教书育人，自尊自律，做幼儿健康成长的启蒙者和引路人。

《专业标准》对当前社会反映的教师专业意识或行为中的薄弱方面，予以了关注与强调。"热爱学前教育事业，具有职业理想，践行社会主义核心价值体系，履行教师职业道德规范"是幼儿园教师师德的**核心**；"关爱幼儿，尊重幼儿人格，富有爱心、责任心、耐心和细心"是幼儿园教师师德的**重要内容**；"为人师表，教书育人，自尊自律，做幼儿健康成长的启蒙者和引路人"是《专业标准》对学前教师的**角色要求**。

（2）幼儿为本。其主要内涵是：尊重幼儿权益，以幼儿为主体，充分调动和发挥幼儿的主动性；遵循幼儿身心发展特点和保教活动规律，提供适合的教育，保障幼儿快乐全面健康地成长。

"幼儿为本"是"以人为本"的科学发展观在幼儿教育上的具体体现，是幼儿教育本质的重要内涵，也是幼儿园教师应秉持的核心理念。珍惜幼儿的生命，尊重幼儿的价值，满足幼儿的需要，维护幼儿的权利，促进每一个幼儿的全面发展等，是"幼儿为本"的核心内涵。真正的"幼儿为本"体现在以教师与幼儿的"关系质量"为中心的日常人际关系之中，体现在教师与幼儿无数次反反复复的互动之中。践行"幼儿为本"

理念应遵从以下行为准则：尊重幼儿作为"人"的尊严与权利；尊重幼儿期的独特性和价值；尊重幼儿身心特点与保教规律；促进每一个幼儿生动、活泼、主动、全面地发展。

案例3-2-3

安吉游戏——"幼儿为本"的游戏

"安吉游戏"是浙江安吉所开展的幼儿园游戏的简称。十余年来，安吉幼教人抱着"让游戏点亮孩子的生命"的理念，进行了一场"把游戏权利还给孩子"的革命，让每一所幼儿园、每一个乡村教学点、每一个幼儿，都能享受到均衡、普惠、优质的学前教育。如今，"安吉游戏"教育模式已经成为中国幼教改革的一面旗帜，成为浙江教育文化乃至中国教育文化对外输出的一张新名片。在安吉，可以看到孩子们自由地玩竹子、木块、木板、梯子、砖头、沙土、轮胎、废旧汽车等，他们可以自己决定怎么玩、和谁玩、玩什么。老师们充分信任幼儿、解放幼儿，让幼儿实现自我发展，他们作为观察者，保障幼儿能够最大限度地"冒险"。

（3）能力为重。其主要内涵是：把学前教育理论与保教实践相结合，突出保教实践能力；研究幼儿，遵循幼儿成长规律，提升保教工作专业化水平；坚持实践、反思、再实践、再反思，不断提高专业能力。

自1996年国际21世纪教育委员会提出了教育的四大支柱"学会求知、学会做事、学会共处、学会生存"之后，重视能力建设也成为世界各国教师专业发展的趋势。幼儿园教师需要在实践中不断提升自己的活动设计能力，搭建幼儿学习支架的能力（包括研究幼儿身心发展规律和特点、创设环境、调动幼儿的积极性、与幼儿进行平等对话），以及反思和评价的能力等。

（4）终身学习。其主要内涵是：学习先进学前教育理论，了解国内外学前教育改革与发展的经验和做法；优化知识结构，提高文化素养；具有终身学习与持续发展的意识和能力，做终身学习的典范。

终身学习的理念适应了国际教师专业发展与教育改革的趋势，也适应了教师需要不断学习和提高的职业特点。《国家中长期教育改革与发展规划纲要（2010—2020年）》亦提出："到2020年，基本实现教育现代化，基本形成学习型社会，进入人力资源强国行列。"2011年颁布的《教师教育课程标准（试行）》以"终身学习"为理念指出，"教师是终身学习者"。教师专业发展是一个不断完善的过程，需要教师进行终身的专业学习。幼儿园教师职业的对象是具有主动性和独特性的幼儿个体，幼儿园教师的主要任务之一是激发幼儿的学习兴趣，为幼儿在未来社会中的不断发展奠定基础、注入动力。德国教育家第斯多惠（Diesterweg）说过，"只有当你不断致力于自我教育的时候，你才能教育别人。"因此，幼儿园教师必须树立终身学习的理念，并将其付诸行动。①

> **拓展阅读**
>
> ### 教育的四大支柱
>
> 1996年国际21世纪教育委员会提出教育的四大支柱，即学会求知、学会做事、学会共处、学会生存。具体的内容如下：
>
> 1. 学会求知
>
> 学会求知的能力（learning to know），也就是学会学习的能力。要掌握认识世界的工具，要具备最迅速、最有效地获取信息、处理信息和运用信息的能力，要学会广博与专精相结合，由博返约的学习方法，这是终身教育的根本。
>
> 2. 学会做事
>
> 学会做事的能力（learning to do），也就是要具备在一定环境中工作的能力，要求善于应付各种可能出现的情况。学会做事的能力，不仅要学会实际动手操作的技能，更重要的是要具备一种综合能力，它包括如何处理人际关系的能力，社会行为、集体合作的态度，主观能动性，管理能力和解决矛盾的能力，以及敢于承担风险的精神。
>
> 3. 学会共处
>
> 学会共处的能力（learning to live together），也就是在人类活动中，要学会与他人一起合作。现代社会既充满竞争，也离不开合作。要学会在合作中竞争，在竞争中合作。既要尊重多样化的现实，又要尊重价值观的平等，增进相互间的了解、理解和谅解，加强对相互依存关系的认识。
>
> 4. 学会生存
>
> 学会生存的能力（learning to be），也就是要具备适应环境以求生存，改造环境以求发展的能力。每个人若要求得有价值的生存和发展，更有效地改造自然、改造社会，那就必须充分开发潜能、发展个性、提高素质，增强自主性、能动性、创造性和责任感。

2. 基本内容

《专业标准》的基本内容构架包含了专业理念与师德、专业知识和专业能力3个维度、14个领域、62条基本要求。整个框架结构与中、小学教师专业标准基本一致，但在专业能力方面充分体现了幼儿园教育的突出特点和保教工作的基本任务，特别强调了

---

① 李季湄.《幼儿园教师专业标准》的四个基本理念解读［EB/OL］.（2020-12-07）［2021-03-19］. https：//www.sohu.com/a/436864395657535.

幼儿园教师所必须具备的良好环境的创设与利用、幼儿一日生活的合理组织与保育、游戏活动的支持与引导、教育活动的恰当计划与实施能力等，如图3-2-1所示。总体来说，《专业标准》具有以下突出特点：

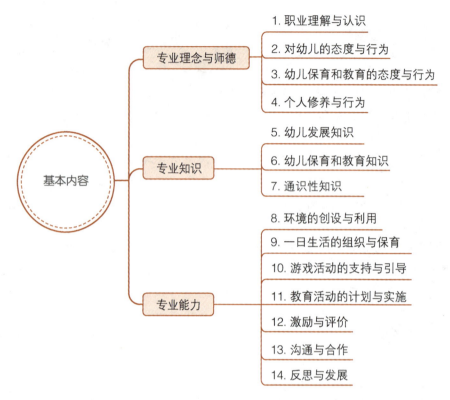

▲ 图3-2-1 《专业标准》的基本内容

（1）对幼儿园教师的师德与专业态度提出了特别要求。师德与专业态度是教师职业的基准线。身心发展迅速、可塑性大、易受伤害的幼儿更需要师德高尚，具有良好的职业道德修养，富有爱心、责任心、耐心和细心并能给予幼儿精心呵护和教育培养的教师。

（2）要求幼儿园教师高度重视幼儿的生命与健康。《专业标准》充分考虑幼儿发展的身心特点和社会对幼儿安全与健康的热切关注，明确提出要高度重视幼儿的生命与健康，并从专业理念与师德、专业知识和专业能力三个层面相互呼应，全面提出了具体要求。例如：教师要将保护幼儿生命安全放在首位；熟知幼儿园的安全应急预案，掌握意外事故和危险情况下幼儿安全防护与救助的基本方法；有效保护幼儿，及时处理幼儿的常见事故，危险情况优先救护幼儿。

（3）充分体现幼儿园保教结合的基本特点。幼儿身心发展的特点和需要决定了保教结合是幼儿园教育的基本原则，也是对幼儿园教师的基本专业要求。《专业标准》明确提出要"注重保教结合"，不仅将"一日生活的组织与保育"作为重要的专项领域要求，而且对教师提出了多项具体要求。例如：要能合理安排和组织一日生活的各个环节，科学照料幼儿日常生活，将教育灵活地渗透到一日生活中；能充分利用各种教育契机，对幼儿进行随机教育，以将保教结合原则落到实处。

（4）强调幼儿园教师必须具备的教育教学实践能力。教育教学实践能力是教师对幼儿施以积极影响，引导幼儿发展的基础，《专业标准》对幼儿园教师必须具备的教育教学能力提出了明确要求。例如：幼儿园教师要具有观察了解幼儿、掌握不同年龄幼儿身心发展特点和个体差异的能力；要具有环境的创设与利用、一日生活的组织与保育、游戏活动的支持与引导、教育活动的计划与实施、对幼儿的激励与评价等基本专业能力；能根据幼儿的特点和需要，给予适宜的指导，并能引发和支持幼儿的主动活动，引导幼儿在游戏活动中获得多方面的发展。

（5）重视幼儿园教师的反思与终身学习能力。《专业标准》强调幼儿园教师要具有不断进行专业化学习、实践、反思和提高的意识与能力。这既是现代社会发展、教育改革对教师的必然要求，也是幼儿园教师不断成长的必然要求。《专业标准》在"专业理念"和"专业能力"中均提出了对教师反思与自主发展的要求，明确指出幼儿园教师在教育工作中应"主动收集分析相关信息，不断进行反思，改进保教工作"；同时，应制定专业发展规划，通过学习、实践、反思，不断提高自身专业素质，从而为学前教育质量的提升和幼儿的健康发展贡献自己的力量。

3. 实施建议

（1）各级教育行政部门要将《专业标准》作为幼儿园教师队伍建设的基本依据，充分发挥《专业标准》的引领和导向作用，深化教师教育改革，建立教师教育质量保障体系，不断提高幼儿园教师培养培训质量。制定幼儿园教师准入标准，严把幼儿园教师入口关；制定幼儿园教师聘任（聘用）、考核、退出等管理制度，保障教师合法权益，形成科学有效的幼儿园教师队伍管理和督导机制。

（2）开展幼儿园教师教育的院校要将《专业标准》作为幼儿园教师培养培训的主要依据，重视幼儿园教师职业特点，加强学前教育学科和专业建设。完善幼儿园教师培养培训方案，科学设置教师教育课程，改革教育教学方式；重视幼儿园教师职业道德教育，重视社会实践和教育实习；加强从事幼儿园教师教育的师资队伍建设，建立科学的质量评价制度。

（3）幼儿园要将《专业标准》作为教师管理的重要依据。制定幼儿园教师专业发展规划，注重教师职业理想与职业道德教育，增强教师育人的责任感与使命感；开展园本研修，促进教师专业发展；完善教师岗位职责和考核评价制度，健全幼儿园绩效管理机制。

（4）幼儿园教师要将《专业标准》作为自身专业发展的基本依据。制定自我专业发展规划，爱岗敬业，增强专业发展自觉性；大胆开展保教实践，不断创新；积极进行自我评价，主动参加教师培训和自主研修，逐步提升专业发展水平。

五、《学前教育专业师范生教师职业能力标准（试行）》解读

如果说《幼儿园教师专业标准（试行）》对在职教师提出了专业要求，《学前教育专业师范生教师职业能力标准（试行）》则对师范生的职前能力培养提出了具体要求。

2021年4月6日，教育部发布了《学前教育专业师范生教师职业能力标准（试行）》（以下简称《能力标准》）。这是我国学前教师教育标准体系建设中又一个具有里程碑意义的进展，指明了我国新时代高素质专业化学前教师的培养标准和能力结构。

《能力标准》既充分反映了教师职业所应具有的普遍性专业特点，同时又适应幼儿身心发展需求和学前教育的特殊性，充分体现对学前教师能力与素质培养的独特性。

（一）《能力标准》的框架与内容

教育部同时发布了五个师范生教师职业能力试行标准的文件，包括中学教育、小学教育、学前教育、中等职业教育和特殊教育专业师范生教师职业基本能力。这五大职业能力标准采取相同的内容框架，遵循了"类型+领域+维度+标准+指标"这一国际通行的标准框架。学前教育专业的《能力标准》同样分为四大能力"领域"，即师德践行能力、保育和教育实践能力、综合育人能力和自主发展能力。

1. 师德践行能力

师德践行能力部分包含的遵守师德规范、涵养教育情怀两大维度和其他四大职业能力标准的维度完全一致。

2. 保育和教育实践能力

《能力标准》的第二部分为"保育和教育实践能力"，该领域主要从掌握专业知识与技能、开展环境创设、组织一日生活、开展游戏活动、实施教育活动五个维度，对学前教育师范生教育教学实践所需的基本能力提出了细化要求。

3. 综合育人能力

《能力标准》的第三部分为"综合育人能力"，主要从育德意识、育人实践、班级管理、心理健康、家园协同五个方面强调教育"育人为本"的要求，落实立德树人根本任务。

4. 自主发展能力

"自主发展能力"从注重专业成长、主动交流合作两个维度，突出终身学习、自主发展，以及在学习共同体中不断提升专业水平的意识和能力。

（二）《能力标准》的主要特点

1. 明确四大专业核心能力

四大专业核心能力已成为我国学前教育师范生培养的核心能力，为学前教育专业的课程建设与评估指明了方向，体现了能力本位的教师教育目标。

2. 突出对师范生师德师风的要求

《能力标准》的研制遵循"着眼新时代教师培养目标""坚持做好分类指导""加强教师队伍建设系统设计"等总体思路，围绕有理想信念、有道德情操、有扎实学识、有仁爱之心的好老师培养，突出师德师风，细化师范生实践能力要求；基于师范生能达到的实际水平，加快推进与教育现代化相匹配的教书育人能力素质提升，与时俱进，守正创新。《能力标准》依据高校加强过程性考核和组织师范生教师职业能力测试的需要，按照学前教育师范生教育教学基本能力进行分类指导，突出专业特色。在"加强教师队伍建设系统设计"方面，《能力标准》的研制对标师范类专业认证标准的"毕业要求",按照"一践行,三学会"(践行师德,学会教学、学会育人、学会发展)的基本框架行文,融入幼儿园教师资格考试标准、考试大纲以及《专业标准》相关要求,指导各校加强师范类专业建设,提升师范生教育教学能力水平。

3. 与《幼儿园教师专业标准(试行)》有机衔接

《专业标准》是国家对合格幼儿园教师专业素质的基本要求,规定的是幼儿园教师必须达到的基本专业素养和教师开展保教活动的基本规范,同时又是引领幼儿园教师专业发展的基本准则,为幼儿园教师专业发展提供方向性的指引和导航。幼儿园教师应按标准中所提出的专业要求,不断提升专业发展水平。

《能力标准》则指向师范生培养,关注教师职前培养的质量与要求。《能力标准》明确指出,毕业生要具有较强的学科素养、教学能力、班级管理能力、反思及沟通能力、终身学习能力等。两个文件之间的有机衔接,为我国学前教育师范生和教师的专业发展与终身学习奠定了基础,可以有效提高我国学前教育师范生的培养质量。

第三节 幼儿园园长

案例 3-3-1

园长培训课程

某开放学院在讨论"幼儿园园长"的培训项目,与会专家就园长培训的内容开展了热烈讨论:园长培训课程的重点是专业水平,还是管理能力?园长应该具备怎样的学历?

讨论: 成为幼儿园园长必须达到哪些专业标准,拥有哪些专业能力?对幼儿园园长而言,什么素养最为核心?园长的工作职责又包括哪些?

一、幼儿园园长的地位和任职资格

我国幼儿园实行园长负责制,园长是幼儿园的法定代表人,也是幼儿园的最高行政负责人。幼儿园园长不仅是幼儿园的管理者,也是幼儿园课程的领导者,是幼儿园教育改革发展的领头人。幼儿园园长是"一园之魂",园长的专业发展水平对幼儿园的发展起着举足轻重的作用,直接影响到幼儿园的发展方向,影响到幼儿园教师的专业发展,并最终会影响到幼儿的发展。

根据《幼儿园工作规程》等相关规定，园长首先应当贯彻国家教育方针，具有良好品德，热爱教育事业，尊重和爱护幼儿，具有专业知识和技能以及相应的文化和专业素养，为人师表，忠于职责，身心健康。园长应该具有《教师资格条例》规定的教师资格，具备大专以上学历、三年以上幼儿园工作经历和一定的组织管理能力，并取得幼儿园园长岗位培训合格证书。幼儿园园长实行园长职级制，具体办法由省、自治区、直辖市人民政府制定。幼儿园园长对外代表幼儿园，对举办者、幼儿家长和社区负责，对内全面领导幼儿园的教育、行政工作，对全体教职工、幼儿负责。

二、幼儿园园长的工作职责

根据《幼儿园工作规程》的相关规定，幼儿园园长负责幼儿园的全面工作，其职责主要有：

（1）贯彻执行国家的有关法律、法规、方针、政策和地方的相关规定，负责建立并组织执行幼儿园的各项规章制度。

（2）负责保育教育、卫生保健、安全保卫工作。

（3）负责按照有关规定聘任、调配教职工，指导、检查和评估教师以及其他工作人员的工作，并给予奖惩。

（4）负责教职工的思想工作，组织业务学习，并为他们的学习、进修、教育研究创造必要的条件。

（5）关心教职工的身心健康，维护他们的合法权益，改善他们的工作条件。

（6）组织管理园舍、设备和经费。

（7）组织和指导家长工作。

（8）负责与社区的联系和合作。

三、《幼儿园园长专业标准》解读

为贯彻党的十八届三中、四中全会精神，落实教育规划纲要和《国务院关于加强教师队伍建设的意见》，构建教师队伍建设标准体系，建设高素质普通幼儿园园长队伍，深入推进学前教育改革与发展，教育部于2015年1月10日正式颁布了《幼儿园园长专业标准》。

园长是履行幼儿园领导与管理工作职责的专业人员。《幼儿园园长专业标准》是对幼儿园合格园长专业素质的基本要求，是幼儿园园长进行幼儿园管理工作的基本规范，是引领幼儿园园长专业发展的基本准则，是制定幼儿园园长任职资格标准、培训课程标准、考核评价标准的重要依据。《幼儿园园长专业标准》的主要内容包括以下几方面：

（一）办学理念

1. 以德为先

坚持社会主义办园方向和党对教育的领导，贯彻党和国家的教育方针政策，将社会主义核心价值观融入幼儿园工作，履行法律赋予园长的权利和义务，主动维护儿童合法权益；热爱学前教育事业和幼儿园管理工作，具有服务国家、服务人民的社会责任感和使命感；践行职业道德规范，立德树人，关爱幼儿，尊重教职工，为人师表，勤勉敬业，公正廉洁。

2. 幼儿为本

坚持幼儿为本的办园理念，把促进幼儿快乐健康成长作为幼儿园工作的出发点和落脚点，让幼儿度过快乐而有意义的童年；面向全体幼儿，平等对待不同民族、种族、性别、身体状况及家庭状况的幼儿；尊重个体差异，提供适宜教育，促进幼儿富有个性地全面发展；树立科学的儿童观与教育观，使每个幼儿都能接受有质量的教育。

3. 引领发展

园长作为幼儿园改革与发展的带头人，担负引领幼儿园和教师发展的重任。把握正确办园方向，坚持依法办园，建立健全幼儿园各项规章制度，实施科学管理、民主管理，推动幼儿园可持续发展；尊重教师专业发展规律，激发教师自主成长的内在动力。

4. 能力为重

秉承先进教育理念和管理理念，突出园长的领导力和执行力。不断提高规划幼儿园发展、营造育人文化、领导保育教育、引领教师成长、优化内部管理和调适外部环境等方面的能力；坚持在不断的实践与反思过程中，提升自身的专业能力。

5. 终身学习

牢固树立终身学习的观念，将学习作为园长专业发展、改进工作的重要途径；优化专业知识结构，提高科学文化艺术素养；与时俱进，及时了解国内外学前教育改革与发展的趋势；注重学习型组织建设，使幼儿园成为园长、教师、家长与幼儿共同成长的家园。

（二）专业要求

1. 规划幼儿园发展

幼儿园发展需要一个蓝图，而园长是这个蓝图的顶层设计师。园长应该坚持正确的办园方向，科学认识学前教育的价值与功能，准确把握国家相关的政策法规，在分析幼儿园发展的历史传统、发展机遇以及诊断幼儿园发展现状的基础上，凝聚多方智慧，合理制定幼儿园发展规划，并采取有效措施保障与检测规划的有效落实。

2. 营造育人文化

人创造了文化，文化也同样在塑造人。文化对人有潜移默化的教育力量，优秀的文化能够丰富人的精神世界，优秀的园所文化能够有助于打造一支卓越幼教团队。因此，园长应该重视幼儿园文化在价值引领、情感陶冶和行为规范等方面的价值功能，综合运用环境陶冶、思想宣传、制度规范、活动渗透等方式，构建育人文化，营造精神家园，形成教育合力，助力幼儿成长。

3. 领导保育教育

保育教育是园长的中心工作，应坚持保教结合的基本原则，珍惜游戏与生活的独特价值，熟悉环境创设、一日生活、游戏活动和教育活动组织与实施的知识及方法，科学指导和实施遵循幼儿身心发展规律与幼儿教育规律的保教活动，积极推进幼儿园教科研活动的有效性，不断深化幼儿园的教育改革，以促进幼儿身心健康和谐发展。

4. 引领教师成长

教师成长是办好幼儿园的重要环节，是提高保教质量的关键。园长应重视立德树人，培养优良的师德师风；依据教师专业成长的基本规律以及不同水平教师专业发展的不同需求，采取不同方式与不同层次的辅助措施及相应的激励机制，有效促进教师的专业化发展。学习型组织建设与学习共同体的建立是园长引领教师成长的重要平台。

5. 优化内部管理

幼儿园是一个具有内在运作机制的组织系统，园长作为这个系统的管理者与第一责任人应依法办园，实施民主管理与科学管理，建立健全幼儿园的各项规章制度，优化配置人、物、财等多种资源，采取措施激发与协调幼儿园内部各方面的力量，使大家齐心协力做好各项工作，最大限度地发挥幼儿园组织系统的效能，不断提高管理水平。

6. 调适外部环境

作为一个社会性组织，幼儿园是一个开放的系统，存在于一定的场域之中，幼儿园的发展与运作必将受到家庭、社区及其他外部环境的影响，园长应积极与社会各个方面进行有效的沟通，力争获得各级部门的支持以及家长对幼儿园工作的理解与配合。此外，园长还应做好幼小衔接工作，加强园际之间的交流与互助，充分挖掘、整合、利用园外的各种资源信息，同时热心服务于社会、社区及家长。

有人说，好园长等于一所好幼儿园。对此，你怎么看？

第四节 学前教育机构其他工作人员

案例 3-4-1

幼儿园的一天

早上 8 点 20 分，爸爸把乐乐送到了幼儿园。在大门口，保健医生对他进行了"一看、二摸、三问、四查"，乐乐洗好手就走进了自己的班级。保育员老师准备了乐乐最爱的巧克力饼干和牛奶。中午小朋友吃玉米炒虾仁，乐乐因为海鲜

> 过敏，食堂的叔叔特地为他准备了土豆炖肉。下午乐乐参加了幼儿园的"小社团"活动，他是"街舞社"的小社长。下午4点半，妈妈来接乐乐回家，乐乐高兴地和门口的保安叔叔挥手告别：明天见！
>
> **讨论：**在幼儿园一天的生活中，除了园长和老师，你知道还有哪些人为小朋友的健康成长保驾护航吗？他们各自承担着哪些职责呢？

《幼儿园工作规程》第七章指出，幼儿园除了设园长和教师岗位之外，还要按照国家相关规定设保育员、卫生保健人员、炊事员、保安和其他工作人员等岗位，配足配齐教职工。所有的教职工都要贯彻国家教育方针，具有良好品德，热爱教育事业，尊重和爱护幼儿，具有专业知识和技能以及相应的文化和专业素养，为人师表，忠于职责，身心健康。

一、保育员

（一）保育员的任职条件

保育员是负责幼儿的卫生保健、生活管理的工作人员。《幼儿园工作规程》中规定，保育员应当具备高中毕业以上学历，受过幼儿保育职业培训，能够履行保育员的职责。作为一名保育员，必须具备细心、爱心、耐心等优秀的品质，还应当掌握一些关于幼儿卫生学、幼儿营养学、幼儿教育学、幼儿心理学的相关知识，掌握常见疾病、传染病的基础知识，掌握幼儿常见意外事故的初级处理方法，还要具备一定的科学文化知识和素养。

（二）保育员的主要职责

（1）负责本班房舍、设备、环境的清洁卫生和消毒工作。具体职责有：每天打扫教室，经常保持活动室内空气的流通，保证幼儿有一个舒适、干净的环境；按照消毒制度的规定，认真做好生活用品、玩具教具、设备等的清洁消毒工作；每天要定时冲洗厕所，做到厕所槽内无污垢，保持厕所内清洁无臭味；认真执行卫生消毒制度，填好消毒记录。

（2）在教师指导下，科学照料和管理幼儿生活，并配合本班教师组织教育活动。具体职责有：在教师指导下做好保教结合，组织好幼儿的一日生活，保持幼儿仪表整洁，精心护理幼儿生活；配合教师的教育活动计划开展随机教育，与教师共同培养幼儿良好的品德行为习惯和卫生习惯。

（3）在卫生保健人员和本班教师指导下，严格执行幼儿园安全、卫生保健制度。具体职责有：防止幼儿摔伤、烫伤、砸伤，防止幼儿将异物塞入耳、鼻、口中；根据天气变化，及时为幼儿增减衣物、被褥，午睡时多加巡视，注意纠正幼儿的不良睡姿，及时解尿、抹汗和盖被；每天及时统计幼儿人数；定期清洗、消毒玩具，保持睡具、玩具的清洁卫生等；注意观察幼儿的情绪、食欲、睡眠及大小便情况并做好记录，发现病情及时报告医务人员；发现班上有传染病时，要及时对玩具、被褥、用具进行消毒，对体弱幼儿进行特殊照顾。

（4）妥善保管幼儿衣物和本班的设备、用具。具体职责有：负责领取和保管本班所需物品，整齐摆放设备和用具，防止霉烂、损坏和丢失；在幼儿起床后整理清洁床铺，下午帮助幼儿整理离园的衣服和背包等。

案例 3-4-2

某幼儿园保育员的工作流程与内容

▲ 表 3-4-1 保育员一日工作流程与内容

工作流程	工作内容
7:30—8:00 温馨入园	① 在幼儿入班前开窗通风、擦桌椅、拖地，做好班级卫生工作；准备好餐具、餐巾。② 见到幼儿入班，面带微笑向幼儿及家长问好。③ 指导进班的幼儿如厕、洗手。
8:00—8:30 美味早餐	① 去厨房取餐。② 给幼儿介绍早餐。③ 为幼儿分餐，根据幼儿食量添加饭菜，进餐时不催促幼儿。④ 如果需要喂食，最好面对幼儿。⑤ 进餐时如有幼儿进班，及时安排迟来的幼儿进餐。⑥ 用餐结束后，指导幼儿清洁并收拾餐具。
8:30—9:00 区域活动	① 收拾整理好餐具。② 填写本班幼儿的出勤登记表。
9:00—9:40 开心活动	① 配合主班教师教学。注意观察幼儿在活动中的情绪，特别是托、小班的幼儿，必要时进行个别指导。② 如有运动项目，注意给幼儿增减衣物。③ 照顾幼儿盥洗、喝水、洗手。④ 9:30 去厨房取点心。
9:40—10:00 早间餐点	① 向幼儿介绍点心。② 分发点心，组织幼儿有序吃点心。③ 收拾整理桌子，组织幼儿洗手。
10:00—11:00 活力户外	① 全程配合户外活动，注意幼儿活动时的安全，及时为幼儿增减衣物，及时用毛巾为出汗较多的幼儿垫背。② 幼儿进入教室后，将幼儿的衣物整理好，层叠码放。③ 组织幼儿有序喝水、如厕、洗手。
11:00—11:30 交流分享	① 配合教师进行餐前交流分享活动。② 组织幼儿如厕、洗手，对桌面进行消毒，并用清水擦拭干净。
11:30—12:00 愉快午餐	① 准备好餐具、餐巾。② 去厨房取餐。③ 为幼儿分餐，根据幼儿食量添加饭菜，进餐时不催促幼儿。

续表

工作流程	工作内容
12:00—12:30 舒心散步	① 照顾个别还在进餐的幼儿和未散步幼儿，保证其安全。② 指导吃完午餐的幼儿擦嘴。③ 收拾整理好餐具，擦桌子、扫地，将剩余食物与残渣分开整理，一并送入厨房，并放在指定位置。④ 协助配班教师组织幼儿进行如厕、盥洗、饮水等活动。⑤ 协助幼儿脱衣，引导幼儿以自理为主，把脱下的衣服叠放整齐，置于床尾，两只鞋子整齐摆放在床边，直至全部幼儿上床。
12:30—14:30 甜蜜午睡	① 巡视幼儿午睡，纠正幼儿的不良睡姿。② 及时为幼儿解尿、抹汗、盖被。
14:30—15:00 起床	① 提醒幼儿整理寝具，并给予鼓励。② 协助幼儿整理好寝具。③ 周五为幼儿整理好床套、被套、枕套，方便家长带回家清洗。
15:00—15:30 游戏活动	① 配合配班教师组织游戏活动，随时为活动中需要帮助的幼儿提供帮助。② 进行下午茶点准备工作。
15:30—16:00 下午茶点	① 给幼儿介绍午点品种与相关营养知识。② 给幼儿分发午点，用食物夹夹取固体食物，注意卫生。③ 幼儿吃完后，指导幼儿洗手、如厕。④ 收拾整理餐具。
16:00—16:30 活力户外	① 配合配班教师指导幼儿进行户外活动。② 关注幼儿参与活动的状态，及时给予幼儿帮助。
16:30—17:30 快乐离园	① 检查每一位幼儿的着装、仪表。② 提醒幼儿如厕。如遇幼儿尿湿裤子，应及时为幼儿更换裤子，并与家长联系。③ 打扫活动室，整理好桌椅、玩教具，清洗毛巾并消毒。④ 所有幼儿离园后，对当天工作进行反思，计划第二天的工作。

二、保健人员

（一）保健人员的任职条件

《幼儿园工作规程》指出，保健人员应当具有高中毕业以上学历，并经过当地妇幼保健机构组织的卫生保健专业知识培训。医师应当取得卫生行政部门颁发的《医师执业证书》；护士应当取得《护士执业证书》。

（二）保健人员的主要职责

（1）落实托儿所、幼儿园卫生保健制度，根据卫生部门的要求与《幼儿园工作规程》《0—3岁儿童学习与发展指南》的有关规定，制定幼儿园的卫生保健工作计划并健全幼儿园内各项卫生保健制度。协助园长实施有关卫生保健方面的法规、规章和制度，并监督执行。

（2）执行"预防为主"的方针，认真做好每天的晨检、午检和健康观察，做到

"一摸、二看、三问、四查"，发现病情及时隔离，做好消毒、传报、登记工作，并和家长取得联系。登记各项保健资料，每周定期向园领导汇报全园卫生保健工作情况，每月统计各班幼儿的发病率。

（3）密切与当地卫生保健机构的联系，协助做好疾病防控和计划免疫等工作，填好预防接种卡，避免漏种或复种；防治和减少传染病的产生和蔓延。

（4）研究调配和改善幼儿膳食，开展膳食调查和营养计算工作，检查厨房的饮食、饮水和环境卫生情况，做好食物检验，制定每周食谱，保证幼儿有足够的营养。

（5）负责督促各班做好卫生保健、消毒隔离及环境卫生工作，定期进行全园的卫生保健、消毒、环境卫生检查，做好分析、评比工作。

（6）定期测量幼儿的身高、体重、胸围、头围、坐高等，并做好健康档案管理，注意保护幼儿的视力、牙齿；采取多种形式向全园工作人员、家长宣传卫生保健等常识，如举办专题讲座、设置卫生保健专栏、召开家长会等。

（7）妥善管理医疗器械、消毒用具和药品，以防发生事故。

某幼儿园秋季手足口病预防知识宣传栏内容

手足口病是由多种肠道病毒引起的一种儿童常见传染病。

传播途径：主要经消化道或呼吸道飞沫传播，亦可经接触病人皮肤、黏膜疱疹液而感染。

主要症状：先出现发烧症状，手心、脚心出现斑丘疹和疱疹（疹子周围可发红），口腔黏膜出现疱疹和（或）溃疡，疼痛明显。部分患者可伴有咳嗽、流涕、食欲不振、恶心、呕吐和头疼等症状。

易感人群：婴幼儿和儿童普遍多发，3岁及3岁以下婴幼儿更容易得。成人感染后一般不发病，但会将病毒传播给孩子。

预防措施：
（1）勤洗手、讲卫生。
（2）勤通风，流行期间避免去人群聚集、空气流通差的公共场所。
（3）儿童出现相关症状要及时到正规医疗机构就诊。

本章小结

本章第一节介绍了学前教师职业道德规范。它是教师开展保育和教育时必须遵守的行为准则。学前教师要关心爱护幼儿，明确自己作为一名教师的道德底线，坚决抵制任何损害幼儿身心发展的行为。幼儿园也要加强师德师风建设，贯彻学习国家关于教师职业道德规范的相关法律法规，将师德作为教师招聘、考核、评优的指标，严格处理教师的师德违规行为。

本章第二节介绍了学前教师的资质与地位、权利与义务。学前教师是履行学前教育教学职责的专业人员。我国实行幼儿园教师资格、职务和聘任制度，符合条件的教师通过教师资格考试和认定获得教师资格，有违规行为的将丧失教师资格。学前教师享有特定的权利和义务，享有教育教学权、科学研究权、指导评价权、获取报酬权、民主管理权和终身学习权，同时也必须履行为人师表、做好保教工作、关爱幼儿等义务。《幼儿园教师专业标准（试行）》是国家对幼儿园教师专业素质的基本要求，《学前教育专业师范生教师职业能力标准（试行）》则对师范生的职前培养提出了具体要求。

本章第三节介绍了幼儿园园长的地位、任职资格和工作职责。我国幼儿园实行园长负责制，园长是幼儿园的法定代表人，也是幼儿园的最高行政负责人。园长负责幼儿园的全面工作，必须符合任职资格，承担相应职责。《幼儿园园长专业标准》是对幼儿园园长专业素质的基本要求，是幼儿园园长进行幼儿园管理工作的基本规范，是引领幼儿园园长专业发展的基本准则。

本章第四节介绍了学前教育机构其他工作人员的任职条件和主要职责。幼儿园要按照国家相关规定设保育员、卫生保健人员、炊事员、保安和其他工作人员等岗位。所有教职工都要贯彻国家教育方针，具有良好品德，热爱教育事业，尊重和爱护幼儿，具有专业知识和技能以及相应的文化和专业素养，为人师表，忠于职责，身心健康。

思考与练习

1. 选择题

（　　）(1) 50岁的胡老师拒绝了幼儿园安排的暑期培训，说："我都快要退休了，还学什么？"这表明胡老师_____。
　　A. 违反《未保法》　　　　B. 违反教师职业道德规范
　　C. 侵犯幼儿权益　　　　D. 缺乏终身学习的理念

（　　）(2) 某幼儿在班级里吵闹不休，刘老师一怒之下用胶布贴住了该幼儿的嘴巴，刘老师的行为属于_____。
　　A. 散布虚假信息　　　　B. 不顾幼儿安危
　　C. 体罚或变相体罚幼儿　　D. 工作期间玩忽职守

2. 简答题

(1) 结合《幼儿园教师专业标准（试行）》，说一说幼儿园教师需要具备哪些专业能力。

(2) 幼儿园园长的工作职责包括哪些事项？

3. 论述题

(1) 请谈谈保育员和教师在保教工作中相互配合的具体做法。

(2) 你认为学前教师职业道德中最重要的内容是什么？为什么？

(3) 你认为成为一名好园长，需要具备哪些核心素养与能力？

第四章 学前教育与保育政策

学习目标

（1）了解我国当前主要的学前教育与保育政策。
（2）能联系实际理解《3—6岁儿童学习与发展指南》《幼儿园保育教育质量评估指南》等重要政策文本的内容。
（3）能够结合主要的保教政策，分析当前学前保教工作中的问题与现象。

学习准备

（1）预习本章内容，思考"想一想"中的问题。
（2）观看微课，学习本章重难点。

▶ 微课
学前教育与保育政策（上）

▶ 微课
学前教育与保育政策（下）

本章导览

学前教育与保育政策
- 学前教育与保育政策概述
  - 我国学前教育与保育主要政策概览
  - 学前教育与保育政策的作用
- 《3—6岁儿童学习与发展指南》与《幼儿园保育教育质量评估指南》解读
  - 《3—6岁儿童学习与发展指南》解读
  - 《幼儿园保育教育质量评估指南》解读
- 《幼儿园工作规程》与《幼儿园教育指导纲要（试行）》解读
  - 《幼儿园工作规程》解读
  - 《幼儿园教育指导纲要（试行）》解读
- 托育政策解读
  - 《托育机构保育指导大纲（试行）》
  - 《托育机构婴幼儿伤害预防指南（试行）》
  - 《托育机构负责人培训大纲（试行）》和《托育机构保育人员培训大纲（试行）》
  - 托育服务的热点与难点

> 案例导入

纪录片《幼儿园》

张以庆执导的纪录片《幼儿园》记录了武汉的一所寄宿制幼儿园中三个具有代表性的班级里的幼儿生活。"或许是我们的孩子,或许是我们自己……",也许你已经关注到了这两句出现在纪录片开篇的话。影片是否让你想到了自己的幼儿园呢?你对自己的幼儿园还有哪些回忆?你记得你的老师吗?有你记得的小伙伴吗?

托幼机构所呈现出的所有能够看得见、摸得着的外部环境或条件,其实都会受到一个无形的内部因素的影响,那就是处于特定社会背景下的学前教育与保育政策。当前,我国主要的学前教育与保育政策有哪些?它们有哪些主要内容?对我国的学前教育和保育工作有哪些启示?

本章将介绍我国当前主要的学前教育与保育政策,包括《3—6岁儿童学习与发展指南》《幼儿园工作规程》等核心政策,据此了解近年来我国相关政策的变化。

第一节 学前教育与保育政策概述

为了保障学前教育质量,当前我国的学前教育与保育政策正处于积极变革与完善的过程中。让我们回顾过去、了解现在、展望未来。

一、我国学前教育与保育主要政策概览

20世纪80年代末,我国学前教育处于教育体制改革的大背景中,教育的管理体制发生了重大变革。

进入21世纪后,我国学前教育政策体制进一步完善,如表4-1-1所示。学前教育政策关注推进高质量学前教育与保育的课程体系、结构、内容的建构。学前教师政策在师资素养方面,关注教师专业化发展和师资队伍建设。学前普惠政策关注民生问题的解决,如大城市普遍存在的适龄幼儿"入园难""入园贵",农村学前教育落后,托幼场所安全事故频发等问题。

▲ 表 4-1-1 2001—2021 年我国主要的学前保教政策概览

年份	政策名称	颁布者	主要内容
2001	《幼儿园教育指导纲要（试行）》	教育部	推进幼儿园实施素质教育，全面提高幼儿园教育质量
2003	《国务院关于进一步加强农村教育工作的决定》	国务院	发展农村教育
2006	《中小学幼儿园安全管理办法》	教育部、公安部、司法部、建设部、交通部、文化部、卫生部、工商总局、质检总局、新闻出版总署	关注中小学幼儿园安全管理
2010	《国家中长期教育改革和发展规划纲要（2010—2020年）》	国务院	对学前教育的改革与发展进行了系统设计和全面部署
2010	《国务院关于当前发展学前教育的若干意见》	国务院	
2010	《托儿所幼儿园卫生保健管理办法》	卫生部、教育部联合	进一步提高托儿所、幼儿园的卫生保健工作水平
2011	《幼儿园收费管理暂行办法》	国家发展改革委、教育部、财政部三部联合	规范各地幼儿园的收费对象与标准
2011	《教师教育课程标准（试行）》	教育部	全面提高教师培养质量
2012	《幼儿园教师专业标准（试行）》	教育部	提出合格幼儿园教师专业素质的基本要求
2012	《关于加强幼儿园教师队伍建设的意见》	教育部、财政部、人力资源社会保障部等部门联合	加强幼儿园教师队伍建设
2012	《校车安全管理条例》	国务院	在幼儿园合理布局的基础上，对确有特殊原因需要校车接送的情况制定安全管理规定
2012	《3—6 岁儿童学习与发展指南》	教育部	体现国家对我国 3—6 岁儿童学习与发展的方向引导和质量要求

续表

年份	政策名称	颁布者	主要内容
2013	《幼儿园教职工配备标准（暂行）》	教育部	进一步规范各类幼儿园的用人行为
2016	《幼儿园工作规程》	教育部	加强幼儿园科学管理、规范办园行为，提高保教质量，促进幼儿身心健康
2019	《托育机构设置标准（试行）》 《托育机构管理规范（试行）》	卫健委	加强托育机构专业化、规范化建设
2021	《托育机构保育指导大纲（试行）》	卫健委	指导托育机构为3岁以下婴幼儿提供科学、规范的照护服务
	《托育机构婴幼儿伤害预防指南（试行）》		提高托育机构服务质量，保障婴幼儿安全健康成长

二、学前教育与保育政策的作用

学前教育与保育政策具有如下作用：

（1）学前教育保教政策引领了学前教育事业的发展，反映了国家对学前教育的价值取向。学前教育保教政策明确规定教育行政部门必须实施的行为、鼓励的行为、禁止的行为及不应该的行为等。例如，《3—6岁儿童学习与发展指南》中明确指出"切忌用一把'尺子'衡量所有幼儿"，强调对幼儿发展过程中个体差异的关注。学前教育保教政策一方面以政策法规引导各级行政部门、幼儿园规范管理，另一方面也通过对合法教育行为的保护和鼓励、对不合法教育行为的制裁和惩罚来规范学前教育事业的发展。

（2）学前教育保教政策保障了学前教育事业的发展。学前教育保教政策既可通过明确学前教育地位、基本制度等方面为学前教育事业发展创造良好的外部环境，也可通过保障学前教育重要主体（包括儿童、保教工作人员、幼儿园等）的权利和合法权益来保证其发展的内部环境适宜。

（3）学前教育保教政策评价了学前教育事业的发展。其评价作用有两个不同的方面：其一，学前教育保教政策对办园、管理和评估等评价内容和过程具有客观性；其二，学前教育保教政策也是对教育质量、保教人员及相关人员教育行为进行评价的依据。

第二节 《3—6岁儿童学习与发展指南》与《幼儿园保育教育质量评估指南》解读

一、《3—6岁儿童学习与发展指南》解读

2012年教育部印发了《3—6岁儿童学习与发展指南》（以下简称《指南》），旨在深入贯彻教育规划纲要，落实《国务院关于当前发展学前教育的若干意见》，帮助广大幼儿园教师和家长了解3—6岁儿童学习与发展的基本规律和特点，全面提高科学保教水平。认真学习《指南》，可以帮助未来的学前教师把握幼儿身心在不同领域的一般发展水平，从而有的放矢地开展幼儿园保育与教育工作。

案例4-2-1

识字和背诗

幼儿园马上就要放学了。在幼儿园门口等待接孩子的家长们正热烈地聊着天。"我们家孙子已经认识不少字了，故事书上的字，他基本上都认识。"一位爷爷说。"我们家孙女不仅认识字，现在还能背好多古诗。"旁边的奶奶也不甘示弱。

讨论：3—6岁的幼儿到底应该学什么？怎么学？具备会认字、会背诗这样的"知识"是判断幼儿发展好坏的标准吗？

当下个别学前教师、家长对幼儿学习与发展规律依然存在不科学、不合理的认识。同时，对幼儿发展的评价仍存在一些传统误区。童年应该是怎样的？《指南》在"说明"部分为幼儿的童年指明了合理的期望：快乐而有意义。

如何才能让幼儿快乐而有意义地成长？在与家长沟通的过程中，年轻的学前教师往往会觉得力不从心。《指南》为广大学前教师和家长提供了3—6岁幼儿学习与发展的目标和建议。当学前教师能够有意识地依据《指南》中幼儿能够达到的能力设计相关活动，并将幼儿相应的发展水平等信息传递给家长时，教师也能在家长的心目中逐步确立自身的专业性。《指南》的意义是什么？3—6岁幼儿的学习与发展包含哪些方面？这一

节的内容将从这些问题展开。

（一）《指南》的意义

《指南》提出，要"以为幼儿后继学习和终身发展奠定良好素质基础为目标，以促进幼儿体、智、德、美各方面的协调发展为核心，通过提出3—6岁各年龄段儿童学习与发展目标和相应的教育建议，帮助幼儿园教师和家长了解3—6岁幼儿学习与发展的基本规律和特点，建立对幼儿发展的合理期望，实施科学的保育和教育，让幼儿度过快乐而有意义的童年。"《指南》的意义可以体现在以下两个方面：

1.《指南》对幼儿学习与发展的指导意义

基于幼儿身心发展规律以及对我国3—6岁幼儿学习与发展状况的调查研究，《指南》以一整套比较科学、明确、具体的目标与教育建议来指导教师和家长建立对幼儿的合理期望，实施科学的保育和教育。为了进一步贯彻落实《指南》，让科学育儿知识真正深入幼儿园与社会，2014年全国学前教育宣传月的主题为"《指南》——让科学育儿知识进入千家万户"。

《指南》中包含了个性化的现代化儿童观和因材施教的传统教育观。它明确提出，在实施过程中应当"尊重幼儿发展的个体差异"，因为"幼儿的发展是一个持续、渐进的过程，同时也表现出一定的阶段性特征。每个幼儿在沿着相似进程发展的过程中，各自的发展速度和到达某一水平的时间不完全相同。要充分理解和尊重幼儿发展进程中的个别差异，支持和引导他们从原有水平向更高水平发展，按照自身的速度和方式到达《指南》所呈现的发展'阶梯'，切忌用一把'尺子'衡量所有幼儿。"

在《指南》的目标部分，分别对3—4岁、4—5岁、5—6岁三个年龄段末期幼儿应该知道什么、能做什么，大致可达到什么发展水平提出了合理期望。但应当注意的是，教师与家长应以动态发展的眼光看待幼儿的表现，即幼儿当下表现出的能力水平并非最终的发展水平，而是处在不断发展变化的过程中。即便一个5岁幼儿没有达到《指南》中列举的部分4—5岁的发展水平与目标，成人也不能轻易得出该幼儿发展滞后的结论，而应以发展目标为借鉴，通过合理手段促进该幼儿在这一领域的学习，给予其更多的支持。

2.《指南》对教师教学工作的指导意义

《指南》对教师的日常教学工作提供了情境化的建议。在对《指南》进行学习时，需要基于具体的幼儿园教育场景，然后结合指导建议作进一步的解释。许多学前教育学者也用论文、著作等形式，帮助一线工作者来理解与运用《指南》。

《指南》的"教育建议"部分列举了一些能够有效帮助和促进幼儿学习与发展的教育途径与方法，对家长和教师提出了明确的要求。例如，"要充分尊重和保护幼儿的好奇心和学习兴趣，帮助幼儿逐步养成积极主动、认真专注、不怕困难、敢于探究和尝试、乐于想象和创造等良好学习品质。"同时，《指南》还提出，一味"忽视幼儿学习品质培养，单纯追求知识技能学习的做法是短视而有害的。"

（二）《指南》的结构与内容

《指南》包括两大部分："说明"和"正文"。

1. "说明"部分解读

"说明"部分简明扼要地介绍了《指南》的制定背景、目标和功能、内容结构和实施原则等内容,如表4-2-1所示。

▲ 表4-2-1 "说明"部分的内容

维 度	具 体 内 容
制定背景	对《国家中长期教育改革和发展规划纲要(2010—2020年)》和《国务院关于当前发展学前教育的若干意见》的深入贯彻。
目标和功能	为幼儿后继学习和终身发展奠定良好的素质基础,促进幼儿体、智、德、美各方面的协调发展。
内容结构	以幼儿学习与发展的五个领域——健康、语言、社会、科学、艺术为主要架构线索。
实施原则	(1)关注幼儿学习与发展的整体性。 (2)尊重幼儿发展的个体差异。 (3)理解幼儿的学习方式与特点。 (4)重视幼儿的学习品质。

《指南》的实施原则可以从以下四方面来理解:

(1)如何理解以五大领域架构幼儿学习与发展的主要内容。第一,幼儿的学习与发展应该具有整体性,3—6岁幼儿的学习与发展应该为其后继学习和终身发展奠定良好的素质基础。而五大领域正是幼儿在现阶段以及终身学习与发展过程中最基本、最重要的五个方面。第二,五大领域也正是《幼儿园教育指导纲要(试行)》中对幼儿园教育内容划分的维度。作为该《纲要》在实践层面的进一步具体化,《指南》以五大领域作为架构幼儿学习与发展的主要线索有助于教师、家长更好地开展教育活动及亲子活动。

(2)如何理解幼儿学习与发展的个体差异。《指南》明确指出:"切忌用一把'尺子'衡量所有幼儿"。幼儿学习与发展的个体差异应从两个方面理解:一是在发展进程呈现一定共同特征的前提下,每个幼儿的学习与发展会呈现出一定的差异;二是幼儿的学习与发展是连续性的,也是阶段性的、非匀速的过程。

(3)如何理解尊重幼儿的学习方式与特点。《指南》明确指出:"幼儿的学习是以直接经验为基础,在游戏和日常生活中进行的。"

案例4-2-2

节约用水

在幼儿园大班科学活动中,老师在和幼儿讨论节约用水的方法。老师出示一页PPT,上面用文字呈现出两种节约用水的方法:

(1) 涂肥皂的时候要关闭水龙头。
(2) 把洗手的水接在盆里用以冲洗马桶。

在活动结束前，老师问幼儿："你们记住节约用水的方法了吗？"幼儿齐声回答："记住了。"但是，老师在活动结束后发现，幼儿依然没有养成节约用水的好习惯。

分析： 本案例中，教师以PPT文字的方式呈现新经验，以教师传授的方式引发幼儿的学习，这样的间接教学方式不符合幼儿的年龄特点。"水"在幼儿的一日生活当中十分常见：如厕后要洗手，活动前后要喝水，吃饭之前要洗手……节约用水的方法和习惯并非只能在集体教学活动中学习和培养。在幼儿的一日生活中，教师可充分利用不同的教育契机，如在幼儿喝水的区域，通过图片的方式引导幼儿养成喝多少接多少的好习惯；在幼儿洗手后，通过谈话活动请个别幼儿分享"洗得干净，水又用得少"的好方法。

(4) 如何理解对幼儿学习品质的关注。关于幼儿期的学习品质，"说明"部分明确阐述："幼儿在活动过程中表现出的积极态度和良好行为倾向"，同时也明确指出："忽视幼儿学习品质培养，单纯追求知识技能学习的做法是短视而有害的"，由此可见，学习品质已成为关注的重点。值得注意的是，相较于知识与技能，学习品质难以评价，很容易被家庭甚至幼儿园忽视。

案例 4-2-3

名画欣赏

在幼儿园艺术活动中，老师正在给幼儿欣赏梵高的《向日葵》。

幼儿1：真好看。

幼儿2：这是向日葵。

幼儿3：哇，我喜欢花。看，我就像一朵花。（她一边说一边站起来，将两条胳膊伸直，两只手张开轻轻地抖动着）

老师：不要说话了，快回到座位上。老师有秘密要告诉你们（老师环顾所有幼儿，等待所有幼儿安静下来）。这幅画是一个叫梵高的人画的，他是一个有名的画家。他在这幅画里画的是向日葵，让我们一起来数一数有几朵。

分析： 在案例中，当教师引导幼儿欣赏艺术作品时，幼儿马上表现出了浓厚的兴趣，并愿意用语言、肢体动作来表现和表达自己的感受，这其实就是"学习品质"中的主动性、想象力、好奇心等。当幼儿出现这样的积极态度和良好行为倾向时，教师应当提供适宜的支持，引导幼儿进一步探索，而不要一味地关注间接知识经验，如画家、画作的名称、数量的获得等。

2. "正文"部分解读

"正文"从健康、语言、社会、科学、艺术领域阐述了幼儿学习与发展的基本规律、特点及教育建议。每个领域又分为两个组成部分,即"概述"和"子领域",如表4-2-2所示。"概述"部分分别聚焦各领域幼儿学习与发展的基本价值、教育要点和特别注意事项进行介绍。

▲ 表4-2-2 五大领域及各子领域

领　域	子领域1	子领域2	子领域3
健　康	身心状况	动作发展	生活习惯与生活能力
语　言	倾听与表达	阅读与书写准备	
社　会	人际交往	社会适应	
科　学	科学探究	数字认知	
艺　术	感受与欣赏	表现与创造	

各"子领域"的内容包含三个部分,即"目标"、该目标下"各年龄段典型表现"及"教育建议",以语言领域为例,如图4-2-1所示。

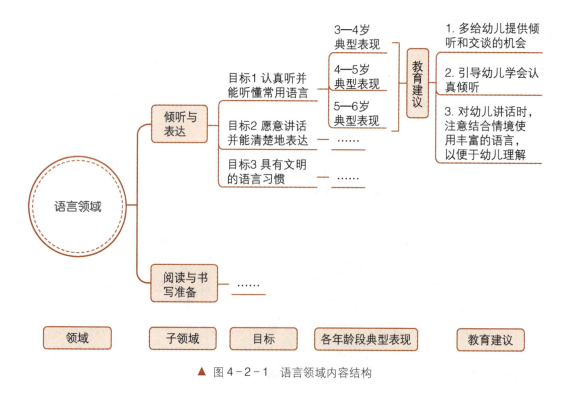

▲ 图4-2-1 语言领域内容结构

(1) 目标。各领域目标如表4-2-3所示：

▲ 表4-2-3　《指南》中的幼儿学习与发展目标

领域	子领域	目标
健康	身心状况	(1) 具有健康的体态。 (2) 情绪安定愉快。 (3) 具有一定的适应能力。
	动作发展	(1) 具有一定的平衡能力，动作协调、灵敏。 (2) 具有一定的力量和耐力。 (3) 手的动作灵活协调。
	生活习惯与生活能力	(1) 具有良好的生活与卫生习惯。 (2) 具有基本的生活自理能力。 (3) 具备基本的安全知识和自我保护能力。
语言	倾听与表达	(1) 认真听并能听懂常用语言。 (2) 愿意讲话并能清楚地表达。 (3) 具有文明的语言习惯。
	阅读与书写准备	(1) 喜欢听故事，看图书。 (2) 具有初步的阅读理解能力。 (3) 具有书面表达的愿望和初步技能。
社会	人际交往	(1) 愿意与人交往。 (2) 能与同伴友好相处。 (3) 具有自尊、自信、自主的表现。 (4) 关心尊重他人。
	社会适应	(1) 喜欢并适应群体生活。 (2) 遵守基本的行为规范。 (3) 具有初步的归属感。
科学	科学探究	(1) 亲近自然，喜欢探究。 (2) 具有初步的探究能力。 (3) 在探究中认识周围事物和现象。
	数学认知	(1) 初步感知生活中数学的有用和有趣。 (2) 感知和理解数、量及数量关系。 (3) 感知形状与空间关系。
艺术	感受与欣赏	(1) 喜欢自然界与生活中美的事物。 (2) 喜欢欣赏多种多样的艺术形式和作品。
	表现与创造	(1) 喜欢进行艺术活动并大胆表现。 (2) 具有初步的艺术表现与创造能力。

案例 4-2-4

我讨厌数学

宁宁马上就要大班毕业了，妈妈为了让宁宁进入理想的小学，给他报了各种各样的幼小衔接班。这天，宁宁开始背诵乘法表了："一五得五，二五一十，三五三十五。""错了，重新来。"妈妈打断了宁宁。"一五得五，二五一十，三五……"宁宁皱着眉头要哭了："这个实在太难了，我讨厌数学！"

分析： 本案例中，宁宁妈妈对于算数能力过分关注，而忽视了培养孩子学习数学的兴趣，这种不适宜的做法在当下的教育实践中仍然存在。《指南》的目标正是对这一错误教育观念、教育实践所进行的正面引导。在科学领域中，"数学认知"这一子领域最重要的方面是让幼儿能够发现"生活中数学的有用和有趣"，这一学习品质不仅对3—6岁的幼儿非常重要，而且会影响幼儿的终身发展。因此，对于《指南》目标的理解和掌握能够帮助教育者厘清不同领域中幼儿学习与发展的重要方面。

（2）各年龄段典型表现。在通过"各年龄段典型表现"观察、理解幼儿时，需要关注以下两点：

第一，关注幼儿学习与发展的普遍性与个别性的辩证统一。"各年龄段典型表现"反映的是大多数幼儿在某一年龄段的大致的学习与发展水平，这是由幼儿发展的普遍性规律决定的。而幼儿的发展并不是靠单因素作用的，地域的不同、社会环境的差异、幼儿个性的多样等都会影响幼儿的学习与发展水平。因此，幼儿的发展又具有一定的个别性特点。当幼儿的表现落后于某些指标时，教师和家长不应抱怨和气馁，而是应全面地分析、了解幼儿在学习时的具体困难，进而选取相应的教育方法和实际的教育措施来帮助其学习；当幼儿的表现超越某些指标时，也不应"沾沾自喜"，而应在进一步促进幼儿的优势能力发展的同时，为幼儿提供更多支持。

第二，幼儿现有水平是幼儿学习与发展中的暂时阶段。幼儿的发展具有顺序性和阶段性的特点。"各年龄段典型表现"指明了幼儿学习与发展的具体方向，其内容可以帮助教师、家长理解幼儿在朝向这些目标发展过程中不同阶段的表现。当通过观察发现幼儿的表现与《指南》不一致时，教育者切忌立刻下结论，而应该以发展性的眼光看待幼儿。

案例 4-2-5

坚持15秒

运动时间，中班的吴老师让所有的幼儿先来到攀爬架旁。"今天，我们来个本领大比拼，能够双手抓杠坚持15秒的小朋友可以自己选择喜欢的游戏区域。你们可以吗?"吴老师问道。"没问题。"幼儿自信地回答道。幼儿在攀爬架旁轮流悬垂,那些坚持15秒的幼儿开开心心地离开了攀爬架,最后,攀爬架旁只剩下没有达成要求的幼儿。吴老师说:"你们看看别的小朋友,怎么人家都那么棒?"

分析:当《指南》变成一个测试和评价工具时,教育者往往会因为仅获取表面的幼儿发展信息而忽视了对幼儿的尊重与爱护,错失了充分观察幼儿、全面理解幼儿的机会。《指南》的作用不在于评价幼儿发展的优劣,而是帮助教育者在观察时能理解幼儿的学习与发展情况,并在此基础上进一步给予其支持。

(3)教育建议。在"说明"部分,《指南》已经明确提出:"幼儿的学习是以直接经验为基础,在游戏和日常生活中进行的"。"教育建议"从实践层面对这一观点进行了阐释。

案例4-2-6

关注与不关注

一名幼儿画了一幅画,不同的家长可能会有不同的态度,如表4-2-4所示。

▲ 表4-2-4 案例内容与教育实践

案例内容	教育实践1	教育实践2
宁宁画好以后说:"妈妈你看。"	A家长说:"你画的是什么乱七八糟的东西?擦掉重新画。"	B家长说:"你画的线条都不一样,有直直的线,有弯弯曲曲的线,还有不同的颜色。能和妈妈说说你画的是什么吗?"宁宁:"这是一个人。他的头发是绿色的。"

分析:A家长第一时间否定了幼儿的创作,而B家长则抱着欣赏的态度,并尝试引导幼儿表达自己的兴趣和想法。《指南》中艺术领域的教育建议指出,要"了解并倾听幼儿艺术表现的想法或感受,领会并尊重幼儿的创作意图"。相比之下,B家长的互动更能够促进幼儿的学习与发展。

"教育建议"罗列在每个幼儿学习与发展目标之后,它们指向于某一特定的幼儿学习与发展目标。在教育实践中,这些教育建议是相通的,这也体现出《指南》五大领域相互联系、相互促进的特点。因此,在具体的教育实践中,教育者不要受到某一方面的局限,可以灵活地使用教育建议促进幼儿全面发展。

(三) 五大领域主要内容解读

1. 健康

(1) 健康领域的主要内容。在健康领域的概述部分,《指南》明确指出了健康所包含的三个方面:身体、心理和社会适应,当三者均处于良好状态时可称为"健康"。幼儿健康领域的学习与发展既对健康本身有重要的价值,也是其他领域学习与发展的基础。从健康领域自身的学习与发展来看:一方面,处于生命最初阶段的幼儿,其身体和心理的发育和发展还不够完善,对环境的适应能力相对较弱;另一方面,在这一阶段,幼儿的身心处于高速发育和发展时期,"健康"作为3—6岁幼儿保教的首要任务,对幼儿当下乃至其终身的发展都会产生重要的影响。从对其他领域的学习与发展带来的价值来看,健康是各领域良好发展的重要前提和基础。健康领域分为"身心状况""动作发展""生活习惯与生活能力"三个子领域。

(2) 健康领域的各子领域。"身心状况"(子领域1)的三条目标分别从体态、情绪、适应能力的角度对幼儿的学习与发展提出了要求,对身体和心理两大方面的关注也是其科学健康观念的体现。教育者应全面地理解幼儿的"动作发展"(子领域2),包含幼儿的大肌肉动作和小肌肉动作。动作发展不仅是幼儿身体机能发展状况的重要表现,也与幼儿的心理发展具有内在联系,是幼儿适应社会生活所必需的基本能力。"生活习惯与生活能力"(子领域3)从生活与卫生习惯、自理能力、安全知识和自我保护能力三个重要方面对幼儿提出了要求,三者之间存在着内在联系。生活与卫生习惯能够影响幼儿的健康成长与否,而自理能力、安全知识和自我保护能力则是幼儿适应社会生活所必需的重要能力。

① 子领域1:"身心状况"的目标,如表4-2-5所示。

▲ 表4-2-5 "身心状况"的目标

子领域	目标	重要说明
身心状况	1. 具有健康的体态	(1) 身高和体重是评价幼儿生长发育状况最常用、最重要的形态指标。 (2) 幼儿阶段是身体形态发育和身体姿势形成的重要时期。
	2. 情绪安定愉快	(3) 情绪安定愉快是幼儿保持身心健康以及产生适应行为的重要条件。 (4) 幼儿较易因环境因素产生情绪波动并难以自控。 (5) 良好的感受和体验是幼儿形成安定愉快情绪的基础。

续表

子领域	目标	重要说明
身心状况	3. 具有一定的适应能力	（6）适应包括身体对内、外界环境及其变化的适应。 （7）适应能力在幼儿阶段不仅表现出年龄特点，也体现在健康领域与社会领域的不同方面。例如，健康领域中幼儿对天气的适应，社会领域中幼儿对群体生活的适应等。

② 子领域2："动作发展"的目标。"动作发展"包含大肌肉动作发展和小肌肉动作发展两个方面，如表4-2-6所示。在大肌肉动作的发展中，平衡能力、协调能力、灵敏性、力量和耐力都是身体素质的基本方面。身体素质能够反映人在身体运动中的技能水平。在日常生活及不同的身体运动中都能够找到促进幼儿身体素质发展的机会。在小肌肉动作的发展中，幼儿手部动作发展对于适应社会生活以及实现自身发展具有重要意义，在3—6岁阶段，主要包含协调和控制两个方面能力的发展。

▲ 表4-2-6 "动作发展"的目标

子领域		目标	重要说明
动作发展	大肌肉动作	1. 具有一定的平衡能力，动作协调、灵敏 2. 具有一定的力量和耐力	（1）平衡能力是完成各种身体动作的前提，也是实现自我保护的最基本的能力，在此基础上具备协调能力和灵敏性，幼儿便能更好地完成各种大肌肉动作。 （2）力量是身体运动的基础，上肢部位（可帮助幼儿完成推、拉等动作）和下肢部位（可帮助幼儿完成走、跑等动作）的肌肉力量都不可或缺。 （3）耐力是进行身体运动和适应社会生活所需要具备的身体素质。需要注意的是，应关注幼儿发展有氧耐力，同时避免无氧耐力运动。
	小肌肉动作	3. 手的动作灵活协调	（4）幼儿时期，手部动作能力发展的重要内容是学习使用工具，如系纽扣、用笔绘画、使用剪刀等。

③ 子领域3："生活习惯与生活能力"的目标。"生活习惯与生活能力"这一子领域有三个目标，它们分别关注生活与卫生习惯的养成、自理能力的习得以及安全知识和自我保护能力的学习与发展，如表4-2-7所示。良好生活与卫生习惯的养成关系到孩子在幼儿期乃至其一生的健康成长；基本的生活自理能力是幼儿适应社会生活的基础，它与幼儿手部动作发展及生活与卫生习惯有着密切的联系；而安全知识和自我保护能力

则是保证幼儿生命安全和健康的必备能力。

▲ 表4-2-7 "生活习惯与生活能力"的目标

子领域		目 标	重 要 说 明
生活习惯与生活能力	生活与卫生习惯	1. 具有良好的生活与卫生习惯	（1）养成良好的生活与卫生习惯是在帮助幼儿学习健康的生活方式。
	自理能力	2. 具有基本的生活自理能力	（2）根据3—6岁幼儿的年龄特点，生活自理能力包括进餐、盥洗、穿脱衣裤和鞋袜等。
	安全知识和自我保护能力	3. 具备基本的安全知识和自我保护能力	（3）幼儿安全知识与自我保护能力的学习与发展包含人际交往的安全、交通安全、防灾等内容。

（3）健康领域的教育实践建议。首先，教育者需在日常生活中关注幼儿健康领域的学习与发展情况。日常生活既是幼儿在该领域学习的丰富内容，也是良好途径，教育者应充分挖掘日常生活中幼儿学习与发展的机会。其次，成人应以身作则，保持良好的卫生健康习惯。比如，在一次以谈话为主要组织形式的生活活动中，老师正和幼儿谈论"跷二郎腿"的危害，很多幼儿纷纷质疑：我的爸爸妈妈在家里就是这样坐的。可见，日常生活的耳濡目染对幼儿有着极大的影响。最后，成人应重视幼儿在活动中的安全与卫生。幼儿安全意识较差，身体素质也处于发展的过程中，因此在健康领域的活动，尤其是体育活动中要特别关注幼儿的安全与卫生。

2. 语言

（1）语言领域的主要内容。《指南》明确指出："语言是交流和思维的工具。"语言对其他领域的学习与发展起着重要作用，其他领域的学习同样可以促进语言的发展。

案例4-2-7

音乐的舞蹈

一天，中班的乐乐正在家里画画。他听到妈妈的电脑里传来了一段欢快的音乐，便找了一支红色的水彩笔，在纸上由下至上画了很多弯弯曲曲的线条。妈妈问乐乐画的是什么，乐乐说："音乐在跳舞呢！它们很高兴。"

分析： 本案例中的乐乐用旋转的红色线条表现出了自己对欢快乐曲的理解。一方面，通过不同符号系统（如音乐、美术等），可以帮助幼儿更好地表达情感；另一方面，语言又能够帮助幼儿理解音乐、美术等不同符号系统的含义。

语言领域分为两个子领域:"倾听与表达""阅读与书写准备"。其中,"倾听与表达"属于口头语言类型,"阅读与书写准备"属于书面语言类型,后者的培养需要建立在支持、引导幼儿获得口语词汇、口语表达和倾听能力的基础之上。

(2)语言领域的各子领域。"倾听与表达"(子领域1)分别从语言倾听理解、语言表达、文明的语言习惯三个不同角度对幼儿的学习与发展提出了要求。教育者应全面理解幼儿口头语言的发展,并关注发展的阶段性和连续性特征。例如,小班幼儿能够在别人对自己说话时注意听并做出回应,中班幼儿能够在群体中有意识地辨别与自己有关的信息,大班幼儿则不仅能够回应还能够在有疑问时主动提问。

案例 4-2-8

中国人的特征

大一班这个月的主题活动是"我是中国人"。王老师正和孩子们谈论中国人的特征。

王老师:"我们中国人长得和外国人不太一样。"

幼儿1:"有的外国人皮肤很黑,有的外国人皮肤很白。"

幼儿2:"皮肤黑黑的是非洲人。"

幼儿3:"我爸爸说了,中国人是黄皮肤。"

王老师:"你们发现了我们的肤色不同。那中国人和外国人的头发有什么不一样吗?"

幼儿3:"外国人的头发有各种各样的颜色,我们中国人就是黑色的。"

幼儿2:"不对,我妈妈的头发就是黄色的。我妈妈也是中国人。"

王老师:"中国人如果染了头发,他们的头发也可以变成各种颜色。"

分析:我们在阅读案例时可以发现,在谈论中国人的特征这一话题时,该大班幼儿不仅能够在群体中有意识地听自己感兴趣的信息,也能够在有疑问的时候及时表达自己的想法,提出自己的困惑。此外,他们还有良好的语言习惯,在别人讲话时,懂得按次序轮流讲话而不随意打断。

"阅读与书写准备"(子领域2)分别从阅读的兴趣与习惯、阅读理解能力和早期书写这三个角度对幼儿的学习与发展提出了要求。其中,阅读兴趣与习惯是幼儿成为一个良好阅读者的必备经验;阅读理解是幼儿阅读能力获得的基础;而早期书写经验(如握笔、涂画和书写的基本方法等)是幼儿学习书面语言的必要准备。

①子领域1:"倾听与表达"的目标,如表4-2-8所示。

▲ 表4-2-8 "倾听与表达"的目标

子领域	目标	重要说明
倾听与表达	1. 认真听并能听懂常用语言	(1) 在日常生活中为幼儿创设倾听和表达的机会，鼓励幼儿提问。 (2) 引导幼儿感知语气、语调在不同情境中所表达的不同含义。
	2. 愿意讲话并能清楚地表达	(3) 创造相互交谈的机会，并在交流过程中尊重、接纳幼儿的表达。
	3. 具有文明的语言习惯	(4) 成人以身作则，注意使用文明用语，有文明的语言习惯。

案例4-2-9

我有话要说

一名幼儿想要打断父母的谈话，不同的家长可能会有不同的回应方式，如表4-2-9所示。

▲ 表4-2-9 案例内容与教育实践

案例内容	教育实践1	教育实践2
琪琪的妈妈和爸爸正在聊天，这时琪琪突然想起在幼儿园里的趣事，于是她大声地叫道："妈妈！妈妈！"妈妈没有马上回应她，琪琪跑过来挤在爸爸妈妈中间说："你们别说了，我有更好玩的。"	妈妈1转向琪琪："好的，那你先说吧。"于是，琪琪讲起了在幼儿园和同伴的趣事。琪琪讲完了，妈妈刚转头想和爸爸说话，琪琪又举起小手打断了妈妈："我又想起一件事……"	妈妈2说："好的，爸爸妈妈很想听。但是，我和爸爸还没有讲完（话），请你耐心等一下，我们说完了一起听你讲。"琪琪想了想说："好吧。"爸爸妈妈一讲完马上一齐转向了琪琪："现在我们一起听你说。"琪琪马上高兴了起来："我今天……"

分析：随着儿童观的转变，教育者开始有意识地尊重、接纳幼儿的表达。在创设环境和机会支持幼儿表达的同时，也需要关注幼儿良好语言行为习惯的培养，如能够不随意打断他人的谈话。本案例中，妈妈1虽然尊重了幼儿，却忽视了对幼儿良好语言习惯的培养。妈妈2则通过让幼儿等一等的方式，在日常生活中引导幼儿养成按次序轮流讲话的习惯，为幼儿做出了表率。

② 子领域2:"阅读与书写准备"的目标,如表4-2-10所示。

▲ 表4-2-10 "阅读与书写准备"的目标

子领域	目标	重要说明
阅读与书写准备	1. 喜欢听故事,看图书	(1) 激发幼儿的阅读兴趣,为幼儿提供多元的儿童文学作品。 (2) 不忽视日常生活中的标识、文字符号的用途。
	2. 具有初步的阅读理解能力	(3) 不忽视幼儿自主阅读经验。 (4) 鼓励幼儿仔细观察画面细节,包括画面中的关键形象、情节变化及表情动作等细节。 (5) 鼓励幼儿阅读中的创造性想象与表达。
	3. 具有书面表达的愿望和初步技能	(6) 多元书写材料经验的获得。 (7) 书写正确姿势的掌握。

案例4-2-10

生活中的标识

这天,多多和妈妈想要去卫生间。当来到卫生间入口时,妈妈问道:"多多,哪个是女孩的卫生间,哪个是男孩的,你能看出来吗?"多多看着墙壁上的标识想了想说:"左边是男孩的卫生间,我可以用这个卫生间。"妈妈竖起了大拇指:"多多真棒!"

分析:多多妈妈在日常生活中引导多多观察周围的标识、文字符号,在潜移默化中培养多多对书面语言的意识,获得书面语言与口头语言对应关系的认识,语言能力得到了发展。

(3) 语言领域的教育实践建议。在语言领域教育实践过程中,教育者需关注以下两个方面:① 在日常生活中,为幼儿提供运用语言的机会。② 依据幼儿的年龄特征及学习规律,采用活动化、游戏化的形式使幼儿的语言能力在轻松愉快的氛围中得到发展。

3. 社会

(1) 社会领域的主要内容。幼儿社会领域学习与发展的实质在于社会化过程中良好个性与社会性的形成。幼儿阶段是其个性形成的初期,也是社会性发展的重要时期。幼儿社会领域的学习与发展不仅影响其社会化发展,也会对其身心健康、语言能力等其他领域的学习与发展产生影响。社会领域分为两个子领域:"人际交往""社会适应"。

幼儿社会化的过程不是孤立完成的，而是在人际交往和主动适应的社会活动中进行的。

（2）社会领域的各子领域。"人际交往"（子领域1）是社会领域幼儿学习与发展的重要方面。其中的四个目标分别从社会交往的态度和技能，对自我和他人的认知、态度和行为等角度对幼儿的学习与发展提出了要求。"社会适应"（子领域2）分别从对群体、群体生活以及群体与个体关系的认知、态度和行为等角度对幼儿的学习与发展提出了要求。各子领域的目标如表4-2-11所示：

▲ 表4-2-11 "人际交往"与"社会适应"的目标

子领域	目 标	重 要 说 明
人际交往	1. 愿意与人交往	社会交往的态度和技能： (1) 在具体的情境中，引导幼儿掌握良好的社会交往规则和方法。 (2) 不阻碍幼儿自主决定、自主完成任务的愿望，在幼儿需要时提供支持并及时给予一定的指导和肯定。
	2. 能与同伴友好相处	
	3. 具有自尊、自信、自主的表现	对自我和他人的认知、态度和行为： 给予幼儿良好行为具体、有针对性的肯定和表扬，帮助幼儿在成就感中形成自信、自尊的品质。
	4. 关心尊重他人	
社会适应	1. 喜欢并适应群体生活	对群体、群体生活、群体与个体关系的认知、态度和行为： (1) 为幼儿创造在群体活动中感知群体、群体生活以及群体与个体关系的机会。 (2) 激发幼儿对即将融入的群体生活（小学）的好奇和向往。
	2. 遵守基本的行为规范	
	3. 具有初步的归属感	

案例 4-2-11

小 学 生 活

6月，大班的幼儿马上就要告别熟悉的幼儿园生活了，王老师在谈话活动中与幼儿谈论着小学生活。王老师："你们可要珍惜现在的幼儿园生活。"

幼儿1："为什么？"

王老师："幼儿园里可以做游戏，小学得上很多的课。"

幼儿2："是的，我姐姐是小学生，她每天都要写作业。"

幼儿3:"小学生每天都得背书包。"

王老师:"你们说得都对。小学生不仅要学习更多的本领,还要自己做很多的事情,做很多的作业。"

幼儿4:"还是幼儿园里好,我不想上小学了。"

分析: 经过三年的幼儿园生活,王老师与幼儿之间建立了深厚的感情。在与幼儿的谈话中也流露着对即将离开幼儿的不舍。但是,在进行幼小衔接活动时,教师应以积极的方式激发幼儿对即将迎来的小学生活与同伴的好奇和向往,而不是引发幼儿对未知生活的恐惧与排斥。

(3) 社会领域的教育实践建议。在幼儿社会领域的教育实践中,教育者要把握领域的核心价值与方向,依据幼儿社会领域的学习特点促进幼儿的学习与发展。具体应关注以下两点:第一,以全面、整合的眼光看待幼儿社会领域的学习与发展。社会领域的学习不能局限在本领域的教育活动中,而是应渗透在幼儿各个领域的学习及幼儿一日生活的各个环节之中。第二,依据幼儿社会学习规律,重视幼儿的直接经验。幼儿可通过模仿、同化、强化和体验等方式进行社会化学习。教师和家长、同伴都是幼儿进行社会领域学习的重要对象。在与幼儿的社会交往中,教师和家长都应以身作则,同时还要注意保持家园、社会规则的一致性。

4. 科学

(1) 科学领域的主要内容。幼儿好奇、好问,也好探索。探究是幼儿科学领域学习与发展的目标,也是其学习的途径。随着人们对客观世界认识的不断深化,科学逐步分化为科学和数学两个独立又相互联系的学科。科学探究能让幼儿更好地认识客观世界,它是数学认知能力发展的基础;而数学认知能让幼儿探究数学世界的规律,它可以促进科学探究。对于幼儿来说,科学探究和数学认知往往是有机联系着的不同方面,如幼儿在探究人体的身高和体重时,需要知道高矮、轻重等数学认识的相关经验。因此,幼儿科学领域的学习应注意建立"科学探究""数学认知"这两个子领域之间的联系。

(2) 科学领域的各子领域。"科学探究"(子领域1)的目标包括探究兴趣、能力、内容三个方面,由探究兴趣驱动幼儿在探究的过程中形成探究能力,进而获得对探究对象的认识,它们是探究过程中不可分割的有机整体。探究是幼儿科学领域学习与发展的核心价值,它既是科学领域学习与发展的目标,也是方法,包含了探究兴趣的萌发、探究过程的体验、探究和解决问题能力的获得等方面。"数学认知"(子领域2)包含:① 对数学的感知体验和态度,它关注幼儿数学学习过程中的能力培养;② 有关数、量和数量关系,它关注一些重要的数学知识和技能;③ 形状和空间,它关注的是一些初级的几何内容。各子领域目标如表4-2-12所示:

案例 4-2-12

有用的水

大三班这个月的主题活动是"有用的水"。郭老师组织了一次探讨水的特征的活动。

郭老师:"水是液态的。你们知道什么是液态吗?"

幼儿1:"它在地上可以到这边也可以到那边。"

幼儿2:"可以喝的。"

幼儿3:"像水一样的东西。"

郭老师:"我们把没有固定形状、可以流动的物体叫作液态,记住了吗?"

幼儿:"记住了。"

分析: 案例中的郭老师更关注幼儿对"水是液态的"这一知识经验的获得,而忽视了科学领域的核心价值——探究。为支持幼儿的科学探究,郭老师可以创设情境,为幼儿提出问题创造机会,同时提供适宜的探究材料。例如,通过提供不同形状的容器来引导幼儿观察与探究,最终发现"水是没有固定形状的,它会随着容器形状的不同而发生相应变化"这一属于液态物质的特征。

▲ 表 4-2-12 "科学探究"与"数学认知"的目标

子领域	目标	重要说明
科学探究	1. 亲近自然,喜欢探究	本目标为幼儿科学探究的核心目标,也是其他目标的基础。
	2. 具有初步的探究能力	幼儿探究能力包含:观察探索、思考猜测、调查验证、收集信息、得出结论、合作交流。
	3. 在探究中认识周围事物和现象	探究内容包含:常见的动植物、物体和材料、物理现象,天气与季节变化,科技产品与人们生活的关系,人们生活与自然环境的关系等。
数学认知	1. 初步感知生活中数学的有用和有趣	(1) 创造机会,鼓励幼儿在生活中解决数学问题。 (2) 关注幼儿的感性经验和对数学学习的兴趣。
	2. 感知和理解数、量及数量关系	内容目标: (1) 量的比较,如多少、长短等。 (2) 基数概念、序数。 (3) 集合比较。 (4) 加减运算。 过程性能力: (1) 表达交流。 (2) 表征。

续 表

子领域	目　标	重 要 说 明
数学认知	3. 感知形状与空间关系	内容目标： （1）形状。 （2）空间。

（3）科学领域的教育实践建议。在科学领域的教育实践过程中，教育者需关注以下两个方面：第一，在日常生活中，为幼儿建立科学探究、数学认知的机会。幼儿对于科学领域的知识并不是只能依靠幼儿园的教育活动来获得，其实在日常生活中，幼儿就已经积累了丰富的感性经验。例如，"左"和"右"这样的空间概念普遍存在于幼儿的日常生活中：身体有左手和右手、左脚和右脚；出行时，马路上的车要靠右行驶等。教师需要处理好幼儿在家庭中获得的感性经验与科学教育活动内容之间的关系，避免直接教授与幼儿生活经验毫无关系的抽象知识，而是通过幼儿园教育活动将幼儿在生活中获得的零散的、感性的经验进行综合与提升。第二，保证幼儿在科学探究活动中的安全。幼儿天生是好奇的，这是幼儿学习与发展的动力源泉，但也可能导致潜在危险。因此，在幼儿科学领域的学习过程中，教师应关注材料、工具及环境的安全，同时关注对幼儿安全意识的培养。

5. 艺术

（1）艺术领域的主要内容。艺术是"语言"以外的另一种表达方式，幼儿在艺术活动中感受、表现和表达。艺术作为一种手段可以帮助幼儿理解或表达自己对其他领域的探索感知。艺术领域的学习与发展对幼儿有着重要的意义。

审美是艺术最主要、最基本的价值，是其他价值的基础。同时，艺术也具有突出的创造性特征。根据艺术的价值与特征以及幼儿艺术领域学习与发展的规律，艺术领域分为"感受与欣赏""表现与创造"两个子领域。其中，欣赏是更为深入的感受，而创造则是更有想象力的表现。

（2）艺术领域的各子领域。艺术领域的子领域目标，如表4－2－13所示：

▲ 表4－2－13　"感受与欣赏"与"表现与创造"的目标

子领域	目　标	重 要 说 明
感受与欣赏	1. 喜欢自然界与生活中美的事物	（1）艺术活动要顺应幼儿的天性，保护幼儿的艺术兴趣。 （2）让幼儿在自然界等真实场景中积累对美的感知经验。
	2. 喜欢欣赏多种多样的艺术形式和作品	（3）为幼儿提供多元化的环境，增加幼儿接触多种艺术形式和作品的机会。 （4）尊重和理解幼儿的审美感受。

续表

子领域	目标	重要说明
表现与创造	1. 喜欢进行艺术活动并大胆表现	（1）创设良好的环境，支持幼儿自主地选择材料、艺术表现形式进行创造。
	2. 具有初步的艺术表现与创造能力	（2）在尊重幼儿表现与创造的基础上，适时给予指导与肯定。

案例 4-2-13

美术活动"好看的树叶"

丁老师正在组织美术活动"好看的树叶"，她认为范画会阻碍幼儿的艺术表现和创造。于是活动开始时，丁老师分发了活动需要的铅画纸、记号笔、油画棒。她只告诉幼儿："今天，我们来画一画好看的树叶。"之后，她便让幼儿开始绘画。丁老师满以为能够在幼儿的画纸上看到多种多样的树叶，可是大部分幼儿画了几笔就停了下来，他们并没有呈现出丁老师预期的精彩作品。为什么呢？

分析：幼儿的艺术表现与创造要建立在艺术感知和欣赏的基础之上。案例中的幼儿缺乏前期的审美经验铺垫，因此在教师要求他们进行艺术表现时出现了困难。在艺术活动中，教师不应忽视为幼儿提供审美感受的机会，要在大自然或真实场景中引发幼儿对美的体验；同时还应关注对幼儿独特审美感受、审美情趣的尊重，不把成人的审美标准强加于幼儿。

（3）艺术领域的教育实践建议。首先，在幼儿艺术领域的教育实践过程中，教育者应创设多元艺术环境，丰富幼儿审美经验。一是创造机会让幼儿接触大自然、人文景观，让他们有机会去发现美。二是为幼儿提供多元艺术体验。三是创设富于美感的保教环境。其次，要尊重幼儿的表现与创造，丰富幼儿的审美体验。"美"没有唯一的判断标准。正所谓"萝卜白菜各有所爱"，教育者应肯定幼儿独特的审美体验，尊重幼儿对美的表现与创造，而不是将成人的审美标准凌驾于幼儿之上。最后，要探索多元评价方式，鼓励幼儿进行艺术表现。教育者在评价幼儿的艺术作品时不应过多指责，而应以"发现"的眼光来看待幼儿富有童趣的艺术表现；欣赏幼儿的进步之处，并通过具体的肯定加以鼓励，如幼儿作品中展现出的创造性、对材料的探索等。在评价时，可以多用陈述性话语或提问的方式描述自己看到的，鼓励幼儿表达自己，从而产生审美体验。

> **想一想**
>
> （1）有人说，每个幼儿生来都是位小艺术家。对这句话你怎么理解？
>
> （2）在幼儿园见习时，选择一个《指南》中你感兴趣的领域目标，细心观察你所在班级中的幼儿是否完全符合目标描述的水平。如果没有达到目标描述的水平，你应该为他/她提供怎样的支持？

二、《幼儿园保育教育质量评估指南》解读

为深入贯彻全国教育大会精神，加快建立健全教育评价制度，促进学前教育高质量发展，根据中共中央、国务院《关于学前教育深化改革规范发展的若干意见》和《深化新时代教育评价改革总体方案》的精神，2022 年 2 月，教育部印发了《幼儿园保育教育质量评估指南》（简称《评估指南》）。《评估指南》的颁布，将对推动学前教育高质量发展起到重要的引导作用。

（一）颁布背景

党的十九届五中全会提出建设高质量教育体系，《评估指南》的颁布是贯彻党中央决策部署的重要举措。《关于学前教育深化改革规范发展的若干意见》提出"普及普惠安全优质发展"的新目标，要求普及必须坚持公益普惠的方向，质量提高必须以"安全优质"为基准。现今，学前教师的学历水平显著提高，但科学保教的水平、教育过程的质量和教师的专业能力仍有待进一步提高。《深化新时代教育评价改革总体方案》明确要求，国家制定幼儿园保教质量评估指南，各省（区、市）完善幼儿园质量评估标准。

《评估指南》的颁布也是提高学前教育质量的迫切需要。经过连续实施三期行动计划，学前教育实现了基本普及的目标，迈入全面普及和高质量发展的新阶段，迫切需要加强幼儿园保教质量评估，发挥好质量评估的引领、诊断、改进和激励作用，引导各类幼儿园树立正确的质量观，科学实施保育教育，这也是深化学前教育评价改革的必然要求。长期以来，各地幼儿园保教质量评估普遍存在"重结果轻过程、重硬件轻内涵、重他评轻自评"等倾向，难以适应学前教育高质量发展的新要求，亟待从国家层面出台指南，强化科学导向，加强规范引导，推动各地健全科学的幼儿园保教质量评估体系。

实施《评估指南》与实施《幼儿园教育指导纲要（试行）》（以下简称《纲要》）、《3—6 岁儿童学习与发展指南》（以下简称《学习指南》）等政策纲要是一致的有机整体，要把不同的政策文件的落实进行有机结合。例如，在全面总结实践经验的基础上，《评估指南》提供了落实《纲要》和《学习指南》的具体方式方法，如

"认真观察幼儿在各类活动中的行为表现并做必要记录,根据一段时间的持续观察,对幼儿的发展情况和需要做出客观全面的分析,提供有针对性的支持""能一对一倾听并真实记录幼儿的想法和体验""能抓住活动中幼儿感兴趣或有意义的问题和情境,能识别幼儿以新的方式主动学习""发现每个幼儿的优势和长处,促进幼儿在原有水平上的发展"等,这些都是学前工作者在教育过程中落实《纲要》和《学习指南》的关键要点。"关注幼儿发展的连续性,注重幼小科学衔接。大班下学期采取多种形式,有针对性地帮助幼儿做好身心、生活、社会和学习等多方面的准备,建立对小学的积极期待和向往,促进幼儿顺利过渡",旨在引导和推进落实《关于大力推进幼儿园与小学科学衔接的指导意见》中的相关要求。可见,在《评估指南》的引导下,政府将会进一步推进和引导其他国家相关文件的落实,更好地促进幼儿园保教质量的提升。

(二)指导思想与基本原则

《评估指南》以习近平新时代中国特色社会主义思想为指导,全面贯彻党的教育方针,落实立德树人根本任务,遵循幼儿发展规律和教育规律,完善以促进幼儿身心健康发展为导向的学前教育质量评估体系,切实扭转不科学的评估导向,强化评估结果运用,推动树立科学保育教育理念,全面提高幼儿园保育教育水平,为培养德、智、体、美、劳全面发展的社会主义建设者和接班人奠定坚实基础。《评估指南》包括以下四个基本原则:

(1)坚持正确方向。坚持社会主义办园方向,践行为党育人、为国育才使命,树立科学评价导向,推动构建科学保育教育体系,整体提升幼儿园办园水平和保育教育质量。

(2)坚持儿童为本。尊重幼儿年龄特点和成长规律,注重幼儿发展的整体性和连续性,坚持保教结合,以游戏为基本活动,有效促进幼儿身心健康发展。

(3)坚持科学评估。完善评估内容,突出评估重点,改进评估方式,切实扭转"重结果轻过程、重硬件轻内涵、重他评轻自评"等倾向。

(4)坚持以评促建。充分发挥评估的引导、诊断、改进和激励功能,注重过程性、发展性评估,引导办好每一所幼儿园,促进幼儿园安全优质发展。

(三)评估内容

《评估指南》的评估内容主要包括办园方向、保育与安全、教育过程、环境创设、教师队伍等5个方面,共15项关键指标和48个考查要点。

(1)办园方向。包括党建工作、品德启蒙和科学理念等3项关键指标和7个考查要点,旨在促进幼儿园全面贯彻党的教育方针,落实立德树人根本任务,强化党组织战斗堡垒作用,树立科学保育教育理念,确保正确办园方向。

(2)保育与安全。包括卫生保健、生活照料、安全防护等3项关键指标和11个考查要点,旨在促进幼儿园加强膳食营养、疾病预防、健康检查等工作,建立合理的生活常规,强化医护保健人员配备、安全保障和制度落实,确保幼儿生命安全和身心健康。

(3) 教育过程。包括活动组织、师幼互动和家园共育等 3 项关键指标和 17 个考查要点，旨在促进幼儿园坚持以游戏为基本活动，理解尊重幼儿并支持其有意义地学习，强化家园协同育人，不断提高保育教育质量。表 4-2-14 呈现了《评估指南》"教育过程"的具体考察要点。

▲ 表 4-2-14 《评估指南》"教育过程"的具体考察要点

关键指标	考 查 要 点
B7. 活动组织	(1) 认真按照《幼儿园教育指导纲要》《3—6 岁儿童学习与发展指南》要求，结合本园、班实际，每学期、每周制定科学合理的班级保教计划。 (2) 一日活动安排相对稳定合理，并能根据幼儿的年龄特点、个体差异和活动需要做出灵活调整，避免活动安排频繁转换、幼儿消极等待。 (3) 以游戏为基本活动，确保幼儿每天有充分的自主游戏时间，因地制宜为幼儿创设游戏环境，提供丰富适宜的游戏材料，支持幼儿探究、试错、重复等行为，与幼儿一起分享游戏经验。 (4) 发现和支持幼儿有意义的学习，采用小组或集体的形式讨论幼儿感兴趣的话题，鼓励幼儿表达自己的观点，提出问题、分析解决问题，拓展提升幼儿日常生活和游戏中的经验。 (5) 关注幼儿学习与发展的整体性，注重健康、语言、社会、科学、艺术等各领域有机整合，促进幼儿智力和非智力因素协调发展，寓教育于生活和游戏中。 (6) 关注幼儿发展的连续性，注重幼小科学衔接。大班下学期采取多种形式，有针对性地帮助幼儿做好身心、生活、社会和学习等多方面的准备，建立对小学的积极期待和向往，促进幼儿顺利过渡。
B8. 师幼互动	(7) 教师保持积极乐观愉快的情绪状态，以亲切和蔼、支持性的态度和行为与幼儿互动，平等对待每一名幼儿。幼儿在一日活动中是自信、从容的，能放心大胆地表达真实情绪和不同观点。 (8) 支持幼儿自主选择游戏材料、同伴和玩法，支持幼儿参与一日生活中与自己有关的决策。 (9) 认真观察幼儿在各类活动中的行为表现并做必要记录，根据一段时间的持续观察，对幼儿的发展情况和需要做出客观全面的分析，提供有针对性的支持。不急于介入或干扰幼儿的活动。 (10) 重视幼儿通过绘画、讲述等方式对自己经历过的游戏、阅读图画书、观察等活动进行表达表征，教师能一对一倾听并真实记录幼儿的想法和体验。 (11) 善于发现各种偶发的教育契机，能抓住活动中幼儿感兴趣或有意义的问题和情境，能识别幼儿以新的方式主动学习，及时给予有效支持。 (12) 尊重并回应幼儿的想法与问题，通过开放性提问、推测、讨论等方式，支持和拓展每一个幼儿的学习。 (13) 理解幼儿在健康、语言、社会、科学、艺术等各领域的学习方式，尊重幼儿发展的个体差异，发现每个幼儿的优势和长处，促进幼儿在原有水平上的发展。不片面追求某一领域、某一方面的学习和发展。

续 表

关键指标	考查要点
B9. 家园共育	（14）幼儿园与家长建立平等互信关系，教师及时与家长分享幼儿的成长和进步，了解幼儿在家庭中的表现，认真倾听家长的意见建议。 （15）家长有机会体验幼儿园的生活，参与幼儿园管理，引导家长理解教师工作对幼儿成长的价值，尊重教师的专业性，积极参与并支持幼儿园的工作，成为幼儿园的合作伙伴。 （16）幼儿园通过家长会、家长开放日等多种途径，向家长宣传科学育儿理念和知识，为家长提供分享交流育儿经验的机会，帮助家长解决育儿困惑。 （17）幼儿园与家庭、社区密切合作，积极构建协同育人机制，充分利用自然、社会和文化资源，共同创设良好的育人环境。

（4）环境创设。包括空间设施、玩具材料等2项关键指标和4个考查要点，旨在促进幼儿园积极创设丰富适宜、富有童趣、有利于支持幼儿学习探索的教育环境，配备数量充足、种类多样的玩教具和图画书，有效支持保育教育工作科学实施。

（5）教师队伍。包括师德师风、人员配备、专业发展和激励机制等4项关键指标和9个考查要点，旨在促进幼儿园加强教师师德工作，注重教师专业能力建设，提高园长专业领导力，采取有效措施激励教师爱岗敬业、潜心育人。

（四）评估方式

《评估指南》的评估方式有以下特点：

（1）注重过程评估。重点关注保育教育过程质量，关注幼儿园提升保教水平的努力程度和改进过程，严禁用直接测查幼儿能力和发展水平的方式评估幼儿园保育教育质量。

（2）强化自我评估。幼儿园应建立常态化的自我评估机制，促进教职工主动参与，通过集体诊断，反思自身教育行为，提出改进措施。同时，有效发挥外部评估的导向、激励作用，有针对性地引导幼儿园不断完善自我评估，改进保育教育工作。《评估指南》要求各地高度重视幼儿园保教质量评估工作，将其纳入本地深化教育评价改革的重要内容，建立党委领导、政府教育督导部门牵头、部门协同、多方参与的组织实施机制。各地要结合实际，完善评估标准，编制自评指导手册。要逐步将幼儿园保教质量评估工作与已经开展的各项评估工作统筹实施，"避免重复评估，切实减轻基层和幼儿园迎检负担"。

（3）聚焦班级观察。通过不少于半日的连续自然观察，了解教师与幼儿互动情况，准确判断教师对促进幼儿学习与发展所做的努力与支持，全面、客观、真实地了解幼儿园保育教育过程和质量。外部评估的班级观察采取随机抽取的方式，覆盖面不少于各年龄班级总数的三分之一。在园本教研活动、课程建设中，要自觉将《评估指南》中倡导的基本方向、指出的突出问题作为核心内容，及时进行自我检核、自我修正。

第三节

《幼儿园工作规程》与《幼儿园教育指导纲要（试行）》解读

一、《幼儿园工作规程》解读

（一）《幼儿园工作规程》的结构和内容

2016年3月1日，新的《幼儿园工作规程》（以下简称《规程》）颁布并实施。《规程》共十一章，共计六十六条，其中第一章为总则，第十一章为附则，其他章节则指向幼儿园工作的九个不同方面，如幼儿入园和编班、幼儿园的管理等，如表4-3-1所示。

▲ 表4-3-1 《规程》的结构和内容

章　节	条　目	主　要　内　容
第一章 总则	第一至第七条	（1）制定依据。 （2）幼儿园的定位、任务、招生对象及学制，保教的主要目标、办学形式。
第二章 幼儿园入园和编班	第八至第十一条	（1）招生时间、招生对象。 （2）幼儿入园前健康检查的要求。 （3）幼儿园的招生规模、班级规模。
第三章 幼儿园的安全	第十二至第十六条	（1）幼儿园安全制度。 （2）幼儿园园舍等物质环境安全。 （3）幼儿入园、离园安全。 （4）幼儿饮食饮水。 （5）幼儿园安全教育。
第四章 幼儿园的卫生保健	第十七至第二十四条	（1）幼儿园卫生保健工作。 （2）幼儿园生活作息制度。 （3）幼儿健康检查制度。 （4）幼儿用药安全。 （5）幼儿膳食安全。 （6）幼儿园饮水、盥洗安全。 （7）幼儿园体育活动。 （8）幼儿园防暑防寒工作。

续表

章　节	条　目	主　要　内　容
第五章 幼儿园的教育	第二十五至第三十三条	(1) 幼儿园教育的原则和要求。 (2) 幼儿园一日活动、日常生活、教育活动、品德教育组织的要求。 (3) 游戏、环境的重要地位。 (4) 关注个体差异。 (5) 幼小衔接。
第六章 幼儿园的园舍、设备	第三十四至第三十七条	(1) 幼儿园活动室、户外场地的要求。 (2) 幼儿园用具。
第七章 幼儿园的教职工	第三十八至第四十五条	(1) 幼儿园岗位设置。 (2) 幼儿园园长、教师、保育员、卫生保健人员及其他工作人员的任职要求。
第八章 幼儿园的经费	第四十六至第五十一条	(1) 幼儿园经费的来源、审查、使用。 (2) 幼儿园收费。 (3) 幼儿园财务制度。
第九章 幼儿园、家庭和社区	第五十二至第五十五条	(1) 家园合作。 (2) 幼儿园、社区合作。
第十章 幼儿园的管理	第五十六至第六十三条	(1) 幼儿园园长负责制。 (2) 幼儿园党建制度。 (3) 幼儿园教职工大会（教职工代表大会）制度。 (4) 幼儿园教研制度等各项相关工作制度。
第十一章 附则	第六十四至第六十六条	适用范围。

1. "总则"部分

"总则"开宗明义地指出《规程》制定的依据是"《中华人民共和国教育法》等法律法规"，并对幼儿园的定位、任务，保教的主要目标等内容进行了明确的规定。

"托儿所就是幼儿园，它们只是名称不同而已"，这个说法正确吗？

幼儿园是对3—6周岁学龄前幼儿实施保育和教育的机构，而托儿所则不是。它们

保教对象的年龄段不同。

幼儿园的任务包含两个方面：一是实施能够促进幼儿德、智、体、美等方面全面发展的保育和教育；二是向幼儿家长提供科学的育儿指导。

案例 4-3-1

贴　纸

离园前，大班的王老师为了鼓励幼儿自己的事情自己做，给每一个自己穿好外套、背好书包的幼儿一张贴纸。几个没有拿到贴纸的幼儿向旁边的同伴投去了羡慕的目光。王老师举起手里的贴纸说："老师这里还有贴纸，明天它们还要和能够自己穿好外套、背好书包的孩子做朋友。你们愿意吗？"幼儿异口同声地回答："愿意！"

幼儿逐个和王老师挥手告别后离开了。走廊里传来了乐乐和爷爷的对话声。爷爷问："乐乐，你怎么不开心啊？"乐乐低下头说道："我今天没有拿到贴纸。"爷爷说："这有什么大不了的！一会儿爷爷给你买。"王老师听后无奈地摇了摇头，却没有和乐乐爷爷解释沟通。

分析：《规程》第一章"总则"部分中的"幼儿园的任务"明确指出："幼儿园同时面向幼儿家长提供科学育儿指导。"可见，对家长进行科学的育儿指导也是幼儿园保教工作的重要方面。依据《规程》要求，幼儿园应当主动承担起与家庭沟通的责任，通过有效的方式指导家长科学育儿，帮助家长创设良好的家庭教育环境，共同支持幼儿的身心和谐发展。

2. 主体部分

（1）幼儿园的安全。这一部分包含幼儿园安全的方方面面，如幼儿园物质环境、幼儿接送、活动组织等，都是幼儿园保教工作需要关注的内容，不可忽视。此外，还需要关注以下几点：

① 幼儿园在保障幼儿安全的前提下，还应采用多种活动形式来对幼儿进行安全教育。例如：幼儿园可通过邀请消防员入园宣传火场逃生的正确方法，帮助幼儿形成应对火情时的安全意识和保护自己脱离危险的能力。

② 幼儿园应当关注幼儿家庭暴力问题，《规程》提出："发现幼儿遭受或者疑似遭受家庭暴力的，应当依法及时向公安机关报案。"

（2）幼儿园的卫生保健。第四章明确要求幼儿园应切实做好幼儿生理和心理两个方面的卫生保健工作。另外，还需要关注以下几点：

① 在幼儿园卫生保健工作中需重视家园联系，共同促进幼儿身心的健康发展。比如第十九条指出："幼儿园对幼儿健康发展状况定期进行分析、评价，及时向家长反馈结果。"

② 幼儿园应当建立患病幼儿的用药委托交接制度，在未取得监护人委托或者同意的情况下，不可给幼儿用药。

案例 4-3-2

喂　药

早上，东东奶奶拉着东东来到班级门口，把手里的药递给张老师并交代说："张老师，不好意思给您添麻烦了。我们东东有些咳嗽，医生给他开了药，麻烦您中午吃饭的时候给他吃药，真是太感谢了。"遇到这种情况，张老师应该答应吗？

分析： 幼儿园应该建立幼儿用药的委托交接制度，由保健医生负责给药。教师可通过学期初的家长会或者家园联系栏等方式，提前告知家长幼儿园的患病幼儿用药委托交接制度，并宣传谨遵医嘱安全用药的好处。

③ 保证幼儿的户外活动时间。《规程》中明确规定，在正常情况下，幼儿户外活动时间每天不得少于 2 小时。户外活动时间包括但不限于户外体育活动时间，如幼儿午餐后在户外的散步也属于户外活动。

（3）幼儿园的教育。第五章指明了幼儿园教育应贯彻的原则和要求。其中，有几个关键词反复出现，如"渗透""游戏""个体差异"，它们均反映了《规程》对幼儿园教育的指导要求。"渗透"不仅体现在德、智、体、美等方面之间的相互渗透，同时还体现在教育活动在一日生活各项活动之中的渗透；"游戏"作为幼儿全面发展教育的重要形式，不仅是幼儿园的基本活动，也是符合幼儿年龄特征的教育方法；"个体差异"要求幼儿园一方面关注不同年龄段幼儿的发展水平，另一方面关注相同年龄段不同幼儿的健康发展。

（二）新旧《幼儿园工作规程》的对比

1996 年 6 月 1 日，试行了六年的《幼儿园工作规程》（以下简称旧《规程》）正式施行。《国家教委关于正式实施〈幼儿园工作规程〉的意见》指出，旧《规程》是"我国幼儿园管理的重要行政法规，是管理幼儿园的基本依据"。该《意见》要求"组织各级教育行政部门、教研机构、幼儿园主办单位或个人以及幼儿园的全体教职工认真学习、领会《规程》的基本思想，掌握基本内容，强调融会贯通。"

想一想

（本书作者自述）旧《规程》实施时，我还是江苏省南京市某幼儿园的一名青年教师。每天中午的业务学习时间，全园 70 多位教师都会围坐在大大的会议室里，由

> 园长带领着学习1个小时。光阴荏苒，那午间业务学习的场景至今仍然历历在目。有着白色封面的简易的《规程》册子人手一册，轻而薄，却足够令年轻教师心生敬畏。不过，作为一名年轻的幼儿教师，当时我对《规程》的所学所解均很有限，学习《规程》的方式也很枯燥，除了读就是读。
>
> 你觉得幼儿园老师应该如何学习《规程》？如果让你来组织一次《规程》的学习，你会重点向老师介绍哪些内容？试着制作一个简短的PPT来介绍《规程》的内容。

2016年3月1日，《幼儿园工作规程》正式施行（以下简称新《规程》），新旧《规程》的区别可归纳为以下几点：

1. **对德育的关注：强调全面发展、身心和谐发展中"德"的重要性**

旧《规程》"总则"部分第三条对幼儿园任务的陈述是："实施体、智、德、美诸方面全面发展的教育"，而在新《规程》中则修改为"实施德、智、体、美等方面全面发展的教育"。新《规程》将"德"放在了第一位。

2. **儿童观的进步：关注每一个儿童的身心健康**

学前教育的功能导向和价值定位与人们对儿童的认识息息相关。无论是回溯历史还是观照现实，绝大部分教育命题的争论皆可归于对儿童理解的缠讼不休。旧《规程》强调，幼儿园教育的任务是促进幼儿素质的全面发展。新《规程》中明确提出，要关注每个幼儿的身心健康。此外，提倡集体主义与团结合作的传统教育观，与关注个别化的、个体幼儿需求的现代学习科学并不矛盾。新《规程》提出，"为每个幼儿提供充分参与的机会，满足幼儿多方面发展的需要"。新《规程》还增加了有关幼儿心理与情绪发展的条目，提出"关注幼儿心理健康，注重满足幼儿的发展需要，保持幼儿积极的情绪状态，让幼儿感受到尊重和接纳"。

3. **教育观的发展：主动、整合式的教学观**

如果说旧《规程》注重"教"，那新《规程》则更重视"学"，体现了幼儿主体性与主动性的学习观。新《规程》要求教师改变旧的教育观，提出"教育活动的过程应注重支持幼儿的主动探索、操作实践、合作交流和表达表现"。

新《规程》更加鼓励幼儿主动地学习，强调游戏对幼儿的重要作用。比如第五章"幼儿园的教育"中的第二十九条提出："幼儿园应当根据幼儿的年龄特点指导游戏，鼓励和支持幼儿根据自身兴趣、需要和经验水平，自主选择游戏内容、游戏材料和伙伴，使幼儿在游戏过程中获得积极的情绪情感，促进幼儿能力和个性的全面发展。"此外，新《规程》也更加关注幼儿园的家长工作和信息的透明度。

4. **教师观的变革：关注终身学习与职后培养**

秉承终身学习的理念，新《规程》更加关注教师的在职培训，重视职后培养。例如，新《规程》将"幼儿园应当建立教研制度，研究解决保教工作中的实际问题"单独成条。

此外，新《规程》对教职工任职资格的要求也发生了重大变化，提出园长的任职资格为"应当具有《教师资格条例》规定的教师资格、具备大专以上学历、有三年以上幼儿园工作经历和一定的组织管理能力"。新《规程》对幼儿园园长的任职资格提出了学历和工作经历等方面的具体要求，说明园长在幼儿园管理工作中的重要作用得到了进一步的认可与体现。此外，新《规程》中规定，教师"必须具有《教师资格条例》规定的幼儿园教师资格"，这回应了社会出现学前教师缺口的问题，放宽了对幼儿园教师的毕业专业与学历要求，并将拥有教师资格证作为最主要的入职门槛。

5. 对安全教育的重视：防患于未然

新《规程》中增加了"幼儿园的安全"部分，并单独成章，对社会广泛关注的幼儿园安全问题给予了积极的回应。近年来，各地陆续发生了一些幼儿园安全与意外事故，随着网络媒体的传播，受到了社会各界的关注与讨论。幼儿的安全问题应当以预防为主，要从源头上避免因失误、失职、失当而导致的安全隐患。

6. 政策文本修订形式的创新：民主征求意见

后现代理论视域近年在教育政策研究中的一大贡献是将文本、文本质感及文本互联性的诠释学研究，议论的考古学及系谱学研究，批评研究引入了政策领域。这些转向将会把教育政策研究从以往只属于政府教育行政官员与学前教育政策研究者私下的对话，引领至一个更为民主的批判议论的平台。网络与通信手段的迅捷发展更为学前教育政策制定与修订的民主化过程提供了极大的便利。

2010年起，教育部就开始向全国的学前教育高校，以及管理、行政等相关部门广泛征求关于旧《规程》的修订意见。以华东师范大学为例，在专业教师的组织下，几百名学前教育专业的本科生与研究生参与了《规程》修改意见的讨论，最终形成了修改意见稿并向上级提交。2013年3月21日，在广泛征求专业人士意见的基础上，教育部发布了"关于《幼儿园工作规程（修订稿）》（征求意见稿）公开征求意见的公告"，向社会大众公开征求意见。

拓展阅读

《幼儿园工作规程（修订稿）》（征求意见稿）公开征求意见

《幼儿园工作规程》于1996年3月9日由原国家教育委员会第25号令发布，是我国第一部规范幼儿园内部管理的规章，也是基础教育领域比较早的一部管理规章，下发20多年来对加强各级各类幼儿园的规范管理发挥了重要作用。随着经济社会的发展，学前教育改革发展的大环境发生了巨大变化，特别是在教育规划纲要颁布后，学前教育事业规模不断扩大，普及程度大幅提高，全国幼儿园数量已从2009年的13.8万余所，增加到2014年的21万余所，全国学前三年毛入园率达到了70.5%。在推进学前教育基本普及的新形势下，修订《规程》具有重要的现实意义。

为适应新形势下学前教育改革发展的需要，进一步加强幼儿园的科学管理，规范办园行为，提高保育和教育质量，教育部对1996年颁布的《幼儿园工作规程》进行了修订，形成了新的《幼儿园工作规程（修订稿）》（征求意见稿），并于2013年3月向社会各界公开征求意见。

公开征求与广泛听取意见是我国学前教育政策制定民主化的一个重要举措。不过令人遗憾的是，《规程》最大的受众——广大的幼儿园教师参与新《规程》修改意见征集的比例却非常小。一份本科生的问卷调查显示，90%的幼儿园教师没有阅读过《幼儿园工作规程（修订稿）》（征求意见稿），也没有参加社会公开征求意见的反馈。调查显示，教师不参加该活动的主要原因是"不知道此事"，其次是"觉得此事与自己无关"。可见，大部分学前教师的政策与法规意识还比较薄弱，有待进一步提高。

二、《幼儿园教育指导纲要（试行）》解读

教育部在印发《幼儿园教育指导纲要（试行）》（以下简称《纲要》）的通知中明确指出了《纲要》与《规程》之间的关系：《纲要》是根据党的教育方针和《规程》制定的，它是指导广大教师将《规程》中的教育思想和观念转化为教育行为的指导性文件。此外，《纲要》作为推进幼儿园实施素质教育，全面提高幼儿园教育质量的指导性文件被纳入作为学前教育课程和师资培养的重要内容。教育部要求学前教育专业学生、教师"认真、深入地学习《纲要》精神"。可见，《纲要》在学前教育专业学习中的重要地位。

拓展阅读

幼儿园课程建设是系统和长期的工作[①]

幼儿园课程不是一个学科知识文本，不会全国采用同一个课程方案，更不会所有幼儿园教完全相同的内容。《幼儿园工作规程》《幼儿园教育指导纲要（试

---

① 虞永平.幼儿园课程建设是系统和长期的工作［J］.幼儿教育，2020（Z1）：4—9.

行）》和《3—6岁儿童学习与发展指南》在不同层面上指导着幼儿园的课程建设。我们从中可以看到幼儿园课程的基本理念、基本目标、活动原则和途径、环境创设、资源挖掘等方面的基本要求。因此，国家对幼儿园课程建设是有明确的价值指向和实践指导的。正是在国家法规和政策的指导下，不同的机构编制了不同的课程方案。课程方案还不是课程本身，这些方案只有转化为儿童获得经验的过程，才能成为真正的课程。因此，不能仅仅从方案来判断课程是否适宜。但是，方案的确能在一定程度上反映教育的立场、课程的理念、目标的完整性和适宜性、内容的生活化以及活动的游戏化。任何课程方案都需要经过园本化的改造，即使是幼儿园自己编制的课程方案，也需要随着实践的逐步深入而不断完善。因此，幼儿园课程建设是一个永无止境的过程。幼儿园教师比其他基础教育阶段的教师要更理解课程建设的重要性，更理解课程的质量对教育质量的影响，更理解课程建设是一个复杂的过程。

（一）《幼儿园教育指导纲要（试行）》的结构和内容

《纲要》共有四个部分，第一部分为总则，第二、三、四部分分别从幼儿园教育过程中的内容与要求、组织与实施、评价等环节提出了指导要点，如表4-3-2所示。

▲ 表4-3-2 《纲要》内容概览

章 节	主 要 内 容
第一部分 总则	（1）幼儿园教育的性质。 （2）幼儿园教育外部、内部原则。
第二部分 教育内容与要求	五大领域（健康、语言、社会、科学、艺术）的发展目标、内容与要求、指导要点。
第三部分 组织与实施	（1）幼儿园教育组织与实施的原则。 （2）教育活动组织与实施的基本原则。 （3）教师的角色。
第四部分 教育评价	幼儿园教育评价的功能、主体、主要内容、原则及注意事项。

（二）《幼儿园教育指导纲要（试行）》的作用

《纲要》关注学前课程与教学质量，其中明确指出："幼儿园教育是基础教育的重要组成部分，是我国学校教育和终身教育的奠基阶段""为幼儿一生的发展打好基础""使他们在快乐的童年生活中获得有益于身心发展的经验"，说明了学前教育在整个教育体系中处于奠基石的位置。《纲要》的颁布有以下重要作用：

1. 推动了各地园本课程的发展

《纲要》的颁布为全国各地幼儿园的课程设计和实施进行了总体规划，对幼儿园课程模式、培养目标、教育方法等进行了思考与设置，具体规定了学前教育的内容与要求，明确提出了五大领域的课程目标，同时对课程的组织与实施、评价等均做出了详尽的规定，因此可以被视为学前教育的国家课程标准。

"教育部关于印发《幼儿园教育指导纲要（试行）》的通知"中明确要求："贯彻实施《纲要》，要坚持因地制宜、实事求是的原则，认真制定本地贯彻《纲要》的实施方案。应从具体情况出发，切忌搞'一刀切'……对不同地区、不同类型、不同条件的幼儿园，分别提出不同的要求"。《纲要》总则中指出："城乡各类幼儿园都应从实际出发，因地制宜地实施素质教育"。在第三部分"组织与实施"中指出："教师要根据本《纲要》，从本地、本园的条件出发，结合本班幼儿的实际情况，制定切实可行的工作计划并灵活地执行。"随后不少省市自治区都根据本地的实际需要和特点，颁布了本省市的幼儿园课程指导纲要或指南。

在符合《纲要》和国家、地方的法律法规的基础上，各地区和各幼儿园可以根据自己的特点，建构适合自己的课程和教学模式。以"园"为"本"的教研体系的建立对于提高我国学前教育质量、改善幼儿园的现状有着重要意义。目前，已经有不少幼儿园经过积极的探索与研究取得了一定的成果。但不得不提的是，尽管幼儿园拥有自主开发课程的权利和空间，但是开发适宜的课程还要考虑到幼儿园自身文化的特点、幼儿园课程资源的现状及教师队伍素质等因素。

在《纲要》的指导下，各地区和各幼儿园可以结合自身特点，推动开发有幼儿园特色的课程，加快全国幼儿园课程发展的进程。

2. 更新了旧的知识观与学习观

怎样看待学前教育中的知识与幼儿学习？这涉及学前教育中的知识观。《纲要》强调了作为教育内容的知识的建构性、过程性。这一知识观是建构主义和现代认知心理学的基本观点。建构主义基本的前提是把知识作为一种关系体系来建构。

幼儿因其年龄、认知及所持经验等特征，他们的学习方式多依靠"做中学"，因此，在幼儿教育中应强调知识的过程性、活动的建构功能，不应将教育内容仅仅视为传统知识点或技能的罗列。《纲要》突出了"教"一定要通过幼儿的活动来对其发生影响，"学"一定要成为幼儿主动构建的过程。

结合《纲要》的内容，21世纪以来，全国各地不少教育管理部门对幼儿园教育小学化的倾向发出了警告。例如，上海市教委在二期课改全面推广会上提出：幼儿园必须严格避免提前教授小学课程内容，一旦被查出，教委将会对其采取降级等严厉处理。

3. 重视幼儿情感与态度的培养

为促进幼儿发展，改变旧的知识观，《纲要》把情感与态度列在首位，作为幼儿发展最重要的方面，在五个领域目标的阐述中处处渗透了"尊重意愿、满足需要、培养兴趣"的情感、态度与体验的表达，体现了杜威的经验主义教学观与儿童本位的教育观。和《规程》相比，《纲要》中的教育目标更加具体。其中，排在第一位的是"健康"领域。《纲要》明确提出幼儿园健康教育的四大目标：

- 身体健康，在集体生活中情绪安定、愉快。
- 生活、卫生习惯良好，有基本的生活自理能力。
- 知道必要的安全保健常识，学习保护自己。
- 喜欢参加体育活动，动作协调、灵活。

其后是"语言"领域，明确提出幼儿园语言教育的五大目标，着重强调了倾听习惯和阅读习惯的培养：

- 乐意与人交谈，讲话礼貌。
- 注意倾听对方讲话，能理解日常用语。
- 能清楚地说出自己想说的事。
- 喜欢听故事、看图书。
- 能听懂和会说普通话。

《纲要》将原来幼儿园课程中的思想品德与社会常识及一些和幼儿情意发展相关的内容整合为社会领域课程，"社会"由此成为五大领域的课程之一。在"社会"领域中，明确提出幼儿园社会教育的五大目标：

- 能主动地参与各项活动，有自信心。
- 乐意与人交往，学习互助、合作和分享，有同情心。
- 理解并遵守日常生活中基本的社会行为规则。
- 能努力做好力所能及的事，不怕困难，有初步的责任感。
- 爱父母长辈、老师和同伴，爱集体、爱家乡、爱祖国。

《纲要》中提出幼儿园科学教育的五大目标为：

- 对周围的事物、现象感兴趣，有好奇心和求知欲。
- 能运用各种感官，动手动脑，探究问题。
- 能用适当的方式表达、交流探索的过程和结果。
- 能从生活和游戏中感受事物的数量关系并体验到数学的重要和有趣。
- 爱护动植物，关心周围环境，亲近大自然，珍惜自然资源，有初步的环保意识。

《纲要》中的幼儿园艺术教育目标强调了幼儿对艺术活动的兴趣和参加艺术活动的态度、情感、体验的重要性，具体目标为：

- 能初步感受并喜爱环境、生活和艺术中的美。
- 喜欢参加艺术活动，并能大胆地表现自己的情感和体验。
- 能用自己喜欢的方式进行艺术表现活动。

从《纲要》对各领域的表述来看，知识只是幼儿在活动过程中与环境相互作用时获得的一种经验。《纲要》对发展"情感、态度、能力、知识、技能"的排序，体现了一个鲜明的价值取向，那就是倾向于培养让幼儿终身受益的方面，体现了对教育过程的重视与引导。

4. 改变学前教师的原有角色

时代的发展给教师的角色赋予了新的内涵。《纲要》第三部分第十条规定了学前教师在教育过程中的角色不是居高临下的指导者或知识的传递者，而"应成为幼儿学习活动的支持者、合作者、引导者"。

中国传统文化中提倡"师道尊严"。教师一直是"传道授业解惑者"，有着崇高的地位。而现代教育理念下的教师不再是课堂上的权威。《纲要》提出的"支持者、合作者、引导者"这三种角色不是分离的。三种教师角色不仅有共同的基础和前提——尊重幼儿、了解幼儿，而且它们是在教师与幼儿的互动中综合、动态地实现的。在教育过程中，作为支持者的教师应为幼儿的学习提供脚手架（scaffolding），通过创设良好的环境支持他们成长，并在成长的过程中引导他们开展各种尝试。尝试过程又是教师和幼儿的合作过程，恰如瑞吉欧的名言："教师和儿童一起工作——接住儿童的皮球，再抛给儿童的过程。"

合作意味着教师和幼儿处于平等的地位。合作不仅是支持的方式和手段，也是支持本身。而支持和合作都体现着教育的意图，实现着教育对幼儿的直接的或间接的引导。这样，教师的三种角色都突出了关注教育过程与教育互动的特点。只有作为支持者、合作者、引导者的教师才能够提高与幼儿互动的质量，让这些互动变得更加丰富、有趣，富有吸引力，使得教育变成有意义的过程。

总之，《纲要》的角色要求对学前教师的专业素质提出了极大的挑战，体现了杜威的"儿童中心"思想。教师与幼儿成为平等、互动的交互主体。

第四节　托育政策解读

进入 21 世纪，随着国务院办公厅印发《关于促进 3 岁以下婴幼儿照护服务发展的指导意见》（以下简称《意见》），托育服务成为社会关注的热点问题。"蒙以养正""幼有所长"，让每一个儿童健康、平安地成长，是全社会的责任与义务。《周礼·大司徒》提出"以保息六养万民"，其中将"慈幼"列为保息六养之首，可见婴幼儿教育问题的重要性。承担照护婴幼儿职责的托育师资，守护的不仅仅是今日之儿童，更是明日之社会，其角色和价值不可轻忽。目前，我国托育师资缺口巨大，不少托育机构的保教人员都缺乏专业资质和背景，存在巨大的隐患。为回应并解决社会对于婴幼儿照护服务的需求和问题，政府高度关注 0—3 岁托育机构的建设与托育服务的规范发展，出台了一系列托育相关文件。2019 年，按照《意见》精神，国家卫生健康委组织制定的《托育机构设置标准（试行）》和《托育机构管理规范（试行）》正式施行，以加强托育机构的专业化、规范化建设，让托育机构有章可循，从托育机构的设置要求、场地设施、人员规模等方面进行了全面的规定。

2021年后,国家又发布了一系列重要的托育政策,包括《托育机构保育指导大纲(试行)》《托育机构婴幼儿伤害预防指南(试行)》《托育机构负责人培训大纲(试行)》和《托育机构保育人员培训大纲(试行)》等。

一、《托育机构保育指导大纲(试行)》

2021年1月,为指导托育机构为3岁以下婴幼儿提供科学、规范的照护服务,国家卫生健康委制定印发《托育机构保育指导大纲(试行)》。

该大纲全文共三个部分:第一部分为总则,其中规定大纲的适用范围,明确了托育机构保育的核心要义,强调托育机构保育应遵循"尊重儿童、安全健康、积极回应、科学规范"的基本原则;第二部分为目标与要求,从营养与喂养、睡眠、生活与卫生习惯、动作、语言、认知、情感与社会性七个方面,分别对三个年龄段的婴幼儿(7—12个月、13—24个月、25—36个月)照护提出了目标、保育要点和指导建议;第三部分为组织与实施,从托育机构、托育机构负责人、托育机构保育人员、保育工作、管理制度及机构、家庭、社区合作等方面提出了要求。

二、《托育机构婴幼儿伤害预防指南(试行)》

为指导托育机构切实做好安全防护,为婴幼儿提供科学、规范的照护服务,国家卫生健康委制定了《托育机构婴幼儿伤害预防指南(试行)》。该《指南》共有九个部分:前七个部分针对3岁以下婴幼儿常见的伤害类型为托育机构管理者和工作人员在安全管理、改善环境、加强照护等方面开展的伤害预防提供技术指导,如窒息、跌倒伤、烧烫伤、溺水、中毒、异物伤害、道路交通伤害等;第八部分提出托育机构应注意做好动物伤、锐器伤、钝器伤、冻伤、触电等其他类型伤害的预防控制;第九部分为婴幼儿伤害紧急处置的提示。

三、《托育机构负责人培训大纲(试行)》和《托育机构保育人员培训大纲(试行)》

2021年,国家卫生健康委办公厅印发了《托育机构负责人培训大纲(试行)》和《托育机构保育人员培训大纲(试行)》,要求各级卫生健康部门统筹做好托育机构负责人和保育人员岗位培训总体规划,采用理论和实践相结合、线上与线下相结合的方式开展培训。《托育机构负责人培训大纲(试行)》要求培训总时间不少于60学时,其中理论培训不少于40学时,实践培训不少于20学时。《托育机构保育人员培训大纲(试行)》要求培训总时间不少于120学时,其中理论培训不少于60学时,实践培训不少于60学时。

> **拓展阅读**
>
> **《托育机构保育人员培训大纲（试行）》培训目标**
>
> 一、增强规范保育意识
>
> （1）熟悉托育服务相关政策法规，遵守保育人员岗位职责和基本规范。
>
> （2）具备良好的职业道德和专业认同感；树立正确的保育观念，坚持儿童优先，保障儿童权利。
>
> 二、掌握安全保育方法
>
> （1）切实做好安全防护工作，最大限度地保护婴幼儿的安全和健康。
>
> （2）掌握婴幼儿卫生保健、生活照料等保育工作的基本方法和操作规范。
>
> 三、提升科学保育能力
>
> （1）合理安排婴幼儿的生活和活动，具备促进婴幼儿早期发展的能力，满足婴幼儿身体发育和心理发展的需要。
>
> （2）掌握与家庭及社区沟通合作的技巧，提供科学育儿指导，及时进行专业反思。

四、托育服务的热点与难点

（一）托育服务发展的师资障碍

案例 4-4-1

托育需求与师资供给[①]

近两年，我国人口出生率创历史新低，主要原因之一就是育儿难、育儿贵、育儿不放心。由于师资水平低下，多起托育机构的虐童事件引发了社会热议。"虐童事件"不仅暴露了个别从业人员的素养低下，也使家长对托育机构失去信心。有数据显示，在某地新增的近百家托育机构中，有一半的托额都空缺。一方面，社会急需高质量的托育服务；另一方面，现有的托育机构质量不能满足社会需求。托育需求与师资供给之间的矛盾，最终聚焦为托育师资质量问题。

讨论：你认为自己未来会成为托育机构的负责人或教师吗？你认为托育服务需要哪些政策支持？

---

① 钱雨. 用高质量师资提升托育服务质量 [J]. 教育家，2019（31）：18—19.

脑科学和认知心理学的成果表明，出生后的前1000天对个体一生至关重要。从国际视角来看，2005年全球0—5岁儿童的入园（托）率已达到54%。2014年经济合作与发展组织（OECD）发布的数据显示，3岁儿童平均入园率为71%。美国0—3岁儿童入托率一直在30%左右。以上海为例，2018年0—3岁儿童大约有60万，其中40%有托育服务的需求，但入托率低于2%。由此可见，当前我国的托育机构数量远不能满足社会需求。

拓展阅读

乘政策"快车"，托育机构实行飞速发展①

华东师范大学钱雨副教授认为，托育机构的费用确实是一个两难问题——价格高，家长送不起；价格低，家长不敢送。"如果一味让托育机构降价，我觉得比较困难，但托育服务又是个福利工程，要让普通家庭都负担得起。因此，不能仅靠托育机构一味降价，而是应由有条件的政府提供更多支持。"

针对场地难求、房租贵的问题，钱雨建议可以依托社区和街道，将闲置的房间、活动室等运转起来，从而解决托育机构场地难求的"硬伤"。

她也注意到，当下托育师资职业定位仍存在争议，机构招聘的标准尚不统一。"一些西方国家培养学前师资是整合培养的，学员可以应聘幼儿园和托育机构。但目前这在我国幼师培养中体现得不够明显。"在钱雨看来，相关专业只需要强化一些课程即可以实现整合培养，她建议，学前教育专业课程应尽快打通幼儿园和托育机构之间的界限。

同时，钱雨建议，在师资的补充阶段，各地政府应深化研究适合本地托育机构的支持政策，结合地方财政特点、社区街道特色等，清晰定位本地托育机构类型，尽可能满足家长的多样化需求。"解决了师资、场地问题，托育机构自身质量过硬，能得到老百姓的信任，这个行业还是很有潜力的。"钱雨说。

尽管在政策支持下，近年来托育机构的注册数量有了快速增长，但调查数据也显示，现在全国0—3岁婴幼儿的人数为4 200万左右，其中1/3有比较强烈的托育服务需求，而实际供给在2%—5.5%，供给和需求缺口还很大。"十四五"规划也明确提出，要把托育服务作为重点来发展，到"十四五"期末，使每千人的托位数从目前的1.8提高到4.5。若要鼓励更多力量进入托育服务行业，还需尽快解决从业者们最关心的问题：一是成本高，导致托育费用价格高，家庭送不起，机构盈利难。目前北京

---

① 乘政策"快车"，托育机构实行飞速发展[N].中国妇女报，2021－08－16（6）.

备案的托育机构月收费普遍在 8 000—10 000 元，导致价格居高不下的主要原因在于，房租和师资费用逐年上升。二是招生难。与当下强烈的托育服务需求相反，很多家庭仍然在机构和隔辈养育中选择了后者，认为这样省钱又放心。三是师资难。目前看护中心招聘的育婴师主要分两类，一是已婚已育、有育儿经验的女性，但如今这类合适人选越来越少。二是大专、高职院校学前教育专业的毕业生。但这类人群普遍年龄小，虽有婴幼儿照护的理论基础，但缺乏实践经验，入行意愿也不强烈。

2018 年上海市出台了《关于促进和加强本市 3 岁以下幼儿托育服务工作的指导意见》《上海市 3 岁以下幼儿托育机构管理暂行办法》和《上海市 3 岁以下幼儿托育机构设置标准（试行）》。上述管理政策中要求托育机构专职负责人应当具有大专及以上学历，同时具有教师资格证和育婴员四级及以上国家职业资格证书，有从事学前教育管理工作 6 年及以上的经历，能胜任机构管理工作。育婴员应当具有大专及以上学历，并取得育婴员四级及以上国家职业资格证书。同时，托育服务从业人员职业道德教育原则上每年不少于 40 课时，旨在最大限度保证托育机构婴幼儿的安全和健康。

我国台湾地区托育服务对从业人员的培训与考核更加严格。例如，将保姆从业人员的保姆证书考试分为学科和术科，学科主要考查儿童政策与法规、婴幼儿发展、亲子教育及社会资源运用、婴幼儿环境规划及活动设计、婴幼儿健康等理论性知识。术科考察保育的实际技能，考生要在规定时间内完成为娃娃洗澡、刷牙、辅食制作、如厕训导、讲故事、安全医护等项目。两门考试均通过，方可获得保姆证书。非教育、社会、医学等相关科系的毕业生想报考保姆证书，需要参加至少 126 个小时的保姆人员专业训练课程，修满 7 学分，取得合格结业证书后才能参加考试。已经加入社区保姆系统的保姆必须每年参加 20 小时的免费在职训练课程。

2021 年，为指导托育机构切实做好婴幼儿的安全防护工作，国家卫生健康委制定《托育机构婴幼儿伤害预防指南（试行）》，进一步细化对婴幼儿科学、规范照护服务的指导。各地也发布了自己的三年计划，如上海市发布了《上海市托育服务三年行动计划（2020—2022 年）》。

（二）家庭式托育的可行性

"十四五"规划中明确指出，通过发展家庭式托育来保障"幼有所育"，是构建多元化托育服务体系的重要阶段性任务，也是我国发展婴幼儿照护制度的目标之一。2020 年底，国务院办公厅印发的《关于促进养老托育服务健康发展的意见》提出，建立家庭托育点登记备案制度，研究出台家庭托育点管理办法，有效带动家庭式托育的社会化服务发展。2021 年 4 月，《健康中国行动 2021 年工作要点》中明确提出，要研究起草《家庭托育点管理办法》，明确登记管理、人员资质、服务规范、监督管理等制度规范。2021 年 6 月，国家发展改革委、民政部、国家卫生健康委共同制定的《"十四五"积极应对人口老龄化工程和托育建设实施方案》也提出，要探索发展家庭托育点等托育服务新模式新业态。不过，家庭式托育的实施还有许多难点。

> **拓展阅读**
>
> **家庭式托育发展仍需政策护航**[①]
>
> 　　家长的肯定和期盼，以及高质量实现"幼有所育"的目标，令明确家庭式托育的官方定位更显迫切。积极的是，国家对于促进家庭式托育的态度越来越明朗。家庭式托育服务的相关政策具体如何制定、如何保证能有效落实，受到从业者和业内专家的高度关注。
>
> 　　华东师范大学钱雨副教授认为，家庭式托育这种新模式，能够与其他类型的托育机构相互取长补短，形成平衡，但基于当前国情来看，要推动家庭式托育健康发展，至少要解决三重难题。
>
> 　　一是缺乏家庭式托育园所环境安全标准。钱雨认为，家庭中可能存在环境安全隐患，需要政府对家庭式托育环境的安全提出细致而强有力的要求。
>
> 　　二是卫生保健要求难以达到。大型的托育机构有条件配备专职保健医生、厨师，卫生检疫可以接受社区医院或本地卫生部门的监督，而家庭式托育点由于规模小，监管难度就相对大。
>
> 　　三是人员资质难以把控。"家庭式托育如果达不到托育机构人员培训、持证上岗的标准要求，就难以推广持续。"钱雨指出。
>
> 　　钱雨所列举的三重难题，正是家庭式托育从业者需要面对的。

（三）托育服务中的政府责任

> **案例4-4-2**
>
> **育 儿 难**
>
> 　　网络上有不少描述育儿艰辛与困窘的故事与漫画，（再）要一个孩子对家庭而言是一个又爱又痛的挑战。对中国家长而言，育儿成本首先是高昂的费用。在许多一线城市，并不缺乏早期教育机构，但高额的学费在无形中把家庭进行了分层，这是教育不公的开端。比如在上海，一个育儿嫂（专职看护婴幼儿的保姆）的工资可达每月6 000—10 000元，比许多民办幼儿园教师的工资还高。此外，家庭育儿成本还包括大量的照护时间与精力。如果没有祖辈协助，许多家长只能选择全职照看孩子。那么，育儿难仅仅是家庭问题吗？
>
> 　　**讨论**：婴幼儿教养是应该充分调动社会力量的积极性，将早期教育推向市场化？还是应当由政府承担更多的责任，减轻家庭的负担？

[①] 周韵曦.家庭托育的春天来了？[N].中国妇女报，2021-08-23.

这一问题的答案取决于把"育儿"看成个别难题还是群体困境，把婴幼儿托育看作家庭议题还是公共福利。

"幼吾幼，以及人之幼"是中国儿童教育福利政策制定的儒家正义论思想的源头。对儿童关爱的天性是人类"善"的起源，仁爱之心也成为东西方追求公平公正的起点。从国际视角来看，婴幼儿托育不仅仅是家庭责任，也是各级政府的责任。如果鼓励商业化的资本大量投入托育服务领域，家庭的重负将不减反增。其短期后果包括妇女就业率降低、生育率降低等。而从长期效应来看，学前教育是一个国家脱贫攻坚的重要策略，是社会公平和教育公平的开端，也是经济回报率最高的教育阶段[①]。

家庭承担着婴幼儿教养的首要责任，但支持与指导家庭科学地实施教育也是地方政府的重要职责。世界各国政府正通过鼓励入户式家访、免费家教培训等多种家教服务形式，积极为家长提供科学指导，为父母提供育儿支持。通过创造良好的家庭教育环境，以及政府与家庭、学前教育机构、社区等密切合作，可促进婴幼儿身心的健康发展。

为了儿童与家庭的幸福生活，为了民族与社会的美好未来，我国政府也应积极承担起婴幼儿照护与教养的责任。儿童利益优先原则是文明社会基本的价值准则，是国际社会倡导的基本伦理。照护婴幼儿健康成长是全社会的共同责任，中央和地方各级政府应承担主导责任。

通过构建基本的0—3岁托育公共服务体系，可以保障婴幼儿接受公平、普惠、安全、优质的早期教育。有条件的地区应当统筹幼儿园与托育服务机构资源，推进托幼一体管理，鼓励、支持幼儿园举办托育班，招收2岁幼儿。托育机构应当符合安全标准，具备适宜的场地、设施和具有托育专业资质的工作人员。地方政府应建立健全托育机构和从业人员的评估监测制度，加强质量监管，包括托育服务在内的学前教育应实行政府主导、社会参与、公办民办并举的办学体制。中央与地方各级政府应积极发展公办托育服务，大力支持、推广与监管高质量的普惠性托育服务，让每个儿童、每个家庭共享发展成果。

本章小结

本章第一节是我国学前教育与保育政策概述，介绍我国当前主要的保教政策及其作用。

本章第二节首先重点介绍了《3—6岁儿童学习与发展指南》，对其意义、五大领域的目标与内容，以及如何结合幼儿年龄特征来观察与支持幼儿发展进行了解读；其次对《幼儿园保育教育质量评估指南》进行了解读，重点了解评估内容，包括办园方向、保育与安全、教育过程、环境创设、教师队伍等方面。

本章第三节对《幼儿园工作规程》和《幼儿园教育指导纲要（试行）》的结构与内容进行了解读。

本章第四节介绍了我国自2021年以来发布的一系列重要的托育政策，包括《托育

---

① 钱雨. 国际托育政策发展：市场化还是政府责任？[N]. 中国教育报，2019-07-21（354）.

机构保育指导大纲（试行）》《托育机构婴幼儿伤害预防指南（试行）》《托育机构负责人培训大纲（试行）》和《托育机构保育人员培训大纲（试行）》等。

思考与练习

1. 填空题

（1）《幼儿园教育指导纲要（试行）》提出，幼儿园的教育内容是全面的、启蒙性的，可以相对划分为＿＿＿＿、＿＿＿＿、＿＿＿＿、＿＿＿＿、＿＿＿＿五个领域。

（2）根据《幼儿园工作规程》，幼儿园是对＿＿＿＿周岁以上学龄前幼儿实施保育和教育的机构。

2. 判断题

（　）（1）幼儿园教师不需要关注幼儿的保育工作，进餐、盥洗等都属于保育员的职责。

（　）（2）幼儿园应该以教育为主，这是其有别于家庭教育的重要特征。

（　）（3）幼儿园不仅关注幼儿的保育与教育，同时也关注为幼儿家长提供科学的育儿指导。

3. 选择题

（　）知道必要的安全保健常识，学习保护自己，属于＿＿＿＿领域的幼儿园教育目标。

A. 社会　　　B. 语言　　　C. 健康　　　D. 艺术

4. 简答题

简述我国近年来颁布的学前保教政策的意义与影响。

5. 材料分析题

集体教学活动开始了，大班的赵老师正和班级的幼儿讨论绘本。这时，教室的门被敲响了，原来是豆豆来了。赵老师对豆豆点点头，想让豆豆快速走进教室加入活动。但是，豆豆却站在门口大声地解释自己迟到的原因："赵老师，我今天去打预防针了，所以才来晚了。"赵老师赶忙说："好的，快进来吧。一起看看，封面上你们发现了什么？"豆豆径直走进教室大声对旁边的同伴说："我今天打预防针都没有哭。"同伴马上七嘴八舌地接起话来："我也没哭。""你怎么现在才打针呀。"……

（1）请根据《3—6岁儿童学习与发展指南》分析豆豆的语言发展。

（2）如果你是赵老师，你会如何为豆豆语言的进一步发展提供教育支持？

第五章 学前教育机构的管理政策

学习目标

（1）了解学前教育机构法律地位的含义与特点。
（2）明确设立学前教育机构的准入标准。
（3）理解学前教育机构的权利与义务。

学习准备

（1）预习本章内容，思考"想一想"中的问题。
（2）观看微课，学习本章重难点。

▶ 微课
学前教育机构的管理政策

本章导览

案例导入

中国公立第一园

光绪二十八年（1902年），清政府颁布《钦定学堂章程》。该《章程》规定："城内坊厢乡镇村集，均应设立蒙学堂""蒙学堂卒业以四年为限""凡蒙学以六七岁为入学之年"。这是中国近代史上第一个以国家法律形式颁布的关于开办学前教育机构的文件。

光绪二十九年（1903年）秋，湖北巡抚端方根据该《章程》，饬令支拨官款，在武昌阅马场创办了全国第一所公立幼儿园——湖北幼稚园。由于当时风气未开，官宦之家不愿送子女入园，因此入托者多为贫家子女。幼稚园的办园宗旨是为当时的贫家子女强身、养材、习德。光绪三十年（1904年），湖广总督张之洞仿效日本拟定了《湖北幼稚园开办章程》。章程规定：开办幼稚园"专辅小儿自然智能、开导事理、涵养德性，以备小学堂之基础为宗旨""幼稚园重养不重学"。

讨论： 你认为我国最早的幼儿园管理条例体现了怎样的管理理念？学前教育机构的管理重点和难点是什么？

第一节
学前教育机构的法律地位

一、学前教育机构法律地位的含义

学前教育机构作为实施保育和教育活动的社会组织，是具有法律赋予的权利能力和行为能力的法人机构，具备法律主体资格。学前教育机构的法律地位主要是指其作为实施保育和教育活动的法律主体在各种法律关系中所处的位置，主要体现为法律上的权利和义务。

（一）学前教育机构的内在实质

学前教育机构的内在实质是其法律主体资格。作为生命体的自然人具有自己独立的人格，进而具有相应的从事某种活动的权利和义务。法学中借用"人格"一词，将社会组织人格化，从法律上赋予组织机构以"人"的意义，即赋予它们一定的权利和义务，使它们能够像自然人一样享有权利和承担义务，进而具有成为法律关系主体的资格。学前教育机构作为实施保育和教育活动的社会组织，依法取得法人资格，作为法律关系主体参加相应的法律关系，并依照我国《民法典》及相关法律法规的规定，享有诸如法人财产权、知识产权以及名称权、名誉权、荣誉权等民事权利。当然，学前教育机构也要以独立法人的身份承担一切因自己的行为而引起的民事责任，如违反合同的民事责任、侵害其他社会组织和公民个人合法权益的民事责任等。

（二）学前教育机构的外在形式

学前教育机构的外在形式以法律条款为基础。学前教育机构作为具有法人资格的从事学制系统内保育、教育活动的社会组织，其法律地位在形式上是由法律赋予的。那么，我国学校及其他教育机构称为法人的条件是什么？如何取得法人的资格呢？我国《教育法》第三十二条对此进行了规定："学校及其他教育机构具备法人条件的，自批准设立或者登记注册之日起取得法人资格。学校及其他教育机构在民事活动中依法享有民事权利，承担民事责任。"这里所说的"法人条件"是依据我国《民法典》对法人应具有的条件的规定，包括四个方面：依法成立；有必要的财产或者经费；有自己的名称、组织机构或者场所；能够独立承担民事责任。学前教育机构只有同时具备这四个条件，才有可能取得法人资格。因此，主管部门在批准设立幼儿园或对其进行登记注册时，应同时审核其是否具备上述法人条件，如具备条件，则应在批准或注册文件上载明具有法人资格。在取得了法人资格后，学前教育机构就可以以民事法律关系主体的身份参与与其宗旨相关的民事活动，并依法行使权利和承担义务。

随着经济的快速发展以及国家鼓励社会力量办学政策的大力影响，近年来，民办幼儿园和托育机构兴起且发展迅猛。国家出台了《中华人民共和国民办教育促进法》，第十条明确规定："举办民办学校的社会组织，应当具有法人资格。举办民办学校的个人，应当具有政治权利和完全民事行为能力。民办学校应当具备法人条件。"

需要指出的是，学前教育机构的法人地位和法律地位是两个不同的概念，《教育法》中所规定的教育机构的法人地位，主要是其在民事法律关系中的法律地位，而学前教育机构的法律地位既包括其在民事法律关系中的法人地位，也包括其在行政法律关系中的法人地位。学前教育机构在行政法律关系中的法律地位，由宪法和行政法所规定。

（三）学前教育机构法律地位体现的任务和条件

在民法中，社会组织的权利能力的范围取决于成立该法人的宗旨和业务范围，法人无权进行违背其宗旨和超出其业务范围的民事活动。《教育法》规定了学校及其他教育机构的具体权利，体现了学校等教育机构培养社会主义建设者和接班人的育人宗旨。中小学、学前教育机构和高等教育机构分别具有不同的设置条件、任务，享有不同的权利和承担不同的义务。

学前教育机构的法律地位取决于国家的教育决策和法律规定，也取决于学前教育机构的社会价值和功能定位。例如，《幼儿园工作规程》规定："幼儿园是对3周岁以上学龄前幼儿实施保育和教育的机构。幼儿园教育是基础教育的重要组成部分，是学校教育制度的基础阶段。"其中体现出学前教育机构要将保教结合的教育思想渗透于教育管理的全过程中，充分体现了学前教育机构法律地位的特定性。

二、学前教育机构的特点

学前教育机构是对幼儿实施保育和教育的社会组织，同其他法人相比，由于宗旨和性质的不同，其法律地位具有以下三个方面的特点：

（一）公共性

学前教育机构法律地位的公共性源于教育权归属国家，教育权行使的目的是要促进全社会的福祉。具体而言，该特点体现在以下三个方面：

一是学前教育机构的法律地位是依据具有行政法性质的《教育法》确立的，具有特殊的设置程序，其设立、变更、终止都要经由教育行政部门审批决定或登记注册。

二是教育机构设立的目的是提高全民族素质，为社会发展培养人才及促进物质文明和精神文明建设。学前教育机构的活动都要符合国家和社会公共利益的需要，对国家、社会和人民负责，不得损害国家、社会和人民的公共利益。学前教育作为整个教育系统的起始阶段，无论是公办还是民办，都应该接受国家和社会依法进行的管理和监督，体现国家的利益。同时，国家和政府也要为由各类主体开办的学前教育机构提供必要的财政及政策扶持。

三是教育机构所行使的教育权实质上属于国家教育权的一部分。我国《教育法》第二十九条规定，学校、幼儿园等教育机构依法享有招收新生权，组织实施保育教育活动权，自主管理权，学籍管理权，人事聘任权，设施和经费的管理、使用权，排除非法干涉权等。对于学前教育机构来说，这种保育和教育的实施权，既是国家授予的权利，又是国家交予的任务。

（二）公益性

根据我国《民法典》的规定，依设立的目的和活动内容的不同，法人可以分为营利法人和非营利法人。营利法人是以取得利润并分配给股东等出资人为目的成立的法人，包括有限责任公司、股份有限公司和其他企业法人等。非营利法人是指为公益目的或者其他非营利目的成立，不向出资人、设立人或者会员分配所取得利润的法人，包括事业单位、社会团体、基金会、社会服务机构等。《教育法》第二十六条规定："以财政性经费、捐赠资产举办或者参与举办的学校及其他教育机构不得设立为营利性组织。"这就从法律的层面规定了教育机构的公益性质。作为公益机构的学前教育机构，不能像企业那样营利，不能将办学盈余进行分红，也不能用其资产进行抵押、担保，学前教育机构的资产和举办者、捐赠者财产相分离，其参与民事活动的范围也要受其宗旨和业务范围的限制。将教育机构规定为公益性机构，限制其广泛参与民事活动，这也是世界各国的惯例，其目的是保证教育机构的育人宗旨，保障受教育者的合法权益和社会的公共利益。与此同时，法律还规定了一系列对教育机构的优惠政策，如勤工俭学、教育用地、教育仪器设备的生产和供应、图书资料的进口等，这也充分体现了其公益性的法律地位。

（三）多重性

我国的学前教育机构在实施活动时，根据所处的法律关系的不同，可以有多重法律主体资格。当学前教育机构参与教育行政法律关系，取得行政法上的权利和承担行政法上的义务时，它就是教育行政法律关系的主体；当其参与教育民事法律关系，取得民事权利和承担民事义务时，它就是教育民事法律关系的主体。

在教育行政法律关系中，学前教育机构是以行政管理相对人的身份参与活动的，当然，这并不排除学前教育机构作为办学主体所享有的权利和义务。在教育民事法律关系中，学前教育机构是以平等的民事主体的身份参与活动的，它与发生关系的其他主体处于平等的地位。除了这两种主要的法律关系外，学前教育机构还与国家发生涉及国家对学校的财政拨款、国家对幼儿园兴办产业给予税收优惠等经济法律关系，成为经济法律关系主体，具有经济法上的权利和义务。

三、学前教育机构与教育行政机关的法律关系

（一）双方法律关系的性质

政府及教育主管部门与学前教育机构之间是领导与被领导、管理与被管理的行政管理关系。

（二）双方法律关系的特征

1. 双方法律地位的不平等性

行政法律关系不同于民事法律关系的显著特点是，法律关系主体双方的法律地位是不平等的。行政法律关系中的一方主体是国家行政机关或其授权单位，另一方是行政管理相对人，这是行政法律关系的最本质特征。学前教育机构与教育行政机关或政府之间就存在着这样一种性质上的管辖关系。例如，学前教育机构的成立需要履行注册登记的管理程序，此时，教育行政机关是负责审核的管理主体，代表国家行使行政管理权，处于领导者和管理者的地位，而申请登记的学前教育机构是行政管理相对人，处于被管理者的地位，因此，两者存在一种管理与被管理的行政隶属关系。再如，当教育行政机关依法实施某种管理行为时，学前教育机构没有拒绝接受管理的权利。当其拒绝执行教育行政机关的某些决定时，教育行政机关可以采取措施强制执行。当教育行政机关不履行其职责时，学前教育机构可请求其履行，或者向人民法院提起行政诉讼。

2. 行政法律关系产生的特定性

学前教育机构与教育行政机关之间发生的法律关系并不一定都是行政法律关系，两者之间的行政法律关系只有在教育行政机关行使职权的过程中才能发生。在有些法律关系中即使教育行政机关是其中一方的当事人，但它并非行使职权，而是参与一般的民事活动，如与学前教育机构签订师资培训合同，这种就不是行政法律关系，而是民事法律关系。

3. 双方权利和义务的法定性

行政法律关系中，学前教育机构与教育行政机关双方的权利和义务是由教育法律法规预先规定的。例如，在学前教育机构设置的有关规定中，幼儿园的园舍面积、教师资格、人员编制、卫生保健标准、玩教具配备等都是由法律法规规定的，幼儿园没有变动的权利。在民事法律关系中则不存在这种双方权利和义务的法定性，民事主体双方可以在法律规定的范围内自行协商双方的权利和义务。

4. 纠纷解决机制的多元性

当学前教育机构与教育行政机关发生纠纷、争议时，可以由教育行政机关按照相关程序予以解决，如学前教育机构对行政机关的处理不服，可以根据法律规定向人民法院

提起行政诉讼。教育行政机关与学前教育机构之间既有管理与被管理的关系，又有相互制约的关系。学前教育机构可以通过申诉、行政复议或诉讼等渠道对教育行政机关实行监督；教育行政机关则对学前教育机构进行法律监督和业务监督，尊重学前教育机构的办学自主权并支持、鼓励其自主管理内部事务。

> **拓展阅读**
>
> **教育申诉制度**
>
> 教育申诉制度是指作为教育法律关系主体的公民，在其合法权益受到侵害时，向国家机关申诉理由、请求处理的制度，是各级各类学校的教师和学生对学校、其他教育机构或政府有关部门做出的影响其利益的处理决定不服，或在其合法权益遭受侵害时，依法行使申诉权，向法定的国家机关声明不服、申诉理由、请求复查或重新处理的一项法律制度。
>
> 申诉书的内容包括：① 申诉主体的姓名、性别、年龄、民族、籍贯、职业、住址等，委托代理的应含指定代理人的相关情况；② 被申诉主体的名称、地址，法定代表人的姓名、性别、职务、住址等；③ 申诉要求（申诉主体认为被申诉主体侵犯了其合法权益或不服被申诉主体的处理决定，而要求受理机关进行处理的具体要求）；④ 申诉理由（写明被申诉主体侵害其合法权益或不服被申诉主体的处理决定的事实依据、法律依据并陈述相应理由）；⑤ 附项（写明并附有相关的物证、书证或复印件等）。

第二节 学前教育机构的准入标准

> **案例 5-2-1**
>
> **企业家的办园梦**
>
> 某企业家开办了一家服装厂。一开始，服装厂生意十分红火，后来逐渐衰落。一次偶然的机会，他经过镇中心幼儿园，看到幼儿园老师正带着孩子做游戏。他觉得办幼儿园再简单不过了，心里盘算着：何不把厂房改造一下，办个幼

> 儿园呢?
>
> **讨论**：任何人或组织是否都可以举办幼儿园？举办幼儿园需要符合哪些法律规定的硬件条件？要经过怎样的合法程序，才能举办幼儿园？

一、学前教育机构的准入资格

开办幼儿园的主体资格是指哪些组织和公民可以举办幼儿园的能力限定。法律认为，并非社会中的任何人或任何组织都有足够能力去开办幼儿园。我国的法律法规对举办幼儿园的主体分别做出了正向许可性的规定和反向禁止性的规定。

（一）正向许可性的规定

我国《宪法》第十九条规定："……国家举办各种学校，普及初等义务教育，发展中等教育、职业教育和高等教育，并且发展学前教育。国家发展各种教育设施……国家鼓励集体经济组织、国家企业事业组织和其他社会力量依照法律规定举办各种教育事业……"由此可知，国家（包括各级地方政府）是举办幼儿园的一个重要的主体，也鼓励各种社会力量来举办幼儿园。

我国《教育法》第二十六条指出："国家制定教育发展规划，并举办学校及其他教育机构。国家鼓励企业事业组织、社会团体、其他社会组织及公民个人依法举办学校及其他教育机构。国家举办学校及其他教育机构，应当坚持勤俭节约的原则。以财政性经费、捐赠资产举办或者参与举办的学校及其他教育机构不得设立为营利性组织。"这里需要重点注意两点：第一，企事业单位、社会团体、其他社会组织用财政经费开办幼儿园的不得以营利为目的；第二，这里的"社会团体"应包括宗教团体，但宗教团体若开办面向社会大众的普通幼儿园，则不得利用宗教妨碍国家教育制度，即不得进行宗教宣传和开设宗教课程。

总的来说，法律明确了国家及其各级地方政府、企事业单位（组织）、社会组织（团体）和个人均可成为举办幼儿园的主体，确立了社会力量通过多种方式共同参与并共同促进我国学前教育事业发展的合法权利和地位。

（二）反向禁止性的规定

我国《教育法》在规定社会组织及公民个人可以依法开办幼儿园的同时，提出了一些禁止性前提条件。从另一个角度来表述，即主管教育的行政部门可以依法剥夺违反前述禁止性规定的社会组织及公民个人开办幼儿园的主体资格。

《民办教育促进法》第十条对开办民办幼儿园的主体，即社会组织及个人做了法律上的必要限定：举办民办学校的社会组织，应当具有法人资格；举办民办学校的个人，应当具有政治权利和完全民事行为能力。

二、学前教育机构的准入条件

> **案例 5-2-2**
>
> 某地民办幼儿园的申报流程
>
> （1）由申请人提供基本的材料并向窗口提出申请。
>
> （2）相关部门在收到申请报告 10 个工作日内到办园地点实地查看是否符合规划布点，环境是否安静安全、无污染，校舍是否牢固、无安全隐患，有否适合办园的内、外场地，如符合要求即在申请报告上签署同意开办意见并加盖公章。
>
> （3）由申办者按要求领取并填写好注册审批表，完善幼儿园设施设备建设，按要求招聘配备教师，准备好所有的审批材料。
>
> （4）由教体局幼教股办事人员到实地审查。实地审查合格后，由教体局审批颁证。
>
> ▲ 表 5-2-1　幼儿园园舍建筑面积定额
>
> | 规　　模 | 园舍建筑面积（平方米） | 建筑面积定额（平方米/生） |
> | --- | --- | --- |
> | 6 班（180 人） | 1 773 | 9.9 |
> | 9 班（270 人） | 2 481 | 9.2 |
> | 12 班（360 人） | 3 182 | 8.8 |

　　1989 年的《幼儿园管理条例》第二章对学前教育机构的设置条件和审批程序做了相应的规定。1995 年颁布实施的《教育法》对设立学校及其他教育机构的基本条件做了全面的规定。《教育法》第二十七条规定了在我国境内设立学校及其他教育机构必须具备的基本条件：有组织机构和章程；有合格的教师；有符合规定标准的教学场所及设施、设备等；有必备的办学资金和稳定的经费来源。2002 年颁布的《民办教育促进法》针对社会力量办学的实际，对我国境内民办教育机构的设立又做了具体规定。根据我国的《教育法》《民办教育促进法》和《幼儿园管理条例》等相关法律规范，在我国境内设立学前教育机构必须具备以下四个实体要件：

（一）组织机构和章程

　　健全的组织机构和合理的人员配备，是学前教育机构得以正常运转的重要保证。学前教育机构的组织机构包括园长、保教室、办公室、财务室、后勤、教职工代表大会等。在一定的环境条件下，这些组织机构按一定形式与层次组成机构体系，形成有机结合的活动功能系统，对内维系不同人群集合体的内部关系，对外处理与特定机构和社会系统的外部关系。

学前教育机构的章程是指为了保证机构正常运行，主要就学前教育机构的宗旨、内部管理体制、财务活动等重大、基本问题，做出全面规范而形成的自律性文件。章程应载明本机构的名称、地址、开办宗旨、办园模式、保教工作的主要任务、内部机构设置和管理机制、园务委员会组成和职责、园长职责及产生、教师及其他工作人员的权利和义务、财务管理制度、人事管理制度、章程变更程序及其他需要说明的事项等[①]。学前教育机构的章程自学前教育机构被批准开办之日起生效，其内容不得违背相关法律法规的规定。

我国《教育法》规定，章程是设立学校及其他教育机构的重要条件之一，但在《教育法》实施之前建立的学前教育机构基本上都没有制定章程。根据《关于实施〈中华人民共和国教育法〉若干问题的意见》要求，在《教育法》施行前依法设立的学校及其他教育机构，凡未制定章程的，应当逐步制定和完善学校的章程，报主管教育行政部门核准，以便这些教育机构的管理走上规范化道路。

（二）合格的保育、教育、医务及其他工作人员

《幼儿园管理条例》第九条对幼儿园的园长、教师、医务、保育及其他工作人员的资质和条件做了明确的规定。园长是幼儿园的行政负责人和法人代表，《幼儿园管理条例》中规定，"幼儿园园长、教师应当具有幼儿师范学校（包括职业学校幼儿教育专业）毕业程度，或者经教育行政部门考核合格"。《幼儿园工作规程》第四十条进一步规定，幼儿园园长还应有一定的教育工作经验和组织管理能力，并获得幼儿园园长岗位培训合格证书。

教师是学前教育机构中最重要的人力保障，是组织实施教育教学活动的主体。拟申请设立的学前教育机构要保证聘请的教师必须具备《教师法》规定的教师资格，取得相应的教师资格证书，要有健康证和卫生证，教师队伍的学科结构、年龄结构、学历结构、职称结构等合理；否则，不符合法律规定的学前教育机构设立条件。

此外，《幼儿园管理条例》还规定了幼儿园中的"医师应当具有医学院校毕业程度，医士和护士应当具有中等卫生学校毕业程度，或者取得卫生行政部门的资格认可"，"保健员应当具有高中毕业程度，并受过幼儿保健培训"，"保育员应当具有初中毕业程度，并受过幼儿保育职业培训"，且教师、保育、医务人员的数量应和幼儿园的规模、任务相适应，并强调慢性传染病、精神病患者不得在幼儿园工作。

（三）符合规定标准且与保育、教育要求相适应的教育场所和设施设备

园舍、场地、设备、设施是学前教育机构办学的物质条件。我国《教育法》规定，设立学校及其他教育机构，必须有符合规定标准的教学场所及设施、设备等。《幼儿园管理条例》第八条规定："举办幼儿园必须具有与保育、教育的要求相适应的园舍和设施。幼儿园的园舍和设施必须符合国家的卫生标准和安全标准。"《幼儿园工作规程》

[①] 童宪明.幼儿教育法规与政策 [M].上海：复旦大学出版社，2013：54.

的第六章对此做了更为详细的规定。

1. 园址、环境方面的要求

环境是影响幼儿健康成长的重要因素之一，因此，幼儿园的选址应充分考虑环境因素对幼儿的影响。为此，《幼儿园管理条例》第七条专门规定："举办幼儿园必须将幼儿园设置在安全区域内。严禁在污染区和危险区内设置幼儿园。"这里所讲的安全区域，一般是指不会出现危险和事故，不会使幼儿身心受到威胁的区域；污染区通常是指有粉尘污染、大气污染、水质污染、噪声污染的区域；危险区一般是指危及人们健康和生命的区域[①]。

此外，住房和城乡建设部颁发的《托儿所、幼儿园建筑设计规范》也对托儿所、幼儿园的地址选择做了如下要求：第一，应远离各种污染源，并应符合国家现行有关卫生、防护标准的要求；第二，方便家长接送，避免交通干扰；第三，日照充足，场地干燥，排水通畅，环境优美或接近城市绿化地带；第四，能为建筑功能分区及出入口、室外游戏场地的布置提供必要条件。

2. 园舍方面的要求

《幼儿园工作规程》第三十四条规定："幼儿园应当按照国家的相关规定设活动室、寝室、卫生间、保健室、综合活动室、厨房和办公用房等，并达到相应的建设标准。有条件的幼儿园应当优先扩大幼儿游戏和活动空间。寄宿制幼儿园应当增设隔离室、浴室和教职工值班室等。"第三十五条规定："幼儿园应当有与其规模相适应的户外活动场地，配备必要的游戏和体育活动设施，创造条件开辟沙地、水池、种植园地等，并根据幼儿活动的需要绿化、美化园地。"第三十七条规定："幼儿园的建筑规划面积、建筑设计和功能要求，以及设施设备、玩教具配备，按照国家和地方的相关规定执行。"

3. 设施、设备方面的要求

考虑到幼儿身心发展的特点，相关法律法规对学前教育机构的玩具教具及生活用具也做了相应的规定。《幼儿园工作规程》第三十六条规定："幼儿园应当配备适合幼儿特点的桌椅、玩具架、盥洗卫生用具，以及必要的玩教具、图书和乐器等。玩教具应当具有教育意义并符合安全、卫生要求。幼儿园应当因地制宜，就地取材，自制玩教具。"为此，国家教委还专门颁发了《幼儿园玩教具配备目录》，为各地学前教育机构配备、选购玩教具提供参考。

（四）必备的办园资金和稳定的经费来源

必备的办园资金和稳定的经费来源是学前教育机构进行正常的保育、教育活动的物质保障，也是其作为法律关系主体进行各种民事活动，独立享受权利和承担义务的物质基础。

《幼儿园管理条例》第十条规定："举办幼儿园的单位或者个人必须具有进行保育、教育以及维修或扩建、改建幼儿园的园舍与设施的经费来源。"《幼儿园工作规程》第四十六条规定："幼儿园的经费由举办者依法筹措，保障有必备的办园资金和稳定的经费来源。"所谓必备的办园资金和稳定的经费来源，是指学前教育机构要有自己独立的

[①] 张乐天.学前教育政策与法规[M].北京：中央广播电视大学出版社，2011：74.

财产,这种财产与其业务性质规模、范围大体相适应。也就是在申请设立学前教育机构时,举办者须根据所办机构的要求,做好办园经费的收支预算,并保证通过财政拨款、自有资金及社会捐赠等合法渠道筹集设立学前教育机构所必备的最低启动资金,同时,应确保学前教育机构设立后,有稳定的经费来源。

概括来讲,学前教育机构的经费主要来源于财政拨款或举办者投入、家长缴纳的教育保育费、社会捐助以及学前教育机构的自创收入四个渠道。一些地方政府为了贯彻国务院《关于学前教育深化改革规范发展的若干意见》的相关精神,出台了一些适宜地方的计划和指南,例如,《上海市教育信息化2.0行动计划(2018—2022)》不断提升本市学前教育信息化工作质量;《上海市幼儿园装备指南(试行)》指导本市幼儿园设施设备及玩教具的配备和使用,强调信息技术以及电子产品的科学、合理应用,保障幼儿安全和身心健康发展。

三、学前教育机构的准入程序

案例5-2-3

幼儿园的登记注册

某街道办事处筹办幼儿园,未经登记注册便招收了60名幼儿。根据相关规定,举办幼儿园应履行必要的登记注册手续。经调查,该幼儿园未经登记注册就招生,违反了我国《教育法》和《幼儿园管理条例》的有关规定,故应予以停止办园的行政处罚。

分析:《幼儿园管理条例》第五条规定:"地方各级人民政府可以依据本条例举办幼儿园,并鼓励和支持企业事业单位、社会团体、居民委员会、村民委员会和公民举办幼儿园或捐资助园。"同时,为了加强幼儿园的管理,保证办园的基础条件,该《条例》规定了举办幼儿园的审批程序,即第十一条规定:"国家实行幼儿园登记注册制度,未经登记注册,任何单位和个人不得举办幼儿园。"第十二条规定:"城市幼儿园的举办、停办,由所在区、不设区的市的人民政府教育行政部门登记注册。农村幼儿园的举办、停办,由所在乡、镇人民政府登记注册,并报县人民政府教育行政部门备案。"这些规定体现了我国《教育法》第二十八条关于"学校及其他教育机构的设立、变更和终止,应当按照国家有关规定办理审核、批准、注册或者备案手续"的要求。

某街道办事处筹办幼儿园,应按上述规定履行必要的注册手续。幼儿园未经注册就招生,违反了我国《教育法》和《幼儿园管理条例》的有关规定,故应根据《教育法》第七十五条和《幼儿园管理条例》第二十七条的有关规定予以停止办园的行政处罚。

（一）登记注册制度

我国《教育法》第二十八条规定："学校及其他教育机构的设立、变更和终止，应当按照国家有关规定办理审核、批准、注册或者备案手续。"这表明，我国关于各类学校和教育机构的设立分别有审批与登记注册两种制度。具体到幼儿园的设立，《幼儿园管理条例》第十一条规定："国家实行幼儿园登记注册制度，未经登记注册，任何单位和个人不得举办幼儿园。"

教育法领域通常认为，登记注册制度是指教育主管部门对申请者提交的申请设立教育机构的报告进行审核，如未发现有违背法律法规规定的情形，只要拟办的教育机构符合设置标准，都必须予以登记注册，使其取得合法地位。对违背法律法规或不符合设置标准的，予以拒绝，并以书面形式通知申请者。该制度的实质是确认申请者所办教育机构的法律地位或事实。

（二）登记注册程序

根据《幼儿园管理条例》第十一、第十二条及《民办教育促进法》第十一到第十八条的规定，学前教育机构登记注册的一般程序如下：

1. 提出申请

举办者向审批机关提出举办学前教育机构的申请，并提交相关申办材料。申办材料一般包括：申办报告；拟办学前教育机构的章程和发展规划；举办者身份证及资格证明；拟任园长、教师及工作人员的资格证明、健康证明；拟办学前教育机构的资产（含场地）及经费来源的证明；审批机关要求提供的其他材料等。其中，社会力量举办学前教育机构的，应根据《民办教育促进法》的规定先申请筹设，为办学做准备，待办学条件成熟时，再申请正式设立。根据《民办教育促进法》第十二条和第十四条的规定，申请筹设时应提交以下材料：① 申办报告，内容应当主要包括举办者、培养目标、办学规模、办学层次、办学形式、办学条件、内部管理体制、经费筹措与管理使用等；② 举办者的姓名、住址或者名称、地址；③ 资产来源、资金数额及有效证明文件，并载明产权；④ 属捐赠性质的校产须提交捐赠协议，载明捐赠人的姓名，所捐资产的数额、用途和管理方法及相关有效证明文件。申请正式设立时须提供的材料有：筹设批准书；筹设情况报告；学校章程、首届学校理事会、董事会或者其他决策机构组成人员名单；学校资产的有效证明文件；校长、教师、财会人员的资格证明文件。对于一些具备办学条件，达到设置标准的举办者，也可以直接申请正式设立，并应当提交《民办教育促进法》第十三条和第十五条（三）、（四）、（五）项规定的材料。

2. 进行审核

接到举办者的申办材料后，审批机关需要依据法律规定的设置学前教育机构的基本条件，对举办者提交的申办材料进行审核，并核实所提供材料的真实性。

3. 做出答复

对申请筹设学前教育机构的举办者，审批机关应当自受理筹设申请之日起三十日内以书面形式做出是否同意的决定。同意筹设的，发给筹设批准书；不同意筹设的应当说明理由。完成筹设后，举办者提出正式设立申请，审批机关应当自受理正式设立申请之日起三个月内以书面形式做出是否批准的决定，并送达申请人。对批准正式设立的民办学前教育机构发给办学许可证，并依照有关的法律、行政法规进行登记注册；审批机关对不批准正式设立的，应当说明理由。

（三）登记注册机关

《幼儿园管理条例》第十二条规定："城市幼儿园的举办、停办，由所在区、不设区的市的人民政府教育行政部门登记注册。农村幼儿园的举办、停办，由所在乡、镇人民政府登记注册，并报县人民政府教育行政部门备案。"对于学前教育机构的变更和撤销，不管何种原因，必须向原登记注册机构办理注销备案手续。

想一想

通过电话咨询或网络搜索的方式查询，你家乡所在地教育行政部门设立学前教育机构的程序有哪些？需要提供哪些材料？

第三节　学前教育机构的权利与义务

我国《民办教育促进法》第五条规定："民办学校与公办学校具有同等的法律地位。"《关于幼儿教育改革与发展的指导意见》中也规定："社会力量举办的幼儿园，在审批注册、分类定级、教师培训、职称评定、表彰奖励等方面与公办幼儿园具有同等地位。"可见，我国的民办学前教育机构与公办学前教育机构享有同等的权利，履行相同的义务。

一、学前教育机构的权利

案例 5-3-1

民办幼儿园是以营利为目的吗

一所民办幼儿园的负责人认为，民办幼儿园的学费就应该多收取一些，举办民办幼儿园的目的就是为了营利，不赚钱，何必开办幼儿园呢？

> **讨论：** 对此，你怎么看？请开展一次课堂小辩论，可分为两个阵营：正方观点是民办幼儿园不能以营利为目的；反方观点为民办幼儿园就应以营利为目的。同学们可以每 4 个人为一组，按照一辩做开场观点陈述、二辩和三辩自由问答、四辩做总结陈词的分工开展辩论。

学前教育机构的权利有狭义与广义之分。狭义的幼儿园权利，即学前教育机构的基本权利，指学前教育机构在教育活动中依法享有的权利，故又被称作"办学自主权"。广义的学前教育机构权利，则是指学前教育机构在多种法律关系中所实际存在的一切权利，除去在教育活动中的权利，还包含了作为独立的法人所具有的广泛的民事权利，是其一般权利与特别权利的总括。

（一）民事权利

幼儿园民事权利包括人格权和财产权两大类，具体如图 5-3-1 所示。

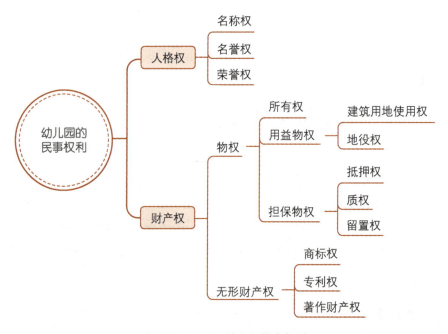

▲ 图 5-3-1 幼儿园民事权利

案例 5-3-2

幼儿园的名誉权

鹏鹏在幼儿园午休时突然呕吐，值班教师及时将其送医，但途中鹏鹏仍不幸死亡。经诊断，鹏鹏系旧病复发而猝死。鹏鹏父母认为，鹏鹏之死是幼儿园处置不当所致，在幼儿园墙上及周边建筑上到处张贴污蔑幼儿园的大字报。

分析：幼儿园作为"法人"这个独立的民事主体，所享有的名誉权与自然人相同。如果幼儿园依法享有的名誉权受到不法侵害，它作为与侵权案有直接利害关系的"法人"，可以作为原告向管辖法院提起民事诉讼，要求停止侵害、消除影响并恢复名誉、赔礼道歉乃至赔偿损失。若侵权人拒不执行法院判决，反而变本加厉继续侵害幼儿园的名誉的，则人民法院可以采取公告、登报等方式，将判决的主要内容和有关情况公布于众，费用由被行人（侵权人）负担；经济赔偿部分可通过强制执行的方式予以执行；人民法院还可依法对拒不执者（侵权人）采取必要的强制措施（如罚款、拘留），甚至依情形可追究其刑事责任。

（二）教育权利

我国《教育法》第二十九条赋予了学前教育机构多项具体权利，概括起来即为办学自主权或教育独立自主权，学前教育机构实际上是被国家委托赋予了这项权利。对外，这项权利将不受国家其他权力的侵害和他人行使权利时可能产生的侵害；对内，学前教育机构在日常教育管理中行使的便是独立的行政教育管理权，以实现和保障幼儿的受教育权利。教育权利具体分为以下几点：

1. 招收新生权

《教育法》第二十九条第三项规定了学前教育机构招收学生或其他受教育者的权利。学前教育机构招生是其基本权利，是办学自主权的重要标志。它的含义是学前教育机构根据自己的办学宗旨、培养目标、任务及办学条件和能力，依据国家相关招生政策、法规、规章和直接主管部门的具体管理规定，可以自行制定详细的招生办法，并对外发布招生广告，进行招生宣传，确定招生范围与来源，最终决定招生总人数与具体人员。

在学前教育机构的招生过程中，教育主管部门不得利用行政权力进行不必要的干涉（无端限制与取消学前教育机构的招生权、以权谋私等）。只有在学前教育机构违法招生时，教育主管部门才可依据《教育法》第七十六条的规定对该学前教育机构进行行政处罚。

2. 组织实施保育教育活动权

组织实施保育教育活动是学前教育机构日常工作的核心。学前教育机构可以根据国家教育主管部门的规定，落实机构各项教学工作，结合自己的办园宗旨、任务和特色，自行制定和实施学年度教学总体计划。除在机构开设不同领域的课程活动外，还可决定增设特色课程，选用教材，安排具体课时和教学进度，组织保教活动评比、集体备课、检查评议，广泛开展公开课观摩、研讨活动，积极开展教学研究等。

需要注意的是，所有的自由都是在一定范围内的自由。学前教育机构享有这一权利并不意味着可以不加限定、十分随意地选择任何种类的教材，开展任何形式的保教活动。学前教育机构应当以游戏为基本活动形式，不得进行违背幼儿教育规律，有损幼儿身心健康的活动。具体来说，必须禁止使用小学教材和以小学教育模式开展的识字、算数课程，禁止布置家庭作业徒增幼儿学习负担，禁止针对幼儿的任何形式的考试与排名。

3. 自主管理权

学前教育机构有按照章程自主管理的权利。自主管理权是学前教育机构办学自主权的总括性授权，在教育权利中居于首要地位。其含义是学前教育机构根据章程确立的办学宗旨、管理体制及各项重大原则，制定具体的管理规章和发展规划，自主做出管理决策，并建立、完善自己的管理系统，组织实施管理活动，不必事无巨细地向上级主管部门或举办者请示，让"上级"来做决策。

政府在学前教育机构依照章程自主管理后，由对学前教育机构的直接行政管理转变为宏观间接管理。需要注意的是，不要将政府的宏观间接管理简单理解为完全放手不管。政府必须加强对学前教育机构的监督、审查。

4. 学籍管理权

学前教育机构有对受教育者进行学籍管理的权利。这一权利具体指幼儿园与托育机构有权确定关于幼儿报名注册的管理办法，并建立幼儿综合档案制度。档案的形式多样，一般包括幼儿名册、幼儿各类登记表（健康与体检信息、家庭信息等）、幼儿身心发展状况记录册（如幼儿成长记录袋）等。

5. 人事聘任权

人事聘任权是学前教育机构实施教育活动的保证，也是其作为法人被法律所确认的权利之一。学前教育机构依据国家有关教师和其他教职员工管理的法规、规章和主管部门的规定，有权自主决定聘任或解聘有关教师和其他职工，制定其内部的教师及其他职工的聘任方法，签订和解除聘任合同，并有权对教师及其他职工实施包括奖励、处分在内的具体管理活动。学前教育机构用好这项权利，有利于调动教职员工的积极性，提高他们的工作质量和效益。

6. 设施和经费的管理、使用权

学前教育机构有管理、使用本单位的设施和经费的权利。学前教育机构对其占有的场地、教室、宿舍、教学设备等，办学经费及其他有关财产享有财产管理权和使用权，必要时可对其占有的财产进行处分或取得一定的收益。为防止国有资产的严重流失，学前教育机构在行使此项权利时，首先要分清楚其所拥有的财产中哪些部分属于国有资产。根据《教育法》第三十二条的规定："学校及其他教育机构中的国有资产属于国家所有。"这表明，对于这部分所有权属于国家的国有资产，学前教育机构只享有占有、使用收益的权利，而不能对其进行处分。因为只有所有权人才能完全支配所有物，享有所有权的全部权能，包括处分权。

7. 排除非法干涉权

学前教育机构有拒绝任何组织和个人对教育教学活动非法干涉的权利。排除非法干涉权是一种以自我保护为目的、带有防御性的被动权利，这里的"被动"意指须有非法干涉保教活动的侵权行为发生在先，是一种要求对方排除侵权行为或做出赔偿的请求权。例如，个人或社会组织强行占用幼儿活动用房和场地，随意抽调教职员工另作他用，随意停课；商业营利机构以牟利为目的乱办兴趣班，要求学前教育机构代收各种与教学无关的费用；教育行政部门对学前教育机构的保教活动进行随意、过多、毫无必要的检查等。

学前教育机构除享有以上所阐述的各项权利外，还享有现在法律法规以及将来出台的法律法规赋予的其他权利，包括开展教学或学术交流的权利、接受国内外捐助的权利、组织幼儿参与社会实践的权利、承办教育行政机关交办的其他活动的权利等。

二、学前教育机构的义务

法律主体的义务和权利是对等的。学前教育机构应履行的基本义务有以下几方面：

（一）遵守法律、法规的义务

"守法"义务是法律对公民和其他组织包括一般法人的要求，是《中华人民共和国宪法》规定的一项基本义务。学前教育机构的守法义务具有双重含义：第一，普遍意义上的守法；第二，学前教育机构履行教育法律法规所设定的义务，以及自己制定的合法合理的章程与其他办园规章制度。

（二）贯彻国家教育方针，执行国家保教标准，保证保教质量的义务

《教育法》第五条指出，"教育必须为社会主义现代化建设服务、为人民服务，必须与生产劳动和社会实践相结合，培养德、智、体、美等方面全面发展的社会主义建设者和接班人。"由此，可以从两方面理解这项义务：第一，学前教育机构要坚持社会主义的办学方向，贯彻《教育法》规定的国家总体教育方针，按照国家规定的保教目标，面向全体幼儿，实施身心全面发展的优良教育；第二，执行国家关于学前教育机构的保教标准，努力改善办园条件，加强育人环节，保证保教水平不断提高。

（三）维护幼儿、教职工合法权益的义务

第一，学前教育机构自身的行为不得侵犯幼儿、教职工的合法权益。学前教育机构对于其聘任的教职工，不得以任何理由克扣、拖欠工资，不得在与教师签订合同时收取保证金、押金等；对于招收的幼儿，应当保护好他们的人身安全，不得进行体罚与变相体罚等。第二，当其他社会组织和个人侵犯了本园师生及其他职工的合法权益时，学前教育机构应当以合法的方式，积极协助有关单位查处有违法行为的当事人，维护幼儿、教师及其他职工的合法正当权益。

（四）以适当方式为幼儿监护人了解幼儿的发展状况提供便利

学前教育机构的受教育者是6周岁以下的幼儿，属于完全无民事行为能力人。因而幼儿权利的维护需要监护人的介入方可实现，这就要求学前教育机构应以适当方式为幼儿监护人了解幼儿的发展状况及其他有关情况提供便利。一方面，学前教育机构不得拒绝幼儿监护人了解幼儿在园情况的请求。另一方面，学前教育机构应当提供便利条件，如家长接待日、家长会、家园联系本、家长园地、家庭访问、家长咨询室、幼儿作品展、家长开放日等，以保障幼儿监护人了解幼儿在园情况的知情权。学前教育机构在履

行此项义务时应特别注意避免侵犯受教育者的隐私权、名誉权等合法权益。

（五）遵照国家有关规定收取费用并公开收费项目，依法接受监督

学前教育机构收取的费用必须具有法律依据。学前教育机构应当按照省、自治区、直辖市或市级教育行政部门会同有关物价部门制定的收费项目和标准，按照成本分担的原则，公平、合理地确定本园的收费项目和标准，维护教育机构的公益性。

为保证贯彻国家教育方针，执行国家保育教育标准，学前教育机构应自觉把保育教育工作和管理活动置于主管部门和社会的监督之下，接受并积极配合各级权力机关、行政机关依法进行的检查监督以及社会各界依法进行的监督，不得拒绝，更不得妨碍检查、监督工作的正常进行。

本章小结

本章第一节论述了学前教育机构的法律地位和特点，以及学前教育机构与教育行政机关的法律关系。

本章第二节介绍了学前教育机构的准入标准，包括准入资格、准入条件与准入程序。

本章第三节介绍了学前教育机构的权利与义务。学前教育机构的权利有狭义与广义之分。由于法律主体的权利和义务是对等的，因此，学前教育机构也应履行基本义务。

思考与练习

1. 简答题

（1）学前教育机构的法律地位具有哪些特征？

（2）学前教育机构的基本权利有哪些？

（3）简述学前教育机构的义务。

2. 材料分析题

某幼儿园为了突出自己的办园"特色"，力求开设多种课程，如珠心算、快速识字、双语教学、古诗古训等，过早地让幼儿学习专门的知识、技能。该园几乎每学年为幼儿更换一套教材及练习册，要求教师每月教会幼儿一定数量的字和诗，并以此作为考核教师教学成绩的唯一标准。

请分析一下该幼儿园的做法对不对？为什么？

第六章 学前教育法律法规

学习目标

（1）了解我国教育法律法规的基本概念、体系与关系。

（2）了解《中华人民共和国学前教育法（征求意见稿）》及其他相关法律法规的立法背景、地位及其基本内容。

（3）依据《中华人民共和国民法典》等相关法律法规，了解幼儿安全事故的预防与处理程序。

学习准备

（1）预习本章内容，思考"想一想"中的问题。
（2）观看微课，学习本章重难点。

▶ 微课
幼儿安全事故的预防与处理

本章导览

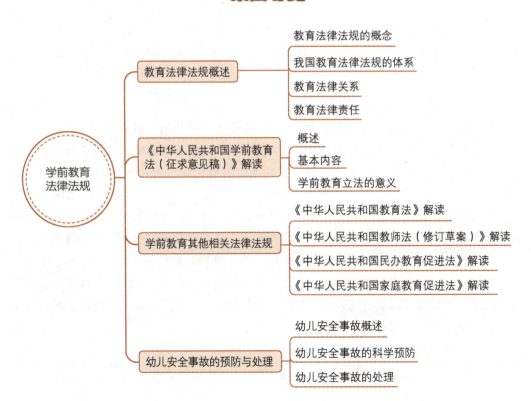

> **案例导入**

学前教育法立法工作已全面启动[①]

近年来,我国学前教育发展取得了显著成绩,但仍然是教育体系中最薄弱的短板,"入园难""入园贵"等问题依然突出。记者近日从全国人大教育科学文化卫生委员会获悉,教育部将学前教育立法作为重点任务,全面启动立法工作,已形成草案,并初步征求了地方意见。制定学前教育法已列入十三届全国人大常委会立法规划一类项目,全国人大教育科学文化卫生委密切关注和积极推动该项立法工作,已促请有关部门认真研究吸纳代表议案所提意见和建议,加快立法工作进程,尽早将法律草案提请全国人大常委会会议审议。

讨论:学前教育立法问题为什么在过去十多年一直受到各界人士的广泛关注?还有哪些教育法律法规影响着学前教育工作者和学前教育机构?

第一节 教育法律法规概述

一、教育法律法规的概念

(一)教育法律法规的定义

教育有广义和狭义之分。狭义的教育主要指学校、幼儿园等机构中的教育,广义的教育则包括所有能起到培养人作用的活动。教育法律法规不仅约束了学校教育活动,对于家庭教育、社会教育等方面也有规定,因此,教育法律法规中所述教育是指广义的教育。

作为统治阶级的意志和根本利益在教育领域的体现,教育法律法规由特定的国家机关按照法定的程序制定,由国家强制力保障实施,是所有对人们的教育行为具有法律约束力的规范性文件(包括法律、条例、规则、规章等)的总称。

我国教育法律法规体现的是广大人民群众的共同教育意志,其制定目标是通过规范教育活动,实现教育活动的规范化、制度化和科学化,满足广大人民群众日益增长的文化需求,从而保障人民群众的教育利益。

[①] 朱宁宁. 学前教育法立法工作已全面启动 [EB/OL]. (2020-01-21) [2021-04-12]. http://www.npc.gov.cn/npc/c30834/202001/864e7889589240368e46bc5a067b859d.shtml.

我国的教育法律主要指由国家立法机关制定、修改以及认可的规范性文件。教育法规则为泛指,不仅包括由国家立法机关制定、修改以及认可的教育法律,还包括由国务院根据宪法和法律而制定的教育行政法规和规章,以及地方权力机关和地方行政机关制定的地方教育法规和规章。

教育法律法规的调整对象是教育关系。通过规定教育活动主体的权利和义务,教育法律法规对教育关系进行规范和约束,实现对教育关系的调整。实践中,参与调整教育关系的手段还有教育政策、教育道德理念、现阶段主导的国家思想政治观念等。

(二) 教育法律法规的社会职能

作为我国法律的重要组成部分,教育法律法规的职能具体可以细化为以下三方面:

1. 协调教育内外关系

教育不仅能促进人的发展,同时能够促进社会的发展,因而在教育活动进行过程中会产生教育外部和内部两方面的多样复杂的社会关系。就外部关系而言,教育为社会经济、政治、文化的发展服务,但又受到它们的制约,同时也能对它们的发展起反作用。就内部关系而言,各主体之间(如政府部门与学校、学校与学校、学校与教师、教师与学生之间等)能否相互衔接和协调,教育日常事务能否和谐有序开展,都直接关系到教育事业能否又快又好地发展。以上这些关系都需要妥善处理,否则很容易减缓甚至停滞教育事业的发展进程。

2. 促进和保障教育事业健康发展

教育法律法规能够从内容和实施制度两个方面具化党和国家的教育方针,从而保证教育方针的全面贯彻执行。在制定教育法律法规时,为了保证其稳定性,国家权力机关必然要同步考虑下一段时间内教育发展的方向和规划,并确定相应规划是否具有实施的可能性。教育立法的科学性和强制性能使教育法律法规既充分反映教育规律,又减少、去除干扰教育事业发展的不良因素,促使教育事业更高效地建设和发展,从各方面保障教育改革的顺利推进。

3. 保障公民受教育的权利和义务

教育法律法规为公民享有受教育的权利和义务提供了可靠的法律保证。例如《中华人民共和国宪法》第四十六条规定:"中华人民共和国公民有受教育的权利和义务。"这为全体公民平等享有受教育的权利和义务提供了最根本的法律保障。再如,以《中华人民共和国宪法》为法律依据,国家还颁布了一系列教育法规,如《中华人民共和国教育法》《中华人民共和国义务教育法》等,使接受义务教育成为公民最基本的权利和义务。

二、我国教育法律法规的体系

以《中华人民共和国宪法》为指导思想,以相应规范性文件的法律效力层级高低和所规范的教育关系范围为划分依据,我国教育法律法规体系具有纵向和横向两个维度。

（一）我国教育法律法规体系的纵向结构

依据相应规范性文件法律效力层级的高低，《中华人民共和国宪法》中关于教育的部分、教育基本法律、单行教育法律、教育行政法规、教育行政规章、地方教育法规和规章等教育法律法规的不同表现形式顺次排列，组成了我国教育法律法规体系的纵向结构。

1. 《中华人民共和国宪法》中关于教育的部分

《中华人民共和国宪法》是我们国家的根本大法和最高法，任何与《中华人民共和国宪法》的条款和精神相违背的法律法规都是无效的。《中华人民共和国宪法》是我国教育法立法的依据，其中对教育进行了两方面的规定：（1）规定了教育立法的指导思想。（2）对教育教学活动进行基本性、综合性的规范，包括对我国教育的性质、目的、任务、公民受教育的权利和义务的保护、对特殊群体的教育保护等的规定。

拓展阅读

《中华人民共和国宪法》（部分）

第十九条　国家发展社会主义的教育事业，提高全国人民的科学文化水平。国家举办各种学校，普及初等义务教育，发展中等教育、职业教育和高等教育，并且发展学前教育。……

第四十六条　中华人民共和国公民有受教育的权利和义务。国家培养青年、少年、儿童在品德、智力、体质等方面全面发展。

第四十七条　中华人民共和国公民有进行科学研究、文学艺术创作和其他文化活动的自由。国家对于从事教育、科学、技术、文学、艺术和其他文化事业的公民的有益于人民的创造性工作，给以鼓励和帮助。

第四十九条　……父母有抚养教育未成年子女的义务……

2. 教育基本法律

教育基本法律是我国有关教育的总法，由国家立法机关制定，以宪法为依据，以教育事业重大问题为规范内容，是国家其他教育法律法规的立法依据。我国的教育基本法是《中华人民共和国教育法》，由全国人民代表大会制定和发布。该法规定和调整的是我国教育关系的根本性、普遍性问题，是我国教育的根本大法。

3. 单行教育法律

单行教育法律是有关教育某一方面的法律，由国家立法机关制定，以宪法和教育基本法律为依据，以教育某一方面具体问题为规范内容，效力次于教育基本法律。我国的单行教育法律由全国人民代表大会常务委员会制定和发布，现行主要的单行教育法律如下所列：

- 《中华人民共和国学位条例》：1980年2月12日第五届全国人民代表大会常务委员会第十三次会议通过，2004年8月28日根据第十届全国人民代表大会常务委员会第十一次会议《关于修改〈中华人民共和国学位条例〉的决定》修正。
- 《中华人民共和国义务教育法》：1986年4月12日第六届全国人民代表大会第四次会议通过，2006年6月29日第十届全国人民代表大会常务委员会第二十二次会议修订，2015年4月24日第十二届全国人民代表大会常务委员会第十四次会议修正，2018年12月29日第十三届全国人民代表大会常务委员会第七次会议第二次修正。
- 《中华人民共和国教师法》：1993年10月31日第八届全国人民代表大会常务委员会第四次会议通过，自1994年1月1日起施行。2009年8月27日根据第十一届全国人民代表大会常务委员会第十次会议《关于修改部分法律的决定》修正。
- 《中华人民共和国职业教育法》：1996年5月15日第八届全国人民代表大会常务委员会第十九次会议通过，自1996年9月1日起施行；2022年4月20日第十三届全国人民代表大会常务委员会第三十四次会议修订，自2022年5月1日起施行。
- 《中华人民共和国高等教育法》：1998年8月29日第九届全国人民代表大会常务委员会第四次会议通过，2015年12月27日根据第十二届全国人民代表大会常务委员会第十八次会议《关于修改〈中华人民共和国高等教育法〉的决定》修正，2018年12月29日根据第十三届全国人民代表大会常务委员会第七次会议《关于修改〈中华人民共和国电力法〉等四部法律的决定》第二次修正。
- 《中华人民共和国国家通用语言文字法》：2000年10月31日第九届全国人民代表大会常务委员会第十八次会议通过，自2001年1月1日起施行。
- 《中华人民共和国民办教育促进法》：2002年12月28日第九届全国人民代表大会常务委员会第三十一次会议通过，2013年6月29日第十二届全国人民代表大会常务委员会第三次会议修正，2016年11月7日根据第十二届全国人民代表大会常务委员会第二十四次会议《关于修改〈中华人民共和国民办教育促进法〉的决定》第二次修正，2018年12月29日根据第十三届全国人民代表大会常务委员会第七次会议《关于修改〈中华人民共和国劳动法〉等七部法律的决定》第三次修正。
- 《中华人民共和国未成年人保护法》：1991年9月4日第七届全国人民代表大会常务委员会第二十一次会议通过，2006年12月29日第十届全国人民代表大会常务委员会第二十五次会议修订，2012年10月26日第十一届全国人民代表大会常务委员会第二十九次会议修正，2020年10月17日第十三届全国人民代表大会常务委员会第二十二次会议第二次修订。
- 《中华人民共和国预防未成年人犯罪法》：1999年6月28日第九届全国人民代表大会常务委员会第十次会议通过，2012年10月26日第十一届全国人民代表大会常务委员会第二十九次会议修正，2020年12月26日第十三届全国人民代表大会常务委员会第二十四次会议修订。
- 《中华人民共和国学前教育法》（待发布）。

需要说明的是，《中华人民共和国未成年人保护法》和《中华人民共和国预防未成年人犯罪法》虽然是关于规定未成年人保护责任和未成年人犯罪预防责任的法律，但我国实行教育和保护、预防相结合的原则，保护责任和犯罪预防责任在一定程度上转化为了教育责任，并且这两部法律中多数条款是用于要求社会各方面积极参与未成年人教育，以及积极帮助促进未成年人身心健康发展的，因此这两部法律也属于单行教育法律。

4. 教育行政法规

教育行政法规是指根据宪法和法律，由国务院（根据《中华人民共和国宪法》第八十九条第一款的规定）制定的、以实施管理教育事业为目的的规范性文件。它是国家行政法规的重要组成部分，也是教育法规的表现形式之一，效力次于单行教育法律。

根据《行政法规制定程序条例》第五条的规定，我国教育行政法规通常有如下三种名称：

（1）条例。对教育某一方面的行政工作做全面、系统规定的教育行政法规称为"条例"，如《扫除文盲工作条例》《残疾人教育条例》《学校卫生工作条例》《教师资格条例》。

（2）规定。对于教育某一方面的行政工作做部分规定的教育行政法规称为"规定"，如《国务院征收教育费附加的暂行规定》《高等教育管理职责暂行规定》。

（3）办法。对教育某一项行政工作做具体规定的教育行政法规称为"办法"，如《中华人民共和国学位条例暂行实施办法》。

5. 教育行政规章

教育行政规章是指根据宪法、法律和行政法规、决定、命令，由国务院各部、各委员会（根据《中华人民共和国宪法》第九十条的规定）在法定职权范围内制定的、为贯彻国家教育法律或教育行政法规的具体措施内容的规范性文件，教育行政规章不得命名为"条例"。

国务院各部、各委员会制定的教育行政规章在全国范围内均具有普遍约束力，但效力次于教育行政法规。

6. 地方教育法规、教育自治条例、单行条例和规章

地方教育法规、教育自治条例、单行条例和规章是指在不与宪法、法律、行政法规、行政规章相抵触的前提下，由地方权力机关和地方行政机关制定、仅在相应行政区域内有效的教育规范性文件。具体来说有以下三方面：

（1）根据《中华人民共和国宪法》第一百条的规定，省、直辖市的人民代表大会和它们的常务委员会可以制定地方性教育法规，报全国人民代表大会常务委员会备案。

（2）根据《中华人民共和国宪法》第一百一十六条的规定，民族自治地方的人民代表大会有权制定关于教育的自治条例和单行条例。自治区关于教育的自治条例和单行条例，报全国人民代表大会常务委员会批准后生效。自治州、自治县关于教育的自治条例和单行条例，报省或者自治区的人民代表大会常务委员会批准后生效，并报全国人民代表大会常务委员会备案。

（3）根据《中华人民共和国立法法》第八十二条的规定，省、自治区、直辖市的人民政府可以制定地方教育规章，地方教育规章可以依据地方法规（包括地方教育法

规）而定，不得与宪法、法律、行政法规、行政规章相抵触，且不得设定减损公民、法人和其他组织权利或增加其义务的规范。

（二）我国教育法律法规体系的横向分布

依据相应规范性文件所规范教育关系的范围，由规范各类教育的、规范教育设施条件的两类教育法律法规共同构建了我国教育法律法规体系的横向分布。

1. 规范各类教育的教育法律法规

依据级类，教育可分为学前教育、基础教育、职业教育、高等教育、成人教育、特殊人群教育、社会教育七类。规范各类教育的教育法律法规，指对上述各类教育的培养目标、学制、学习任务、学习内容、教育方法及教育原则等方面进行规范的法律法规。

我国现行的专门规制学前教育的单行教育法律为即将颁布的《中华人民共和国学前教育法》，教育行政法规有《幼儿园管理条例》等，教育行政规章有《幼儿园工作规程》《托儿所幼儿园卫生保健管理办法》等。

《中华人民共和国义务教育法》是我国现行的重要的基础教育法律。关于基础教育的教育行政规章则有《中华人民共和国义务教育法实施细则》《教育部关于深化基础教育课程改革进一步推进素质教育的意见》等。

2. 规范教育设施条件的教育法律法规

规范教育设施条件的教育法律法规包括规范学校设置和管理、教育人事、教育财政三个方面。

（1）规范学校设置和管理方面的教育法律法规。学校的设置和管理的标准关系着学校教育的质量，必须慎重并立法予以规制。我国关于学校设置和管理的单行教育法律有《中华人民共和国民办教育促进法》等，《中华人民共和国未成年人保护法》《中华人民共和国预防未成年人犯罪法》中也有关于学校管理方面的条款。

关于学校设置和管理的教育行政法规有《中华人民共和国民办教育促进法实施条例》《学校卫生工作条例》《学校体育工作条例》等，关于学校设置和管理的教育行政规章有《学生伤害事故处理办法》《关于进一步做好农村寄宿制学校建设工程实施工作的若干意见》等。《幼儿园工作规程》《托儿所幼儿园卫生保健管理办法》等也属于规范学校设置和管理的法规及规章。

（2）规范教育人事方面的教育法律法规。教育人事是关于包括教师、管理人员及其他教职员在内的各种教育人员的录用、培养、待遇等方面工作的总称。关于教育人事的教育行政法规有《教师资格条例》《教学成果奖励条例》《国务院关于贯彻实施〈中华人民共和国教师法〉若干问题的通知》，教育行政规章有《教育部关于深化高校教师考核评价制度改革的指导意见》《教育部关于做好研究生担任助研、助教、助管和学生辅导员工作的意见》等。

（3）规范教育财政方面的教育法律法规。教育财政是指国家对教育经费的筹措、投入、分配和使用进行管理的活动。关于教育财政的教育行政法规有《国务院征收教育费附加的暂行规定》，教育规章有《教育部等四部门关于2016年规范教育收费治理教育乱收费工作的实施意见》《关于加强中央部门所属高校科研经费管理的意见》等。

三、教育法律关系

（一）教育法律关系的概念

当教育关系适用教育法律规范来调整，并在教育法律规范调整参与者有关教育活动的行为过程中形成权利和义务关系时，教育关系与法律关系进行有机结合，形成教育法律关系。教育法律关系以教育法律规范的存在为前提，因相应法律事实产生、变更或者消灭。法律事实，是指按照教育法律法规的规定，能够引起教育法律关系产生、变更或者消灭的客观情况。

（二）教育法律关系的要素

教育法律关系由主体、客体、内容三个要素构成。

1. 主体

教育法律关系主体是教育法律关系成立的必备要素，是指实际享有教育法律关系中的权利、承担教育法律关系中的义务的参与者，凡可能做出教育行为的主体都能够成为教育法律关系的主体，如国家机关、社会团体、合伙组织、企事业单位、个人等。

公民和法人两类教育关系主体的权利能力和行为能力有所不同。公民是宪法上的概念，是指具有一国国籍并按照该国宪法和法律享有权利、承担义务的自然人。根据《中华人民共和国宪法》和《中华人民共和国教育法》的规定，我国公民作为教育法律关系的主体，从出生即具有权利能力。《中华人民共和国宪法》第四十六条规定："中华人民共和国公民有受教育的权利和义务。"《中华人民共和国教育法》第九条规定："中华人民共和国公民有受教育的权利和义务。公民不分民族、种族、性别、职业、财产状况、宗教信仰等，依法享有平等的受教育机会。"

但是，有权利能力仅表示获得参与教育活动的资格，能不能运用该资格，还要受公民的理智、认知能力等主观条件的制约，因此，有权利能力的公民并不一定具有行为能力。根据《民法典》的规定，我国公民在行为能力上有以下三种情况：

（1）完全民事行为能力人。十八周岁以上的自然人为成年人。不满十八周岁的自然人为未成年人。成年人为完全民事行为能力人，可以独立实施民事法律行为。十六周岁以上的未成年人，以自己的劳动收入为主要生活来源的，视为完全民事行为能力人。完全行为能力人能够独立参与教育活动。

（2）限制民事行为能力人包含两类：一为八周岁以上的未成年人，可以进行与其年龄、智力相适应的教育活动；一为不能完全辨认自己行为的成年人，可以进行与其精神健康状况相适应的教育活动。

（3）无民事行为能力人。不满八周岁的未成年人和不能辨认自己行为的成年人为无民事行为能力人，由其法定代理人代理教育活动。因此，托幼机构中的婴儿与幼儿均属于无民事行为能力人。

法人是指具有民事权利能力和民事行为能力，能依法独立享有民事权利和承担民事义务的组织。由于法人是法律拟制的人，本身不具有自然状态上的行为能力，因此，法人职权的行使、义务的履行都是由其法定代表人进行的。幼儿园的法定代表人代表幼儿园行使职权,参加教育活动,如幼儿园有违规招收幼儿、在招生工作中违规收费、使用有安全隐患的校舍或教育教学设施并造成严重后果等违法行为的,幼儿园的法定代表人还应当承担相应责任。

案例6-1-1

律师过目

某幼儿园的园长做任何事都有一个习惯,那就是"发给律师看看"。园里一切事项,大到园区搬迁发给家长的告知信,小到园里每年的常规合同,定稿之后都必须发给律师再确认一遍才会正式发布。有人觉得,幼儿园里那些小事用得着都请律师过目吗?

讨论: 你觉得这位园长的行事是小题大做,还是稳妥细致呢?

2. 客体

教育法律关系客体是教育法律关系发生的基础,是指教育法律关系主体的权利与义务所指向的目标或者对象,其特征为:① 客观性:教育法律关系客体是独立于主体意识而存在的客观对象。② 主体需要性:教育法律关系客体能够满足主体的利益需要。③ 法定性:教育法律关系客体是得到国家教育法律规范确认和保护的客观对象。

具体来说,教育法律关系客体可分为物、行为、智力成果三类:① 物。教育法律关系中的物是用于进行教育活动的、能满足主体的需要、能被主体支配或者控制的物质实体,包括各种物资、财产、设施、场所、资金等。② 行为。教育法律关系中的行为指主体进行的教育活动,包括受教育者的学习行为、教育者实施教学的行为等。③ 智力成果。教育法律关系中的智力成果指教育活动中主体脑力劳动创造的精神财富,包括文学艺术作品、科技作品、发明创造等。

3. 内容

教育法律关系的内容是教育法律关系的核心,由教育权利和义务构成。

(1) 教育权利。教育权利是教育法律规范赋予教育法律关系主体的自由范围。在此范围内,权利人有充分的自由,可以以作为或者不作为的形式实施任何行为,教育法律规范对此给予充分的保障;反之,教育法律关系主体如果实施超出教育法律规范划定范围的行为,则不仅得不到保障,还有可能被追究相应的责任。例如:受教育者完成规定的学业后有权取得相应的学业证书、学位证书;教师付出劳动后有权获得工资报酬,享受福利待遇。

(2) 教育义务。教育义务是教育法律关系主体为实现他方的权利而受行为限制的界限。对于教育权利,教育权利人可以行使也可以放弃,但教育义务是具有强制力的,教育义务人必须以作为或者不作为的形式实施教育法律规范限定的某种教育行为。如果教育义务人因故意或过失而未履行义务，则需要承担相应的责任。例如：受教育者应当努力学习，完成规定学习任务的教育义务；广播、电视台（站）应当开设教育节目，促进受教育者思想品德、文化和科学技术素质的提高。

教育权利与义务相互对应、相互依存，是不可分割的统一整体。享受权利是履行教育义务的前提，没有权利就谈不上义务；义务是行使权利的基础，任何权利人教育权利的实现都依赖于义务人教育义务的履行。

四、教育法律责任

（一）教育法律责任的概念

教育法律责任有两方面的含义：一是指根据教育法律规范，教育法律关系主体应当履行的教育义务；二是指教育法律关系主体因实施违反教育法律规范的行为而必须承担的惩罚性的法律后果。我们这里所说的教育法律责任是狭义的，仅指后一种。

（二）教育法律责任的类型

根据教育法律关系主体违反教育法律规范的程度，其可能承担刑事法律责任、民事法律责任和行政法律责任。

1. 刑事法律责任

刑事法律责任是指行为人因实施犯罪行为而必须受刑罚处罚的否定性法律后果。教育法律关系主体实施的行为违反教育法律规范，同时又触犯刑法的，即承担刑事法律责任。刑事法律责任的承担方式是刑罚。根据《中华人民共和国刑法》第三十二条和第三十三条的规定，刑罚分为主刑和附加刑。主刑包括管制、拘役、有期徒刑、无期徒刑和死刑；附加刑包括罚金、剥夺政治权利和没收财产。

教育法律规范对教育法律关系主体实施哪些行为应当被追究刑事法律责任进行了详细规定，本书以《中华人民共和国教育法》中的规定为例，其他教育法律法规中的相关规定，在此不一一列明。根据《中华人民共和国教育法》规定，教育法律关系主体有如下行为构成犯罪的，应当依法被追究刑事法律责任：挪用、克扣教育经费的行为；扰乱教育教学秩序或者破坏校舍、场地及其他财产的行为；明知校舍或者教育教学设施有危险，而不采取措施，造成人员伤亡或者重大财产损失的行为；违反国家有关规定招收学生的行为。

2. 民事法律责任

民事法律责任是指行为人因实施民事违法行为而需要承担的法律责任。当教育法律关系主体实施的行为违反教育法律规范，同时又导致平等主体间财产关系或人身关系的正常秩序被破坏的，即应承担民事法律责任。

《中华人民共和国教育法》第八十三条规定："违反本法规定，侵犯教师、受教育者、学校或者其他教育机构的合法权益，造成损失、损害的，应当依法承担民事责任。"这一原则性规定，以及其他教育法律法规关于教育法律关系主体应当承担相应民事法律责任情形的规定，为追究违反教育法律规范行为人的民事法律责任提供了依据。

3. 行政法律责任

行政法律责任是指行为人因实施行政违法行为而应当承担的法律责任。实践中，对于教育法律关系主体违反教育法律法规的行为，主要追究其行政法律责任。根据《中华人民共和国教育法》的规定，教育法律关系主体承担行政法律责任的方式有处分和处罚两类。

行政处分属于内部行政行为，是国家机关、企事业单位对所属国家工作人员尚不构成犯罪的违法失职行为，依据法律、法规所规定的权限而给予的一种惩戒，是由行政主体基于行政隶属关系依法做出的行为，种类有警告、记过、记大过、降级、撤职、开除。

行政处罚的适用对象是作为行政相对方的公民、法人或其他组织。行政处罚种类较多，教育法律规范涉及的主要有：警告；罚款；没收违法所得、没收非法财物；责令停止招生；撤销招生资格；吊销办学许可证；取消相关考试资格或者考试成绩；撤销颁发证书资格；没收学位证书、学历证书或者其他学业证书；撤销学位证书、学历证书或者其他学业证书；撤销教师资格；由公安机关给予治安管理处罚（《中华人民共和国治安管理处罚法》第十条规定，治安管理处罚有警告、罚款、行政拘留、吊销公安机关发放的许可证四种，同时规定对违反治安管理的外国人，可以附加适用限制出境或者驱逐出境）；法律法规规定的其他行政处罚等。

第二节 《中华人民共和国学前教育法（征求意见稿）》解读

案例6-2-1

戳中了哪些痛点，还有哪些盲点[①]

《中华人民共和国学前教育法草案（征求意见稿）》（以下简称《草案》）的文本研制汇聚了领域专家的交流成果，体现了政府的主导与协调职能，表明了国家对学前教育事业发展的高度重视。《草案》实现了中国特色的学前教育梦与国际视野的学前教育法之间的对话。《草案》的主要特点是文本内容的规范性、教育机会的公平性和立法条目的生态性。《草案》制定的难点包括"保育教育""托育服务""管理监督"等内容，制定的重点在于强调儿童利益最大化，把学前儿童的权利和保护放在首位，绝不能遗漏任何有悖儿童利益的法律条文。

[①] 钱雨.学前教育是0—6岁托幼一体化教育[J].今日教育（幼教金刊），2020（12）：6.

> **讨论：**请仔细阅读《草案》，说一说你对其中提到的入园、去小学化等问题有何思考。你觉得《草案》还存在哪些不足？

一、概述

（一）立法背景

随着我国学前教育事业的迅速发展，社会各界广泛呼吁出台一部专门针对学前教育的法律，在经费投入、教师队伍建设、管理规范等方面予以保障。

2013年以来，全国人大教科文卫委员会先后赴天津、安徽、云南、吉林、四川开展一系列调查研究，总结梳理各地学前教育发展和立法状况，分析研判学前教育立法面临的主要困难和问题。2015年12月，全国人大常委会对我国《教育法》进行了修正，增加关于学前教育的专门规定；2016年，将全国人大代表提出的24份有关大力发展学前教育的建议列为重点督办建议。

教育部在2018年的工作要点中也明确提出，推进学前教育立法，通过立法进一步明确各级政府和有关部门发展学前教育的责任，加大对办园违法违规行为的惩治力度，依法保障学前教育的健康可持续发展。在同年9月公布的十三届全国人大常委会立法规划中，学前教育法被纳入全国人大常委会立法规划的一类立法项目，拟在十三届全国人大常委会任期内提请审议。

2020年9月7日，教育部根据宪法、教育法及其他有关法律法规，经充分调研与广泛征求意见后，研究形成了《中华人民共和国学前教育法草案（征求意见稿）》，并面向社会公开征求意见。

（二）立法原则

学前教育立法的首要目的是保障适龄儿童接受学前教育的权利，促进学前教育事业普及普惠、安全优质发展，规范学前教育实施。保护儿童受教育权、促进儿童发展是学前教育立法的出发点，也是根本目的所在，主要通过贯彻以下五个重要原则来实现。

1. 平等原则

《草案》提出保护中国所有的儿童，坚持无差别、无歧视原则，强调凡具有中华人民共和国国籍的适龄儿童，不分本人及其父母或者其他监护人的民族、种族、性别、户籍、职业、家庭财产状况、身体状况、受教育程度、宗教信仰等，依法享有平等接受学前教育的权利。这就是要让每一个儿童的受教育权受到充分保护，真正实现幼有所育。这是对科学儿童观的庄严宣誓，也与国际社会的基本价值立场一致，是我国人权事业伟大成就的重要彰显。

2. 多义务主体原则

《草案》强调保护儿童受教育权和促进儿童发展，不只是学前教育机构和教师的责任，家庭及全社会都负有重大责任，要求国家及相关机构、家长、教师及其他社会成员共同承担起保护儿童受教育权的义务，坚持多义务主体原则。这些义务主体承担各自的责任，共同保护儿童利益，促进儿童发展。《草案》强调，父母或者其他监护人应当依法履行抚养与教育儿童的责任，尊重学前儿童身心发展规律和特点，创设良好家庭环境，科学开展家庭教育；强调全社会应当为适龄儿童接受学前教育、健康成长创造良好环境。公共博物馆、图书馆、美术馆、科技馆等公共文化服务机构应当提供适合学前儿童身心发展的公益性教育服务，按照有关规定对学前儿童免费或优惠开放。这体现了全社会对儿童权利保护的共同义务。

3. 政府核心责任原则

就保护儿童受教育权而言，在众多义务主体中，政府是最重要的义务主体，也是最重要的责任主体。《草案》强调国家保障学前儿童的受教育权，坚持儿童优先和儿童利益最大化原则。政府履行保护儿童权利、促进儿童发展责任的关键途径是发展普及普惠、安全优质的学前教育，真正建立起公益普惠的学前教育公共服务体系。

《草案》指出，学前教育实行国务院领导，省、自治区、直辖市人民政府和设区的市、自治州人民政府统筹规划实施，县级人民政府为主管理的体制。发展学前教育应当坚持政府主导，以政府举办为主，大力发展普惠性学前教育资源，鼓励、支持和规范社会力量参与。这充分体现了政府在发展学前教育中的关键责任，进而实现保护儿童权利和促进儿童发展的目标。

4. 积极保护原则

《草案》坚持合理对待和积极保护儿童利益的原则，要求尊重儿童身心发展规律和学习特点，排除对儿童发展不利的各种因素，按照科学规律规范开展学前教育。《草案》强调，学前儿童入幼儿园等学前教育机构接受学前教育，除必要的身体健康检查外，不得组织任何形式的考试或者测试。禁止违规开展小学学科内容及其他不符合学前儿童身心发展水平内容的培训；禁止体罚或者变相体罚儿童；禁止歧视、侮辱、虐待、性侵害儿童；禁止违反职业道德、职业规范或者以其他手段损害儿童身心健康；禁止在幼儿园内设置危险建筑物和设施设备，禁止在幼儿园周边区域设置有危险、有污染、影响采光的建筑和设施。要求幼儿园对学前儿童在园期间的人身安全负有保护责任，应当落实安全责任制相关规定，建立健全安全管理制度和安全责任制度，完善安全措施和应急反应机制。发生突发事件或紧急情况，应优先保护学前儿童人身安全，立即采取紧急救助和避险措施，并及时向有关部门报告。要求任何组织或者个人不得组织学前儿童参与商业性活动、竞赛类活动和其他违背学前儿童年龄特点、身心发展规律的活动。这些要求充分体现了学前教育应遵循科学规律，坚持以儿童为本，制止一切有害儿童身心发展行为的原则，有利于维护儿童的基本权益。

5. 特别照顾原则

《草案》在坚持公平对待所有儿童的基础上，坚持特别照顾原则，对处境不利和有特别需要的儿童，给予特别照顾，满足他们基本的学习和发展条件，维护他们基本的受教育权利，这是国际社会的基本共识和基本行为准则。《草案》强调了地方人民政府及有关部门应优先保证经济困难家庭的学前儿童、边远贫困地区的学前儿童接受普惠性学前教育服务。国家建立学前教育资助制度，为经济困难家庭的学前儿童接受普惠性学前教育提供资助，保障孤儿、事实无人抚养儿童、特困人员中的儿童、家庭经济困难的残疾儿童接受免费学前教育。县级以上地方人民政府应当根据本区域内残疾学前儿童的数量、类型和分布情况，统筹实施多种形式的学前特殊教育，推进融合教育。幼儿园应当接收具有接受普通教育能力的残疾学前儿童入园。鼓励、支持有条件的特殊教育学校、儿童福利机构和康复机构设置幼儿园（班）。幼儿园对体弱和残疾学前儿童应予以特殊照顾。由此可见，对处境不利和有特殊需要儿童的特殊照顾和公平对待是《草案》的基本要求，这些要求的落实，将更好地改善处境不利和有特殊需要儿童的生活状况，保障他们的受教育权利。

依法保护儿童的受教育权，促进儿童健康快乐成长，是关系国家和民族未来的大事，需要全社会共同努力。

二、基本内容

《草案》由总则、分则、附则三个部分组成，共九章，合计七十五条。

（一）总则

第一章是总则，对我国学前教育立法的目的依据、适用范围，我国学前教育的性质制度、方针目标、教育权利、发展原则、政府责任、家庭责任、社会参与、管理体制、鼓励教研、表彰奖励等方面内容做了规定。《草案》更突出普及普惠目标，明确了政府主导的地位，即发展学前教育以政府举办为主，大力发展普惠性学前教育资源，鼓励、支持和规范社会力量参与。

> 第二条（适用范围） 在中华人民共和国境内实施学前教育，适用本法。本法所称学前教育是指由幼儿园等学前教育机构对三周岁到入小学前的学前儿童实施的保育和教育。

对《草案》中学前教育的"学前"，你是怎样理解的？你怎样看待《草案》适用范围规定的"对三周岁到入小学前的学前儿童实施的保育和教育"？

（二）分则

第二章至第八章为分则，对我国学前教育的主要受教育对象——学前儿童进行了法律上的定义，对幼儿园的保育与教育、教师和其他工作人员的相关内容进行了规定，对幼儿园的规划与举办、管理与监督、投入与保障及法律责任进行了规范。具体包括以下几个方面：

1. 学前儿童

第二章为学前儿童，主要对儿童权利、入园保障、政府供给、弱势群体、特别保护五个方面进行了说明。本章提出，在坚持公平对待所有儿童的基础上，坚持特别照顾原则，对处境不利和有特别需要的儿童，给予特别照顾，满足他们基本的学习和发展条件，维护他们基本的受教育权利。

> **拓展阅读**
>
> 第十七条（特别保护） 任何组织或者个人不得组织学前儿童参与商业性活动、竞赛类活动和其他违背学前儿童年龄特点、身心发展规律的活动。

2. 幼儿园的规划与举办

第三章主要包括办园体制、规划布局、配套建设、村镇体系、单位办园、特殊教育、设置条件、设立程序、举办限制、逐利限制等内容。《草案》首次在基本法层面对于普惠性民办幼儿园进行了明确的界定，即接受政府支持、执行收费政府指导价的非营利性民办幼儿园为普惠性民办幼儿园；明确新设的小区配套幼儿园只能为公办幼儿园。

从基本法的高度对社会资本的逐利行为进行限制。第二十七条第一款可称为"禁止可变利益实体条款"，即公办幼儿园和非营利民办幼儿园都不允许举办者取得办学结余。如果允许可变利益实体对学前教育进行"协议控制"，就有可能通过协议转移学校的全部办学结余，使《民办教育促进法》规定的营利性和非营利性分类管理、"非营利性民办学校的举办者不得取得办学收益"等规定成为一纸空文。第二十七条第二款可称为"禁止上市条款"，主要出于以下四方面原因：坚持学前教育的公共产品属性、反对过度市场化、避免重蹈学前教育被上市公司主导的覆辙，以及避免学前教育过度产业化。全国人大基于与《民办教育促进法》衔接的需要，有权规定"禁止可变利益实体条款"及以全国人大立法的形式限制财产权、"禁止上市"，这既符合法律保留原则，也体现了对儿童的"优先保护"。

> **拓展阅读**
>
> 第十八条（办园体制） 政府及其有关部门举办，或者军队、国有企业、人民团体、高等学校等事业单位、街道和村集体等集体经济组织等利用财政经费或

者国有资产、集体资产举办的幼儿园为公办幼儿园。

前款规定以外的幼儿园为民办幼儿园,其中接受政府支持、执行收费政府指导价的非营利性民办幼儿园为普惠性民办幼儿园。省、自治区、直辖市或者设区的市、自治州人民政府制定普惠性民办幼儿园认定标准,由县级人民政府教育行政部门组织认定。

公办幼儿园和普惠性民办幼儿园为普惠性幼儿园,应当提供普惠性学前教育服务。政府可以向民办幼儿园购买普惠性学前教育服务。

第二十七条(逐利限制) 社会资本不得通过兼并收购、受托经营、加盟连锁、利用可变利益实体、协议控制等方式控制公办幼儿园、非营利性民办幼儿园。

幼儿园不得直接或者间接作为企业资产上市。上市公司及其控股股东不得通过资本市场融资投资营利性幼儿园,不得通过发行股份或者支付现金等方式购买营利性幼儿园资产。

3. 保育与教育

第四章主要包括保教原则、卫生保健、安全保障、保教内容、保教方式、课程资源、家园共育、幼小衔接、内部管理、收费制度、经费管理、禁止行为等内容。《草案》明确将学前教育阶段的校外培训机构纳入规范管理范围。

拓展阅读

第三十九条(禁止行为) 幼儿园不得教授小学阶段的教育内容,不得开展违背学前儿童身心发展规律的活动。

幼儿园不得违反国家规定收取费用,不得向学前儿童及其家长组织征订教科书和教辅材料,推销或者变相推销商品、服务等。

校外培训机构等其他教育机构不得对学前儿童开展半日制或者全日制培训,不得实施前款规定的行为。

4. 教师和其他工作人员

第五章主要包括教师权责、教师资质、职务评聘、园长资质、其他工作人员、人员配备、职业规范、聘任合同、工资福利、其他待遇、从业禁止、师资培养、在职培训等内容。《草案》对于幼儿园教师待遇保障的规定更为灵活,公办幼儿园教师纳入财政保障范畴,同时强调了民办幼儿园薪酬标准的参照原则。

> **第四十八条（工资福利）** 幼儿园及其举办者应当按照国家相关规定保障教师和其他工作人员的工资福利、社会保险待遇，改善工作和生活条件。
>
> 县级以上地方人民政府应当将公办幼儿园教师工资纳入财政保障范畴。民办幼儿园应当参照当地公办幼儿园同类教师工资收入水平合理确定教师薪酬标准，依法保障教师工资待遇，依法缴纳社会保险。

5. 管理与监督

第六章主要包括政府统筹、部门职责、安全管理、收费管理、经费管理、信息公示、督导问责、质量监测等内容。《草案》对营利性民办幼儿园的收费标准进行了限制，要求营利性民办幼儿园收费标准由幼儿园根据核算的生均成本合理确定，对举办者获得收益的合理范围做出规定，教育部门有权对营利性民办幼儿园的收费进行审核和监管。

> **第五十六条（收费管理）** 省、自治区、直辖市人民政府制定幼儿园收费管理办法，根据办园成本、经济发展水平和群众承受能力等因素，合理确定公办幼儿园收费标准、普惠性民办幼儿园最高收费标准和其他非营利性民办幼儿园的收费政府指导价，并建立定期动态调整机制。
>
> 营利性民办幼儿园收费标准由幼儿园根据核算的生均成本合理确定。省、自治区、直辖市人民政府可以根据实际制定具体办法，对举办者获得收益的合理范围做出规定。
>
> 县级以上地方人民政府及相关部门依法对营利性民办幼儿园实行价格指导和成本审核，加强对公办幼儿园和非营利性幼儿园收费的监管，遏制超成本过高收费。

6. 投入与保障

第七章主要包括投入机制、财政分担、经费保障、支持普惠、社会投入等内容。强调学前教育实行政府投入为主、家庭合理负担，其他多渠道筹措经费的机制。学前教育财政补助经费列入各级预算。政府统筹制定财政补助和收费政策，合理确定分担比例。政府通过财政补助、政府购买服务等多种方式，支持普惠性民办幼儿园发展。国家鼓励向学前教育捐赠。

7. 法律责任

第八章主要包括政府责任、领导责任、建设责任、擅自举办、机构责任、逐利责任、人员责任、侵权责任等内容。

> 第六十九条（擅自举办）　擅自举办幼儿园或者招收学前儿童实施半日制、全日制培训的，由县级人民政府责令停止改正，并给予1万元以上20万元以下罚款；有违法所得的，没收违法所得；非法举办幼儿园或者非法实施学前教育的组织和个人，以及侵害幼儿园权益或者不履行本法职责的幼儿园举办者、实际控制人纳入联合惩戒名单，五年内不得申请举办幼儿园。
>
> 第七十一条（逐利责任）　上市公司有下列行为之一的，由上市公司的管理部门责令改正，有违法所得的，没收违法所得，并可处以30万元以上100万元以下罚款；对直接责任人员和上市公司实际控制人、控股股东给予警告等处罚：
>
> （一）将幼儿园资产直接或者间接作为企业资产上市的。
> （二）通过资本市场融资投资营利性幼儿园的。
> （三）通过发行股份或者支付现金等方式购买营利性幼儿园资产的。

（三）附则

附则除规定《中华人民共和国学前教育法》的正式实施日期外，还将小学、特殊教育学校、儿童福利机构、康复机构等附设的幼儿园（班）等学前教育机构纳入适用范围。

三、学前教育立法的意义

学前教育立法不仅是教育法制建设的一个重要组成部分，也是衡量一个国家教育水平高低的重要标志，立法的意义主要在于以下几点：

（一）完善我国学前教育法规体系

我国已经初步构成了"中国特色"学前教育政策法规框架，这一框架包含五大类型的政策法规。第一类是联合国机构和国际组织的儿童公约、宣言、声明。第二类是全国人民代表大会及其常委会通过的宪法、一般性法律和其他相关的法律。第三类是学前教育领域的特别法、单行法。第四类是中共中央关于学前教育、儿童保护、儿童福利的决定、决议、计划、纲要和政策规定。第五类为国务院和国务院各职能部门制定、颁布、实施的各类行政法规、条例、规定、纲要、办法。《中华人民共和国学前教育法》的正式颁布将填补学前教育法律体系第三类特别法的空白。

（二）推动学前教育事业健康发展

学前教育是终身教育的开端，具有公益性和福利性，政府应当在学前教育立法过程中扮演主导角色，统整各相关部门的研究分工与协作。我国教育法学研究是随着 1980 年我国第一部教育法律《中华人民共和国学位条例》的颁布而展开的。学前教育立法研究与公共政策研究、儿童福利研究、脑科学研究等紧密联系。从美国的"全民学前教育"到英国政府提出"每个孩子都重要"法案，都体现了学前教育立法的重要性。

立法研究的效能在于探索教育资源与价值的社会性分配。立法研究的目的之一是使价值在不同的利益群体之间达成有利于学前教育发展与稳定的平衡，解决利益冲突与价值失衡带来的社会问题。我国也应逐渐建立政府主导、专业部门协作的学前教育立法学术研究机制，积极吸纳国际学前教育立法研究的精粹，使中国学前教育立法研究具有国际性、前瞻性和创新性。

想一想

阅读《中华人民共和国学前教育法草案（征求意见稿）》，尝试做一个小调研，了解学前教师和家长对这一草案的态度。

第三节 学前教育其他相关法律法规

案例 6-3-1

法律法规与教师的关系

幼儿园每学期末都会组织老师学习最新的学前教育政策与法规。会上，李老师说："这些颁布的法律法规和我有什么关系？"王老师说："听不懂也得听，不能做个法盲。"

讨论：案例中幼儿园的做法正确吗？对于老师们的不同反应，你怎么看？

除了即将颁布的《中华人民共和国学前教育法》，我国学前教育的相关法律法规还有许多重要内容，构成了一个共同维护我国学前教育活动秩序的法律法规体系。学前教师必须了解和掌握这些相关法律法规的主要内容，依法执教。

一、《中华人民共和国教育法》解读

（一）《中华人民共和国教育法》概述

《中华人民共和国教育法》能够确保并落实教育优先发展的战略地位，引导和保障教育体制改革进一步深化，是我国教育法治建设进程中具有里程碑意义的大法，也是规范我国学前教育活动的重要法律。

1985年，原中华人民共和国国家教育委员会根据全国人大代表和政协委员关于尽快制定教育法的建议和提案，组织力量着手教育法的起草工作。1993年2月13日，中共中央、国务院印发《中国教育改革和发展纲要》，确定教育改革和发展的主要原则、目标、战略、方针、政策措施，也对制定教育基本法提出了具体要求。

1995年3月18日，《中华人民共和国教育法》于第八届全国人民代表大会第三次会议通过，并于同年9月1日起正式实施，一直沿用至今（经三次修正）。它的公布和实施，标志着我们国家进入了"依法治教"新时期。

《中华人民共和国教育法》坚持以社会主义方向为教育事业发展方向的根本原则。第一条"为了发展教育事业，提高全民族的素质，促进社会主义物质文明和精神文明建设，根据宪法，制定本法"，充分体现我国教育事业的社会主义性质，体现国家发展教育事业的目的是促进社会主义发展。

第三条在明确我国发展教育事业指导思想的同时，将我国的教育与资本主义国家的教育从根本上做了区分："国家坚持中国共产党的领导，坚持以马克思列宁主义、毛泽东思想、邓小平理论、'三个代表'重要思想、科学发展观、习近平新时代中国特色社会主义思想为指导，遵循宪法确定的基本原则，发展社会主义的教育事业。"

第五条规定了我国教育工作发展的总方向，是国家教育政策的总概况："教育必须为社会主义现代化建设服务、为人民服务，必须与生产劳动和社会实践相结合，培养德智体美劳全面发展的社会主义建设者和接班人。"

我国的教育事业是公益性事业，教育活动应符合国家和社会公共利益——这是国家对教育活动的基本要求，也是《中华人民共和国教育法》的立法原则。第八条第一款明文规定："教育活动必须符合国家和社会公共利益。"第二十六条"以财政性经费、捐赠资产举办或者参与举办的学校及其他教育机构不得设立为营利性组织"，则进一步明确要求，在我国境内举办的学校及其他教育机构应当坚持公益性。

《中华人民共和国宪法》明确规定，受教育是公民最基本的权利和义务，这一点在我国教育基本法中也得到了体现。《中华人民共和国教育法》以保障全体公民受教育权利和义务的平等为立法原则。第九条规定："中华人民共和国公民有受教育的权利和义务。公民不分民族、种族、性别、职业、财产状况、宗教信仰等，依法享有平等的受教育机会。"该条第一款规定我国全体公民有受教育的权利和义务，体现党和国家对教育事业的重视，从法律层面上保障全体公民受教育的权利，也督促公民自觉履行受教育的义务；第二款则进一步明确，我国全体公民平等享有受教育的机会，不区分民族、种族、性别、职业、财产状况、宗教信仰或其他因素。第十条则是将国家保障公民享有平等的受教育机会的措施以法律形式明确:"国家根据各少数民族的特点和需要,帮助各少数民族地区发展教育事业。国家扶持边远贫困地区发展教育事业。国家扶持和发展残疾人教育事业。"

《中华人民共和国教育法》是国家的基本法律——该法由全国人民代表大会审议通过,是全面规范全国各种教育关系的重要法律。其地位次于《中华人民共和国宪法》,与《中华人民共和国刑法》等由全国人民代表大会制定和修改的基本法律地位相等。

作为我国的教育基本法,《中华人民共和国教育法》是教育法律体系中的"母法",在教育法律法规中具有最高效力,其他教育法律法规(单行教育法律、教育行政法规、教育行政规章,以及地方教育法规、教育自治条例、单行条例和规章)的制定和实施都要以其为依据,不得与其确立的原则和规范相违背。

(二)《中华人民共和国教育法》基本内容

《中华人民共和国教育法》由总则、分则、附则三个部分组成,共十章,合计八十六条。

1. 总则

第一章是总则,对我国教育的地位、教育的目的、教育的性质、教育活动的原则、教育工作的方针、教育体系的发展改革、教育管理体制等教育活动的全局性问题进行了规定。

2. 分则

第二章至第九章为分则,规定了我国的教育基本制度、学校及其他教育机构、教师和其他教育工作者、受教育者、教育与社会、教育投入与条件保障、教育对外交流与合作、法律责任等方面的内容。

(1)教育基本制度。第二章规定了我国教育事业的基本制度,包括学校教育制度、义务教育制度、职业教育制度、继续教育制度、国家教育考试制度、学业证书制度、学位制度、扫除文盲制度、教育督导制度和教育评估制度。

值得一提的是,《中华人民共和国教育法》在本章明确规定我国学校教育制度包括学前教育,并将学前教育事业的建设方针写进法律,为我国学前教育活动的科学有序进行、积极良好发展提供了法律依据。

拓展阅读

第十七条 国家实行学前教育、初等教育、中等教育、高等教育的学校教育制度。国家建立科学的学制系统。学制系统内的学校和其他教育机构的设置、教育形式、修业年限、招生对象、培养目标等,由国务院或者由国务院授权教育行政部门规定。

第十八条 国家制定学前教育标准,加快普及学前教育,构建覆盖城乡,特别是农村的学前教育公共服务体系。

各级人民政府应当采取措施,为适龄儿童接受学前教育提供条件和支持。

(2)学校及其他教育机构。第三章明确了我国办学的原则;规定了学校及其他教育机构的设置条件,以及设立、变更、终止的程序;规定了学校及其他教育机构依法享有的权利和应当履行的义务;规定了学校及其他教育机构的内部管理体制;规定了学校及其他教育机构法人资格的取得条件,以及民事权利的享有、民事责任的承担、财产的归属,并规定其兴办的校办产业独立承担民事责任。

(3)教师和其他教育工作者。第四章为教师在教育活动中享有的权利和应履行的义务提供法律基础,规定了教师的待遇、地位,规定国家实行教师资格、职务、聘任制度。同时针对其他教育工作者,第四章分别规定了针对管理人员的教育职员制度,和针对教学辅助人员、其他专业技术人员的专业技术职务聘任制度。

(4)受教育者。第五章规定了受教育者依法享有的教育权利和应当履行的教育义务,并规定针对不同的受教育群体,国家和社会各界应采取相应的帮助措施,充分保障受教育者的权利和义务。

(5)教育与社会。第六章重在规定教育和社会的关联:规定社会要为受教育者创造良好的成长环境,鼓励社会和学校之间的有益交流,规定监护人应当为被监护人受教育提供条件,配合学校和其他教育机构对被监护人(特别是未成年的被监护人)进行教育,并对社会教育活动(学校教育的重要补充)做了基本规定。

学前儿童处在人生中接受教育的第一阶段,他们的身心特点决定了国家需要格外重视保护他们的受教育权利,这一点在本章相关规定中得到了体现。

(6)教育投入与条件保障。教育经费是教育发展的前提与保障,为此,《中华人民共和国教育法》第七章规定,"国家建立以财政拨款为主、其他多种渠道筹措教育经费为辅的体制,逐步增加对教育的投入,保证国家举办的学校教育经费的稳定来源。"同时,第七章还规定了教育经费的筹措方式,如国家财政性教育经费支出、地方教育费附加、校办产业和社会服务等收入、社会力量捐资助学和集资办学、运用金融和信贷手段融资等,并对国家大力扶持和推进教育事业科学发展做出了具体的规定。

(7)教育对外交流与合作。教育对外交流与合作能够增进我国与世界各国之间的友谊,增加国与国之间、人民与人民之间相互了解的程度,促进我国教育科学文化事业的发展。为此,《中华人民共和国教育法》单设一章,规定教育对外交流与合作的基本原则,引导教育对外交流与合作活动的健康有序进行。

二、《中华人民共和国教师法(修订草案)》解读

现行的《中华人民共和国教师法》于1993年颁布,在2009年进行过一次修正。时隔多年,中国教育在这一阶段迅猛发展,教师队伍规模、质量、结构都发生了巨大变化。2021年11月29日,教育部公布《中华人民共和国教师法(修订草案)(征求意见稿)》(以下简称《修订草案》),面向全社会公开征求意见。《修订草案》共分为九

章、五十七条,从权利和义务、资格和准入、聘任和考核、培养和培训、保障和待遇等方面做出了规定。

(一)《修订草案》概述

学前教师是教师队伍的一员,是建设和发展我国基础教育事业的重要力量,学前教师队伍的建设状况直接影响着教育事业建设的发展进程。能否建设一支具有良好品德和高水平业务能力的教师队伍,能否确保教师队伍稳定发展,能否规范化管理好这支教师队伍,成为决定我国社会主义学前教育事业发展的关键。

为提高教师的社会地位,保障教师的合法权益,国家制定和颁布《中华人民共和国教师法》,进一步促进社会主义教育事业的发展。

(二)《修订草案》的基本内容

1. 总则

《修订草案》的立法宗旨是保障教师的合法权益,规范教师职业行为,建设高素质专业化的教师队伍,推进中国特色社会主义教育事业的发展;适用对象是在各级各类学校和其他教育机构中专门从事教育教学工作的专业人员,包括学前教育教师。

根据"总则"的规定,教师是指在各级各类学校和其他教育机构中专门从事教育教学工作的专业人员,承担着为党育人、为国育才,立德树人,培养德智体美劳全面发展的社会主义建设者和接班人、提高民族素质的崇高使命。同时,"总则"还明确坚持中国共产党对教师队伍建设的全面领导,提高教师政治地位、社会地位和职业地位的基本原则、管理体制、分类管理等内容。

《修订草案》"总则"中明确规定了国家建立教师荣誉表彰制度,规定每年九月十日为教师节。

> **拓展阅读**
>
> 第三条(职责使命) 教师承担着为党育人、为国育才,立德树人,培养德智体美劳全面发展的社会主义建设者和接班人、提高民族素质的崇高使命。教师应当为人师表,有理想信念、有道德情操、有扎实学识、有仁爱之心,忠诚于党和人民的教育事业。

2. 分则

(1)权利和义务。《修订草案》第二章对教师基本的权利和义务做了集中规定,并对为保障教师完成教育教学任务,各级人民政府、教育行政部门、有关部门、学校和其他教育机构应当履行的基本职责进行了规定。

拓展阅读

第九条　教师享有下列权利：（一）自主开展教育教学活动并获得相应设施设备支持和资源保障；（二）从事科学研究、学术交流，参加专业的学术团体，在学术活动中充分发表意见；（三）指导学生的学习和发展，评定学生的品行和学业成绩，对学生进行表扬、奖励、批评以及教育惩戒；（四）按时获取工资报酬，享受国家规定的福利待遇以及寒暑假期的带薪休假；（五）对学校教育教学、管理工作享有知情权、参与权、表达权和监督权，通过教职工代表大会或者其他合法方式参与学校的民主管理；（六）开展课程和教学资源研发、科研成果转化，并获得相应权益；（七）参加进修或者其他方式的专门培训、继续教育。

第十条　教师应当履行下列义务：（一）遵守宪法、法律法规和职业道德、社会公德，不断提高思想政治素质和个人修养，践行社会主义核心价值观；（二）贯彻党和国家教育方针，践行立德树人根本任务，遵守职业行为准则，执行课程标准履行岗位职责，潜心教书育人，完成教育教学工作任务；（三）继承和弘扬中华优秀传统文化、革命文化和社会主义先进文化，对学生进行爱国主义、中华民族共同体意识和国家安全教育，思想品德和法治教育以及科学文化、环境保护、卫生健康等方面的教育，组织、带领学生开展有益的社会活动；（四）关心、爱护全体学生，尊重学生基本权利和人格尊严，促进学生德智体美劳全面发展；（五）批评和抵制有害于学生健康成长的现象；（六）依法依规履行公共教育服务职责，公正评价、平等对待、科学管理学生；（七）适应时代要求和技术变革，更新教育观念，创新教育教学方法，不断提高教书育人能力，成为终身学习的倡导者、践行者。

第十一条（履职规范）　教师在履职过程中应当公平、公正行使职权，不得徇私舞弊、弄虚作假，不得利用职务便利或影响，牟取不正当利益。

第十二条（特别义务）　幼儿园、中小学教师在履行职责时，应当注重保护未成年学生的人身安全和合法权益，制止学生欺凌和其他有害于学生的行为；发生自然灾害、事故灾难、公共卫生事件等突发事件或者学生伤害事故，应当积极保护、救助学生；应当与学生父母或者其他监护人相互配合，加强对家庭教育的指导，促进家校协同育人。

第十三条（特别身份）　公办中小学教师是国家公职人员，依据规范公职人员的相关法律规定，享有相应权利，履行相应义务。各级人民政府及其有关部门应当依法加强对公办中小学教师的保障和管理。

第十四条（特别权利）　高等学校、职业学校教师可以独立或者以团队方式开展学术探索、科学研究、技术创新；可以适当兼任与职责任务相关的社会职务，参与社会服务。

除第七条规定的权利外,《修订草案》第七章的第四十九条、第五十条还规定了一项重要的权利——教师申诉的权利。具体内容为：对学校或者其他教育机构做出的处分决定或者考核结论不服，或者认为学校的处理及其他管理行为侵害其合法权益的，教师可以在六十日内向学校或者其他教育机构提起申诉；对学校教师申诉委员会做出的决定不服的，可以自该处理决定生效之日起六十日内，向学校的主管教育行政部门提出申诉，或者向同级综合人事管理部门申请人事争议仲裁；认为当地人民政府有关行政部门侵犯其根据本法规定享有的权利的，教师可以自知道权益受损之日起六十日内向同级人民政府或者上一级人民政府有关部门提出申诉。对于教师的申诉，各部门应当及时做出处理。该规定为教师维护自身权益提供了合法的途径，为教师能合法享有基本权利提供了进一步的保障。

想一想

教师节到了，豆豆给你送来了一束鲜花，洋洋的妈妈给你送来了一张购物卡。他们都说，这是为了感谢老师的教导。你能否收下家长的礼物？为什么？

（2）教师管理制度。为了确保教师基本权利和义务的实现，《修订草案》第三至第七章设定了教师资格制度、教师职务制度和岗位聘任制度、教师培养和培训制度、教师保障和待遇制度、教师奖励制度等教师管理制度，具体如下：

第三章规定，国家实行教师资格制度，并对公民取得教师资格的基本条件、各类学校教师资格的学历要求、国家教师资格考试制度、认定各学校教师资格的主管部门、从业禁止及教师资格证书的定期注册制度、使用期限进行了明确规定。

第四章规定，国家实行教师职务制度及岗位聘任制度，对教师职务级别、设置要求、岗位聘任要求及教师招聘制度、转任公职、合同签订及管理等方面进行了规定。教师考核是评价教师教育教学水平的活动，其考核结果是教师职务晋升、评优奖励、岗位聘用、定期注册等的依据。该章规定，学校或者其他教育机构应当对教师的思想政治素质、师德师风表现、业务能力水平、教育教学实绩和心理健康状况等进行考核，对教师的考核工作，教育行政部门应当进行指导、监督。同时强调，对教师的考核应当客观、公正、公开、准确，并以适当方式听取教师本人、其他教师以及学生的意见。

培养和培训教师是提高教师素质的一个有效的重要途径。对于教师培养和培训制度，第五章规定了国家建立以师范院校为主体、高水平非师范院校参与的中国特色教师培养体系，建立师范生公费教育制度，健全教师在职培训和继续教育制度，并对学校提出了对教师进行包括脱离教育教学岗位的专门培训或者继续教育的要求，以及为师范生实习实践提供便利条件及其他的特别支持的要求。

第六章规定教师的保障和待遇制度，为教师获得劳动报酬、享受福利待遇提供了法律保障。本章规定了保障职责、工资收入、津贴补贴、地区补贴、住房优惠、医疗待遇、退休待遇、民办待遇及履职保障九项教师待遇。国家分类建立教师工资待遇保障机制：关于工资，教师工资收入参考公务员，鼓励多劳多得、优绩优酬；关于住房，规定了为解决教师住房问题，地方各级人民政府和国务院有关部门应采取的措施；关于医疗，规定了教师的医疗待遇；关于退休，规定长期从教适当提高养老待遇；关于民办待遇，规定民办学校及其举办者应当参照同级同类公办学校教师的标准，保障所聘教师的各类待遇和权益，鼓励建立职业年金。另外该章明确规定，应保障教师潜心教书、静心育人，除特殊、紧急情况外，不得安排教师从事学校以外的执法、执勤或者其他与教师职责无关的工作。

> **想一想**
>
> 《修订草案》第三十七条规定，"公办中小学教师工资、福利、社会保障单位缴费、津贴以及奖励、培训等所需经费，按照事权和支出责任相适应的原则，分别列入各级财政预算予以保障。"其中学前教师并未包含其中，你认为应该如何保障学前教师的权利与权益？

第七章规定教师奖励制度，以此调动教师的工作积极性，促进教师队伍的提质发展。根据规定，教师在师德师风建设、教育教学、培养人才、科学研究、教学改革、学校建设、社会服务、文化传承等方面成绩优异的，按照国家有关规定给予表彰、奖励。

（3）法律责任。第八章规定了法律责任。法律责任可以分为如下两类：

第一类是行为人（该处所说的"行为人"，可以是教师，也可以是其他主体）在实施侵犯教师合法权益的行为后应承担的责任。

第二类是教师应被所在学校、其他教育机构或者教育行政部门给予行政处分或被解聘的情形。同时规定了政府的相关责任。

> **拓展阅读**
>
> 第五十二条（严重违法）　教师有下列情形之一的，由所在学校、其他教育机构或者教育行政部门给予开除处分或者予以解聘，并由主管教育行政部门撤销教师资格，五年内不得申请教师资格；情节严重，影响恶劣的，或有本法第十九条所列情形的，撤销教师资格，终身不得申请教师资格，禁止从业；构成犯罪的，依法追究刑事责任：

(一)公开发表违反宪法言论,损害党和国家声誉的;
(二)利用职务便利谋取不正当利益或者滥用职权、徇私舞弊,严重损害教育公平的;
(三)品行不良,严重损害教师形象的;
(四)故意不完成教育教学任务,给教育教学工作造成严重损失,或者以此强制、诱导学生接受有偿补课的;
(五)严重侵害学生合法权益,体罚或者变相体罚学生造成人身伤害等严重后果的;
(六)与学生发生不正当性关系的;
(七)其他严重违反教师职业行为准则等师德规范情形的。

三、《中华人民共和国民办教育促进法》解读

(一)《中华人民共和国民办教育促进法》概述

民办教育是社会主义教育事业的重要组成部分。改革开放以来,我国民办教育快速发展,对于培养合格人才、满足人民群众多样化的受教育需求、创新教育体制机制、推动教育现代化发展做出了积极的贡献。《中华人民共和国民办教育促进法》于 2003 年 9 月 1 日起施行,并经历 3 次修正。

(二)《中华人民共和国民办教育促进法》基本内容

1. 总则

"总则"对于《中华人民共和国民办教育促进法》的立法宗旨、立法依据、调整对象、民办教育事业的性质、国家对民办教育事业实行的管理方针、民办学校应当履行的基本义务、民办学校的法律地位、国家对民办学校权益的保障、国家对为民办教育事业发展做出突出贡献的组织和个人的奖励、民办教育工作的管理部门和民办学校的党建事宜进行了规定。

"总则"第九条"民办学校中的中国共产党基层组织,按照中国共产党章程的规定开展党的活动,加强党的建设",强调了民办学校中的中国共产党基层组织应按照党章开展党的活动,发挥党组织的政治核心作用,为民办学校的党建提供了法律依据,从而确保民办学校能够始终坚持社会主义办学方向。

2. 分则

(1)设立。第二章规定了民办学校设立的相关事宜,主要包括对举办民办学校的社会组织或者个人资格的限制、设立民办学校应符合的条件、民办学校的设置标准、民办学校的审批部门、申请筹设民办学校应提交的材料及审批机关应做出决定的期限、筹设期、申请正式设立民办学校应提交的材料及审批机关应做出决定的期限、发放办学许可

证事宜、非营利性和营利性民办学校的设立等多个方面。

民办学校的分类管理有利于破解民办教育事业发展的瓶颈，有利于按照民办学校的属性分类落实扶持政策，拓展民办教育发展空间。该章还规定，允许举办者自主选择设立非营利性或营利性民办学校，允许举办者举办实施学前教育、高中阶段教育、高等教育以及非学历教育（即非义务教育）的营利性民办学校，为非营利性和营利性民办学校分类管理确立了法律依据。

> **拓展阅读**
>
> 第十九条 民办学校的举办者可以自主选择设立非营利性或者营利性民办学校。但是，不得设立实施义务教育的营利性民办学校。非营利性民办学校的举办者不得取得办学收益，学校的办学结余全部用于办学。营利性民办学校的举办者可以取得办学收益，学校的办学结余依照公司法等有关法律、行政法规的规定处理。民办学校取得办学许可证后，进行法人登记，登记机关应当依法予以办理。

（2）学校的组织与活动。第三章规定民办学校应当设立决策机构，决策机构的形式为学校理事会、董事会或其他，并对学校理事会、董事会的职权，组成成员及其资格进行了规定。其中，第二十条是国家进一步健全民办学校治理机制的体现，不仅规定民办学校应当设立决策机构，还规定应当建立相应的监督机制。同时，该条款还明确举办者可以根据学校章程规定的权限和程序参与学校的办学与管理，这也体现了国家对民办学校举办者权益的进一步保障。

> **拓展阅读**
>
> 第二十条 民办学校应当设立学校理事会、董事会或者其他形式的决策机构并建立相应的监督机制。民办学校的举办者根据学校章程规定的权限和程序参与学校的办学和管理。

除对民办学校决策机构进行规定外，第三章还对民办学校的法定代表人人选、校长聘任条件及校长的职权、民办学校可颁发的学业证书和民办学校的民主管理进行了规定。

（3）教师与受教育者。第四章规定了民办学校教师的任教资格，并规定民办学校应当对教师进行相应培训，这既是对民办学校及其教职人员的要求，也是国家对民办学校受教育者接受正确教育权利的保障。

第四章的其他规定也体现出了国家对民办学校教师和受教育者权利的充分保障：明确规定民办学校的教师、受教育者与公办学校的教师、受教育者具有同等的法律地位，民办学校教职工在业务培训、职务聘任、教龄和工龄计算、表彰奖励、社会活动等方面依法享有与公办学校教职工同等权利，民办学校的受教育者在升学、就业、社会优待以及参加先进评选等方面享有与同级同类公办学校的受教育者同等权利。

此外，《中华人民共和国民办教育促进法》第三十一条规定："民办学校应当依法保障教职工的工资、福利待遇和其他合法权益，并为教职工缴纳社会保险费。国家鼓励民办学校按照国家规定为教职工办理补充养老保险。"这也体现了国家对民办学校教师权益保障机制的进一步完善。

（4）学校资产与财务管理。第五章针对民办学校的资产与财务管理进行了规定，主要包括以下几个方面：民办学校应建立财务、会计制度和资产管理制度，并设置会计账簿；民办学校能够享有法人财产权的资产类别；对民办学校资产的保护；民办学校的收费项目和标准，民办学校所收费用的用途和对民办学校资产的使用和财务管理的监督。

第三十八条的规定与非营利性和营利性民办学校分类管理相适应，而民办学校收取费用的应用新增"保障教职工待遇"一途，也同时体现了国家对于民办学校教师权益的保障。

> **拓展阅读**
>
> 第三十八条 民办学校收取费用的项目和标准根据办学成本、市场需求等因素确定，向社会公示，并接受有关主管部门的监督。非营利性民办学校收费的具体办法，由省、自治区、直辖市人民政府制定；营利性民办学校的收费标准，实行市场调节，由学校自主决定。民办学校收取的费用应当主要用于教育教学活动、改善办学条件和保障教职工待遇。

（5）管理与监督。第六章包括以下内容：关于教育行政部门及有关部门对民办学校进行工作指导的规定，关于教育行政部门及有关部门对民办学校办学质量进行督导的规定，关于监督民办学校招生简章和广告的规定，关于民办学校受教育者合法权益保护的规定，关于社会中介组织为民办学校提供服务的规定。

民办学校需要被管理与监督，第六章的规定使得这些对民办学校的管理与监督有法可依。不仅如此，我们国家还在不断健全民办学校治理机制。《中华人民共和国民办教育促进法》第四十一条规定："教育行政部门及有关部门依法对民办学校实行督导，建立民办学校信息公示和信用档案制度，促进提高办学质量；组织或者委托社会中介组织评估办学水平和教育质量，并将评估结果向社会公布。"

(6) 扶持与奖励。第七章规定了国家对民办学校的扶持政策，包括关于政府可以对民办学校给予财政支持、政府可以对民办学校采取的扶持措施、民办学校享受税收优惠、鼓励向民办学校进行捐赠、金融机构对民办教育的支持、政府应向承担义务教育的民办学校拨付教育经费、民办学校用地的优惠政策和促进少数民族地区及边远贫困地区民办教育事业发展的规定。另外，按照民办学校的类别落实财政、税收、土地等方面的扶持政策，能更好地适应非营利性和营利性民办学校分类管理的新规定。

(7) 变更与终止。第八章对于民办学校的变更与终止进行了详细规定：民办学校的分立、合并应在进行财务清算后由学校理事会或者董事会报审批机关批准，并规定了审批机关的答复时限；民办学校举办者的变更须由举办者提出，并在进行财务清算后经学校理事会或者董事会同意，报审批机关核准；民办学校名称、层次、类别的变更，由学校理事会或者董事会报审批机关批准，并规定了审批机关的答复时限；民办学校应当终止的情形；民办学校终止后对于学生的安置、财务的清算及财产清偿的顺序，并规定终止的民办学校，由审批机关收回办学许可证和销毁印章，注销登记。

第八章第五十九条规定，"非营利性民办学校清偿上述债务后的剩余财产继续用于其他非营利性学校办学；营利性民办学校清偿上述债务后的剩余财产，依照公司法的有关规定处理"，这与非营利性和营利性民办学校分类管理规定相匹配，同时也能够更好地保护举办者的权益。

拓展阅读

第六十一条　民办学校在教育活动中违反教育法、教师法规定的，依照教育法、教师法的有关规定给予处罚。

第六十二条　民办学校有下列行为之一的，由县级以上人民政府教育行政部门、人力资源社会保障行政部门或者其他有关部门责令限期改正，并予以警告；有违法所得的，退还所收费用后没收违法所得；情节严重的，责令停止招生、吊销办学许可证；构成犯罪的，依法追究刑事责任：

(一) 擅自分立、合并民办学校的；(二) 擅自改变民办学校名称、层次、类别和举办者的；(三) 发布虚假招生简章或者广告，骗取钱财的；(四) 非法颁发或者伪造学历证书、结业证书、培训证书、职业资格证书的；(五) 管理混乱严重影响教育教学，产生恶劣社会影响的；(六) 提交虚假证明文件或者采取其他欺诈手段隐瞒重要事实骗取办学许可证的；(七) 伪造、变造、买卖、出租、出借办学许可证的；(八) 恶意终止办学、抽逃资金或者挪用办学经费的。

第六十四条　违反国家有关规定擅自举办民办学校的，由所在地县级以上地方人民政府教育行政部门或者人力资源社会保障行政部门会同同级公安、民政或者市场监督管理等有关部门责令停止办学、退还所收费用，并对举办者处违法所得一倍以上五倍以下罚款；构成违反治安管理行为的，由公安机关依法给予治安管理处罚；构成犯罪的，依法追究刑事责任。

 想一想

你如何看待"天价"收费的幼儿园？结合《中华人民共和国民办教育促进法》，试分析这类幼儿园该何去何从。

四、《中华人民共和国家庭教育促进法》解读

英国教育家斯宾塞在《什么知识最有价值》一文中提出，教育的目的是"为完满生活做准备"。实现完满生活的科学课程体系包括五个方面，即：准备直接保全自己的教育；准备间接保全自己的教育；准备做父母的教育；准备做公民的教育；准备闲暇生活的教育。

那么，我国家长如何实施家庭教育？在十三届全国人大二次、三次会议上，先后有368名人大代表提出相关议案12件，建议启动家庭教育立法。2021年10月23日，十三届全国人大常委会第三十一次会议表决通过了《中华人民共和国家庭教育促进法》，这是我国首次就家庭教育进行专门立法。

这部法律通过一系列措施，实现家庭教育由以家规、家训、家书为载体的传统模式，向以法治为引领和驱动、以社会主义核心价值观为主要内容、以立德树人为根本任务的新模式迭代升级，将家庭教育由传统"家事"上升为新时代的重要"国事"。法律明确了家庭教育的概念，规定未成年人的父母或者其他监护人负责实施家庭教育。同时规定了家庭教育工作机制、国家支持家庭教育的举措、学校等社会力量对家庭教育的协同任务等。

为呼应减轻义务教育阶段学生作业负担和校外培训负担的"双减"要求，法律规定，县级以上地方人民政府应当加强监督管理，减轻义务教育阶段学生作业负担和校外培训负担，畅通学校家庭沟通渠道，推进学校教育和家庭教育相互配合。未成年人的父母或者其他监护人应当合理安排未成年人学习、休息、娱乐和体育锻炼的时间，避免加重未成年人学习负担，预防未成年人沉迷网络。

第一章"总则"指出："为了发扬中华民族重视家庭教育的优良传统，引导全社

会注重家庭、家教、家风，增进家庭幸福与社会和谐，培养德智体美劳全面发展的社会主义建设者和接班人，制定本法。""总则"第二条指出："本法所称家庭教育，是指父母或者其他监护人为促进未成年人全面健康成长，对其实施的道德品质、身体素质、生活技能、文化修养、行为习惯等方面的培育、引导和影响。"国家和社会为家庭教育提供指导、支持和服务。国家工作人员应当带头树立良好家风，履行家庭教育责任。

"总则"第五条指出，家庭教育应当符合以下要求：

（1）尊重未成年人身心发展规律和个体差异；

（2）尊重未成年人人格尊严，保护未成年人隐私权和个人信息，保障未成年人合法权益；

（3）遵循家庭教育特点，贯彻科学的家庭教育理念和方法；

（4）家庭教育、学校教育、社会教育紧密结合、协调一致；

（5）结合实际情况采取灵活多样的措施。

在第四章"社会协同"中，以下规定与托幼机构密切相关：

第三十九条　中小学校、幼儿园应当将家庭教育指导服务纳入工作计划，作为教师业务培训的内容。

第四十条　中小学校、幼儿园可以采取建立家长学校等方式，针对不同年龄段未成年人的特点，定期组织公益性家庭教育指导服务和实践活动，并及时联系、督促未成年人的父母或者其他监护人参加。

第四十一条　中小学校、幼儿园应当根据家长的需求，邀请有关人员传授家庭教育理念、知识和方法，组织开展家庭教育指导服务和实践活动，促进家庭与学校共同教育。

第四十二条　具备条件的中小学校、幼儿园应当在教育行政部门的指导下，为家庭教育指导服务站点开展公益性家庭教育指导服务活动提供支持。

第四十四条　婴幼儿照护服务机构、早期教育服务机构应当为未成年人的父母或者其他监护人提供科学养育指导等家庭教育指导服务。

这些规定指出了，幼儿园和各类托育机构都应当用多种形式，为婴幼儿家长或监护人提供各种科学养育的家庭教育指导服务。学前教师必须把家庭教育看作自己工作职责的一部分，认真与家庭建立协同指导家庭教育的良好关系。

你觉得幼儿园指导家庭教育还有哪些新的途径与方法？尝试设计一份家庭教育的指导计划书。

第四节

幼儿安全事故的预防与处理

案例6-4-1

骨 折 之 后

李老师带班时,一名叫桃子的小朋友从滑滑梯上摔了下来,手臂骨折了。桃子妈妈和李老师原本是中学同学,之后却再也不联系了。幼儿园的老师常说:别的不怕,就怕孩子在幼儿园出安全事故。

讨论: 如果出了事故,教师是不是必须赔偿?幼儿园安全事故难道不可以预防吗?作为教师,我们如何减少孩子受到意外伤害的风险呢?

安全问题牵动千家万户,也影响着学前教师日常工作的幸福程度。幼儿园安全事故其实是可以科学预防、合法处理的。本节将介绍幼儿园安全事故的防范和处理方法,以使风险降到最小。

一、幼儿安全事故概述

(一)幼儿安全事故的定义

中华人民共和国教育部于 2002 年 9 月 1 日实施的《学生伤害事故处理办法》第二条中明确指出:学生伤害事故是指"在学校实施的教育教学活动或者学校组织的校外活动中,以及在学校负有管理责任的校舍、场地、其他教育教学设施、生活设施内发生的,造成在校学生人身损害后果的事故"。附则第三十八条规定:"幼儿园发生的幼儿伤害事故,应当根据幼儿为完全无行为能力人的特点,参照本办法处理。"

根据幼儿园的教育教学活动特点,我们可以将幼儿的安全事故定义为:幼儿从进入机构到离开机构的时间内所发生的意外伤害事故。如果有校车,则从登上和离开校车的时间算起。它主要指幼儿在学前教育机构内发生的人身伤害,也包括在幼儿园或托育机构组织的外出活动(如外出参观、秋游等)中发生的人身伤害。

案例 6-4-2

跑 步 测 试

某幼儿园在过道上对幼儿进行体育测试。之前是两名幼儿并排跑,最后一次安排了小丽在内的三名幼儿一起进行。小丽在跑步的过程中因拥挤失去平衡而摔倒,被诊断为"右侧桡骨远端骨折"。小丽监护人以幼儿园管理不善导致小丽受伤为由,将幼儿园诉至法院。经过法院主持调解,双方当事人最终通过协商自行和解达成协议,被告幼儿园赔偿了小丽监护人医疗费、护理费、营养费。

分析:这是一起因幼儿在园内受伤引起的人身损害赔偿的案件。园内的安全防范是幼儿园的重点工作,保障幼儿拥有安全的环境是其必须承负的法定义务,这直接关系到在园幼儿的人身安全,是社会关注的焦点。幼儿园应结合幼儿的年龄、智力、生理、性格等特点,从细节入手,做好安全防护工作。教师在安排教学活动时,更应注意安全问题。

案例 6-4-3

一篇实习日记

某实习生在日记中写道:下午自由活动时,丽丽小朋友突然从后面环腰抱住我并向后拉。我重心不稳就要向后倒,考虑到身后的孩子,我强撑着往后退了两步,然后翻身过来,和丽丽一起倒在地上。我两边手肘直接着地,当了丽丽的人肉垫子。班主任发现后面容失色地跑了过来,拉起丽丽,关切地询问有没有哪里疼,仔细地检查有没有哪里受伤……对倒在地上的我不闻不问。她还板着脸对我说:"怎么回事呀,一定要注意小朋友的安全。"

我真的好想解释一下,是孩子害我摔倒的。班主任不分青红皂白地把我批评一通,让我觉得很委屈。

讨论:这是一位学前教育专业实习生在自己的实习手册上的记录。班主任老师先关心小朋友的情况,你觉得老师的做法对吗?如果你在现场,你会怎么和实习生分析这件事情?幼儿园安全事故应该如何防范,怎样处理呢?

(二)幼儿安全事故的基本类型

幼儿安全事故根据发生的场所是否在幼儿园园区范围内,可分为园内安全事故与园外安全事故。

1. 幼儿园内安全事故

幼儿园内安全事故简称幼儿园安全事故，包括因园内环境或设施隐患、食品安全问题、卫生保健问题、活动组织不当、教职工过失和突发事件而导致的安全事故。

2. 幼儿园外安全事故

幼儿园外安全事故包括由幼儿园周边的交通、治安等导致的安全事故。

幼儿安全事故发生的类型多样，常见类型包括：碰伤、擦伤、咬伤、骨折、脑部内伤（如颅内出血等）、脱臼、烫伤、高热惊厥、食物中毒、异物入鼻（耳、食道等）、传染病、高处跌落等。

（三）幼儿安全事故的相关法律责任分析

根据我国《民法典》第二十七条规定，"父母是未成年子女的监护人。"第二十三条规定，"无民事行为能力人、限制民事行为能力人的监护人是其法定代理人。"第三十九条规定，"有下列情形之一的，监护关系终止：（1）被监护人取得或者恢复完全民事行为能力；（2）监护人丧失监护能力；（3）被监护人或者监护人死亡；（4）人民法院认定监护关系终止的其他情形。"幼儿的监护人所承担的责任和义务是基于其身份基础之上的，因此，幼儿在园期间，幼儿家长或监护人的监护责任并不能因将幼儿送到了幼儿园，交给了老师就予以免除。幼儿园与家长间的法律关系是委托与被委托的关系。根据《民法典》第一千一百八十九条的规定，"无民事行为能力人、限制民事行为能力人造成他人损害，监护人将监护职责委托给他人的，监护人应当承担侵权责任；受托人有过错的，承担相应的责任。"这里所说的并不是监护人主体的变更，而应视为监护职责的委托，当幼儿的父母或监护人没有监护能力时，幼儿园也不具备成为幼儿监护人的主体资格。

我国《教育法》《义务教育法》《教师法》《未成年人保护法》《民法典》都对学校的教育、管理和保护职责做了规定。基于教育法律关系，学校与学生之间存在的特殊的教育与被教育、管理与被管理、保护与被保护关系，学校、幼儿园应当建立安全管理制度，对未成年人进行安全教育，完善安保设施，配备安保人员，保障未成年人在校、在园期间的人身和财产安全。学校若因违反该义务而导致学生受到伤害的，应依法承担民事侵权法律责任。《民法典》的第七编是"侵权责任"，这是学前教育机构处理幼儿安全事故的主要法律依据。

《民法典》第一千一百九十九条规定，"无民事行为能力人在幼儿园、学校或者其他教育机构学习、生活期间受到人身损害的，幼儿园、学校或者其他教育机构应当承担侵权责任；但是，能够证明尽到教育、管理职责的，不承担侵权责任。"

《民法典》第一千二百条规定，"限制民事行为能力人在学校或者其他教育机构学习、生活期间受到人身损害，学校或者其他教育机构未尽到教育、管理职责的，应当承担侵权责任。"

《民法典》第一千二百零一条规定，"无民事行为能力人或者限制民事行为能力人在幼儿园、学校或者其他教育机构学习、生活期间，受到幼儿园、学校或者其他教育机构以外的第三人人身损害的，由第三人承担侵权责任；幼儿园、学校或者其他教育机构未尽到管理职责的，承担相应的补充责任。幼儿园、学校或者其他教育机构承担补充责任后，可以向第三人追偿。"

处理幼儿安全事故不能只依据过错责任原则，在特殊情况下，幼儿园还要承担过错推定责任甚至无过错责任。幼儿园的安全事故可依据发生时的情况分为责任事故和非责任事故。前者是指幼儿园及其教职工由于过错，违反教育法律法规及有关规定，未尽教育、管理和保护职责，造成幼儿在园伤害事故，或者伤害他人事故，幼儿园应当承担损害赔偿责任的事故。后者是指虽然幼儿安全事故是在幼儿园期间或者与幼儿园的教育教学活动有关的活动中发生，但不是因为幼儿园的过错，而是由于幼儿、幼儿的监护人及第三人具有过错，应当由他们承担责任的事故。这种非责任事故又分为两种：一是幼儿及其监护人责任事故，二是第三人责任事故。幼儿园责任的免除是指在一定的条件下，即使造成了幼儿安全事故，幼儿园也不承担赔偿责任。幼儿园责任的免除包含两种情况：一是意外事故，二是非幼儿园责任的其他原因。前者是指幼儿园尽到保教责任，但由于自身能力不可预见、不可避免和不可克服的情形，造成了人身伤害结果，幼儿园不承担赔偿责任。后者是指不在幼儿园管理职责范围内所发生的幼儿安全事故，幼儿园不承担责任。

二、幼儿安全事故的科学预防

在日常工作中，幼儿安全事故中的突发事件很难完全避免和控制，但科学的防范可以大幅减少意外事故发生的可能性。教师和管理者过度紧张和毫不在意都是错误的态度。

2006年6月，教育部等联合发布的《中小学幼儿园安全管理办法》将安全制度建设分为校内安全管理制度、日常安全管理、安全教育、校园周边安全管理四部分。我们可以从这些角度进行科学防范，以最大限度地避免幼儿安全事故的发生。

（一）学习相关法律法规，增强教职工的法律意识

教师不仅应不断提升自身的专业素养，同时也应加强对《学前教育法》《民法典》《义务教育法》《教师法》《未成年人保护法》《学生伤害事故处理办法》等相关法律法规的学习，培养自身的守法意识，增强法治观念，真正做到依法执教。教师需要熟悉和掌握有关教育的法律法规，形成较强的教育法律意识。一方面保证自身教育教学行为合规合法，另一方面也能保障自身的合法权益。教师要形成一定的教育法规实践操作能力，运用法律武器及其他方式加强对自身的保护，同侵害教师自身合法权益的行为做斗争。

同样作为教育法律关系主体之一的家长，也是幼儿园教育的重要合作伙伴。幼儿园要帮助家长了解相关的法律知识、增强法律意识，以幼儿园教育的合作者、支持者的身份参与到孩子的教育中来，实现家庭、幼儿园一致教育，更好地促进幼儿健康发展。幼儿园可以通过家长会、家长学校等方式向家长宣讲《未成年人保护法》《教育法》《学生伤害事故处理办法》等，帮助家长了解自己的权利和义务，提高家长对有关法律法规的认

识和理解，使家长在面对幼儿在园伤害问题时更为理性，以合法、合规、合适的手段保护幼儿的合法权益，减少幼儿园、教师、家庭因幼儿在园伤害问题而产生的矛盾与隔阂。

（二）完善安全制度建设，落实机构各项安全管理规定

细　心　人

胡老师是幼儿园里公认的细心人，她有一个好习惯——每次带孩子进行户外活动时，总会先仔细检查一遍场地，确定是否存在安全隐患。正是这份细心，让她第一时间发现了松动的滑梯围栏，并报告给后勤人员修补，避免孩子跌落事故的发生。在年度考核中，她也因多次发现安全隐患并及时上报而增加了考评分数。园内领导认为，胡老师对安全隐患排查的用心体现出了她对幼儿深深的关心。

你能在我们周围的环境中找到哪些潜藏的对幼儿有安全风险的地方吗？

幼儿园可以根据行政、保教、后勤等各项工作，制定与之相关的安全工作制度，形成完善、有效的安全工作体系，以确保日常工作有章可循。制度的建立应本着全面、规范、细致的原则，符合幼儿园的工作实际。幼儿园的安全规章制度包括以下内容：传染病的防控及相关应急管理制度、幼儿入园体检制度、预防接种查验制度、幼儿接送制度、晨检午检制度、交接班制度、卫生保健与消毒制度、安全教育制度、户外活动制度、食堂管理制度、食品验收制度、物品管理制度、安全责任制度、设施安全排查制度等。

教师要善于观察周边环境，积极防范，及时发现安全隐患并立即改正，防微杜渐。不安全的户外设备和无组织的户外常规很可能会导致幼儿安全事故的发生，因此，教师要经常检查户外的锻炼器械，以免因为栏杆松动或钉子突起等问题引发安全事故。许多幼儿园的生活活动组织不当也蕴含着安全事故的风险，包括幼儿进餐、喝水及吃点心，洗手、如厕，午睡等活动。有经验的教师会将桌子、柜子、消防箱等物体上尖锐的棱角用防撞条包起来，将每一扇门的门缝用PVC软垫垫住，在班级投放各类圆角、轻软、安全的材料和玩具，或第一时间拖干盥洗室内的地面，确保全体幼儿在教师的视线范围之内等，这些措施可以最大限度地预防幼儿安全事故的发生。

此外，教师也要严格遵守幼儿园的食品与保健规定。食品（如水果、点心、三餐等）中的安全隐患，如食材有问题或处理环节不规范等，容易导致幼儿食物过敏、中毒，异物卡喉等安全事故。因此，不建议让幼儿带零食入园分享，以防引发食品安全

问题。

（三）加强教师预防及处理意外伤害的卫生培训

在幼儿园工作中，教师始终承担着保障幼儿安全的主要责任。教师自身首先要树立安全意识，将安全教育贯穿于幼儿一日活动的始终，帮助幼儿学习自我保护的方法，有效预防伤害事故的发生。幼儿园要做好教职员工的安全培训工作，使之常态化；结合日常工作所需及突发事件、案例进行有关安全常识、急救知识、安全制度、灾害演习等培训，不断强化教职员工的安全责任意识，增强对伤害事故的观察防范能力和预见能力，提升每名教师应对、处理伤害事故的实践操作能力。

（四）积极开展幼儿和家长安全教育

幼儿具有独特的年龄特点：一方面，他们活泼爱动，总想跑一跑、跳一跳，但身体灵敏性及协调性的不足又使他们控制、调节自己行为的能力比较弱；另一方面，他们对什么事都感到好奇，缺乏足够的生活常识和经验，对周围环境中潜在的不安全因素缺乏判断，不知道自己行为可能产生的后果。这些也是幼儿安全事故发生频率较高的原因之一。有经验的教师会事先预测容易发生意外的地方，分析引发意外的原因，并对幼儿开展安全教育，提前预防、及时处理，以减少事故的发生。

案例 6-4-5

不许跑步

小林是一名新入职的幼儿园老师。她在操场上带着幼儿自由活动，鼓励幼儿尽情奔跑。不一会儿，幼儿便乱成一锅粥，像小鸟出笼一样到处乱窜。同班的刘老师跑过来大声喊："停下来，不能跑！"并且埋怨小林："你胆子真大，就不怕孩子乱跑摔跤吗？要想不出事，就要少惹事。"然后对孩子们说："以后你们不许跑步！"

讨论： 对于刘老师和小林的做法，你怎么看？为了不让幼儿摔跤就禁止奔跑，这样的做法对吗？

分析： 事实上，活泼好动的幼儿如果长期得不到足够的运动，哪怕待在教室里也可能摔倒受伤，走到洗手间也可能被同伴碰倒。科学的做法是，积极开展安全教育，组织幼儿在户外有序地奔跑，如大家沿着一个方向在跑道上慢跑，彼此之间保持一定距离，避免互相挤撞等。

有研究发现，近三分之一的幼儿园伤害事故来源于同伴伤害，如同伴攻击、抓伤或推倒其他幼儿等。在游戏活动中，幼儿可能会因为争夺材料、使用工具的方法不当等而误伤、撞伤他人。此外，小中班幼儿的同伴伤害发生率远远高于大班幼儿，因为幼儿从家庭来到幼儿园，还没有学会如何在集体生活中与同伴友好交往。这时，教师必须积极

开展社会学习活动，引导幼儿提高人际交往能力，避免同伴伤害。

幼儿园必须积极开展各级各类的安全教育，让幼儿具备保护自己、不伤害他人的知识和能力。同时，也要指导家长如何引导孩子正确地和同伴交往。因此，积极对幼儿和家长开展安全教育，可以有效防范同伴伤害，增强幼儿的自我保护能力。

三、幼儿安全事故的处理

（一）组建幼儿园事故处理小组，全程跟进事故处理过程

一旦出现安全事故，教师应该立刻向幼儿园领导、保健医生和家长汇报。在发生重大安全事故时，幼儿园应该组建事故处理小组，成员包括：当班教师、幼儿所在班级班主任、保健医生、幼儿园行政领导。

幼儿在园一旦发生安全事故，教师应一边实施急救，一边通知保健医生和园长。保健医生可结合专业知识和经验对事故进行预判，依据事故严重情况分为小事故、中事故、大事故，并依据级别启动相应的事故应急预案。对于中、大事故，当班教师、班主任及幼儿园行政领导应及时通知幼儿家长，双方协调就近就医；随后到受伤幼儿家中进行家访，了解幼儿的伤情或病情的近况，陪同换药等；幼儿园应提供适当资源予以帮助，对幼儿表现出最大诚意的关心，增进家园间的理解，为事故的后续协商解决打下良好的基础。对于小事故，教师可在保健医生的指导下酌情处理，并及时与家长沟通孩子的情况。幼儿园意外伤害事故应急流程如图6-4-1所示。

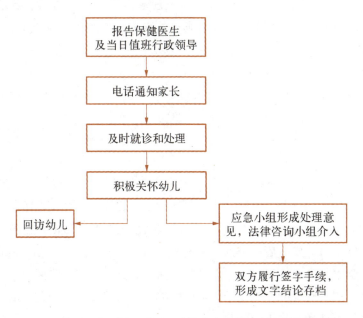

▲ 图6-4-1 幼儿园意外伤害事故应急流程图

同时，幼儿园也应做好相关的取证工作，用事实说话，保障幼儿、教师的合法权益不受侵犯。对事故的发生应该及时检讨，客观分析事故的发生原因、责任，研究并落实

处理意见、改进方法。吸取事故经验教训，加强对教师及幼儿的相关安全教育。对影响较大的事故应拟定并公布整改方案，消除幼儿、家长、教师及社会对幼儿园的疑虑。

（二）及时处理各类外伤，掌握常见的意外伤害急救措施

教师需要掌握一些常见意外伤害的急救措施，以减轻事故对幼儿造成的伤害，甚至挽救幼儿的生命。

常见意外伤害的急救措施

1. 气道异物梗阻

当食物、玩具或呕吐物引发气管不完全性阻塞时，幼儿会发生强烈的刺激性咳嗽，神志可保持清醒，咳嗽的间隙出现喘息（此时应鼓励幼儿大声自主地咳嗽和用力呼吸）。当气道发生完全性阻塞时，幼儿不能说话、不能呼吸、不能咳嗽，会用拇指和食指抓压颈部，面色、口唇青紫，无法哭出声，甚至意识丧失。急救方法：可采用海姆立克急救法、类似的腹部冲击法；或采取俯卧位，让幼儿面部朝下，骑跨在成人的腿上，使头颈部略低于躯干，成人扶住幼儿，用手掌根部在幼儿双肩之间拍击背部5次。

2. 烧烫伤

当发生烧烫伤时，应立即用冷水冲洗或浸泡伤处10—30分钟，然后剪开并脱去衣服。轻轻擦干伤处，用干净的纱布遮盖保护，让幼儿呈仰卧位，及时送医处理。

3. 流鼻血

流鼻血是幼儿常见的出血类型，此时应立即用冰敷或用冷毛巾凉敷，并用手指压迫鼻梁上方。

（三）各类信息、动态依法公开，重视舆情处理，沟通态度诚恳积极

危机处理是幼儿园公共关系活动中日益被重视的管理思想和生存策略。幼儿园应该建立完备的危机紧急处理系统，懂得有效传播和收集信息，降低事故所造成的负面影响。例如，在安全事故发生后，个别园所出于对幼儿园名誉的考虑以及怕其他家长对幼儿园的教育教学水平产生怀疑，会采取遮掩或回避的方法，但一味回避会增加不实信息的传播速度及范围，有可能会引发新的负面舆情。这不仅会损害幼儿园的声誉，而且会给当事人带来不可估量的伤害。因此，事故发生后，园方应在保护幼儿及涉事教师合法权益的前提下，说明事实真相、调查进度、幼儿园的处理态度及处理进程等，争取获得师生、家长、社会及媒体的理解与合作。

由于信息时代的传播特点，公共管理学已将舆情危机应对作为管理者培训的重要内

容。舆情处理是指对于网络事件引发的舆论危机，通过利用一些舆情监测手段，分析舆情发展态势，加强与网络的沟通，以面对面的方式和媒体的语言风格，确保新闻和信息的权威性和一致性，最大限度地压制虚假信息，变被动为主动，确保更准、更快、更好地引导舆情的一种危机处理方法。

幼儿园安全事故的舆情处理流程包括：及时报告—及时应对—措施到位—有效沟通—积极善后。教师要及时向园长和家长报告，并采取力所能及的应对措施进行急救，及时带幼儿就医或报警。教师要冷静、客观地将事故经过告知家长，体谅家长的心情，本着关心幼儿、保护幼儿的态度积极善后，取得家长的谅解。

本章小结

本章第一节是教育法律法规概述。教育法律法规是所有对人们的教育行为具有法律约束力的规范性文件（包括法律、条例、规则、规章等）的总称，拥有协调教育内外关系、促进和保障教育事业健康发展、保障公民受教育的权利和义务三大社会职能。

本章第二节介绍了即将颁布的《中华人民共和国学前教育法》，这是我国学前教育第一部专门法，该法坚持平等、多义务主体、政府核心责任、积极保护、特别照顾等原则。

本章第三节介绍了我国学前教育其他相关的法律法规，包括《中华人民共和国教育法》《中华人民共和国教师法》《中华人民共和国民办教育促进法》《中华人民共和国家庭教育促进法》。

本章第四节介绍了幼儿安全事故的预防与处理。幼儿安全事故由《学生伤害事故处理办法》及《中华人民共和国民法典》第七编作为主要法律依据，幼儿安全事故可以科学预防，如发生事故需要及时、正确地应对。

思考与练习

1. 填空题

（1）根据《学生伤害事故处理办法》，_____事故是指"在学校实施的教育教学活动或者学校组织的校外活动中，以及在学校负有管理责任的校舍、场地、其他教育教学设施、生活设施内发生的，造成在校学生人身损害后果的事故。"

（2）《中华人民共和国学前教育法草案》指出，在坚持公平对待所有儿童的基础上，坚持_____原则，对处境不利和有特别需要的儿童，给予特别照顾，满足他们基本的学习和发展条件，维护他们的基本受教育权利。

2. 简答题

（1）我国教育法律法规的横向体系和纵向体系分别是什么？

（2）教育法律责任有哪些类型？如何理解不同的责任类型？

3. 论述题

《中华人民共和国学前教育法草案》明确要求幼儿园不能提前教授小学内容，关于幼儿园"去小学化"，你有何看法？

4. 材料分析题

（1）董某为某机关企事业单位办园性质的幼儿园在编教师，在她怀孕期间，利用上班时间去医院进行产检，幼儿园以事假计算，并扣了她当月的绩效、年终考核及年终奖励绩效。

试结合《中华人民共和国教师法》及其他相关法律法规对该幼儿园的行为进行分析。

（2）赵老师让实习生看管幼儿，自己出去打个电话。由于实习生缺乏经验，班级秩序混乱，造成一名幼儿额头磕伤。在孩子后续的送医、缝针、护理等环节中，赵老师作为主班教师必须到场，还要接受来自家长的抱怨及相应的处罚。她觉得出事时自己不在现场，处罚很不公平。

试运用本章所学内容，对该起安全事故的发生、处理进行分析，并说一说幼儿安全事故的预防策略。

第七章 学前教育政策与法规的研究和展望

学习目标

1. 初步了解学前教育政策与法规的研究方法。
2. 初步了解国际学前教育政策与法规的发展趋势。
3. 反思国家对学前教育事业的宏观规划及政策变革的趋势。

学习准备

（1）预习本章内容，思考"想一想"中的问题。
（2）观看微课，学习本章重难点。

▶ 微课
学前教育政策与法规的研究和展望

本章导览

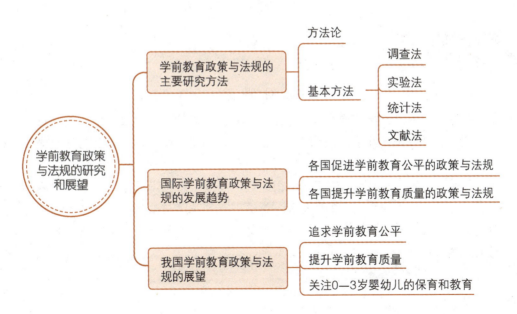

> **案例导入**

几名学前教育专业的学生想设计一个关于学前教育政策研究的小课题,了解家乡的学前教育公平问题。他们设计了调查问卷和访谈提纲,还计划对当地的幼教管理部门进行一次实地探访。另一位同学小李对此很不理解。小李说,政策都是领导决定的,我们不是政策的制定者,研究政策有什么用呢?

讨论:你怎么看待这几位同学的研究?又怎么看待小李的观点呢?

站在"两个一百年"奋斗目标的历史交汇点上,在我国教育总体水平迈入世界中上行列、学前教育毛入园率超过中高收入国家平均水平之际,回望过去、展望未来,中国学前教育事业的前路如何走好?首先,中国学前教育政策要科学研究,掌握先进的政策研究方法;其次应秉承国际视野,吸纳国际先进政策经验;最后要落实本土研究,关注中国学前教育政策的变革趋势。

第一节 学前教育政策与法规的主要研究方法

> **案例 7-1-1**
>
> **如何研究**
>
> 孙同学对我国的学前教育政策产生了兴趣,在查阅了文献资料后,她准备写一篇关于某地区留守儿童入园现状的毕业论文,你觉得她可以用什么方法收集数据,用什么方法进行研究呢?
>
> **讨论**:政策、法规看上去离我们很遥远,但其实每位学前教师都是政策的执行者,也可以成为政策制定的参与者。掌握一定的政策与法规研究方法可以帮助我们更好地反思政策的执行过程,并在参与政策制定时能更准确、理性地表达自己的想法和意见。

一、方法论

1951 年,政策研究的奠基者——芝加哥社会学学派的政治社会学家哈罗德·拉斯维尔（Harold Lasswell）率先提出"政策科学"这一术语①。经过半个世纪的发展，政策研究逐渐成为一门独立的学科，教育政策研究是其中的一个应用领域。此外，他在《决策过程》一书中最早提出了政策决策过程的7阶段模型。这一模型将政策决策分为了相对独立的7个阶段，减少了公共政策研究的复杂性，后人将这种"化繁为简"的特性称之为"教科书式的政策过程"，这也为后来的政策研究开辟了一条道路。

学前政策研究是对学前政策、法规的本质、特点、作用，以及政策的产生、发展、制定和实施规律的分析。学前政策研究的目的是揭示政策法规制定和实施过程中固有的规律，提高政策的合理性和效益性。

在不同的社会理论流派的影响下，教育政策研究有不同的理论范式与特征，体现出了不同的方法论与价值观。在教育政策研究方面，受当前西方公共政策研究的影响，教育政策研究可归纳为教育政策分析和教育政策研究、实证主义和后实证主义方法论、科学合理性与社会合理性、政策循环模型与替代性政策解释模型之间的争论。

一般认为，教育政策分析是为教育政策而进行的研究（Study for Educational Policy），有较强的目的性。教育政策分析是产生于教育政策过程中的知识，主要体现了"技术—经验"导向，一般包括教育政策制定的信息、过程倡议、教育政策倡议、教育政策评估等。教育政策研究则是对教育政策的研究（Study of Educational Policy），提出构建关于教育政策和政策过程的知识，一般包括教育政策内容研究、教育政策过程研究、教育政策输出研究和教育政策评估②。

因此，教育政策分析是一种"顾客导向"或"目标导向"的研究，核心是"如何使政府决策和行动更为合理、有效"这一现实问题，具有强烈的应用性和综合性。教育政策研究则是研究导向型的，其目标主要是推动教育、政策和管理领域的学术研究，因而是一种描述性、解释性研究。

方法论是认识论的核心。作为社会科学领域的一门分支，学前教育政策研究的方法论既受到自然科学研究的影响，也受到人文社会科学的影响。今天，学前教育政策研究的方法论大致可以分为两类：一是技术与科学导向的实证主义方法论；二是实践与解释导向的非实证主义方法论。

在实证主义者看来，学前教育政策的研究对象与自然科学的研究对象一样，都是客观存在的。社会现象看似复杂多变、难以捉摸，但其背后存在着一定的因果规律；有规律，就可以被感知、被概括，也可以用自然科学的方法来开展研究与调查。学前教育政策研究的任务在于说明学前教育政策应当是什么，而不是可能或必须是什么。

如果说，实证主义者强调研究者和研究对象之间的独立性，那么后实证主义者则是通过认识偏见的可能影响来追求客观性，即在一定程度上承认并接受研究者的理论、背景、知识和价值观可以影响观察到的东西。后实证主义者认为，定量和定性方法都是有效的方法，主张用定性的方法对个体行为进行研究。从认识论的角度看，后实证主义认为认识者与认识对象可融为一体，并使认识过程成为一种创造过程。从方法论的角度

---

① 曾荣光. 教育政策研究：议论批判的视域 [J]. 北京大学教育评论，2007，5（4）：2—30，184.
② 米切尔·黑尧. 现代国家的政策过程 [M]. 赵成根，译. 北京：中国青年出版社，2004：3.

看，后实证主义坚持解释型方法论，通过不断的复述、分析、批判、判断、再复述、再分析等循环以建构共识。

以后实证主义为基础的教育政策研究或许能够体现一个更加复杂、更加真实的世界。因为这种研究方法论不仅要考虑政策研究所处的经济、社会、文化和历史环境，而且要考虑偶然因素的影响，因而是一种基于现实的"有限理性研究"。同时，以后实证主义为基础的教育政策研究不再局限于狭窄的经验分析，而是转向丰富多彩的教育政策实践活动。知识不再是数据和定量的分析，而是人们分享、理解与接受的信念。

迄今为止，并不存在一个标准化或压倒性的政策研究方法和方法论。结合实证主义与非实证主义的各种人文社会科学研究方法，如现象学、人类学、解释学等，学前教育政策研究逐渐开始形成属于自己的基本方法。

二、基本方法

方法是用以研究一门学科的杠杆和桥梁。中国学前教育政策研究是一个正在发展中的学科，研究的方法与方法论还有待完善。目前常用的学前教育政策研究方法主要包括：调查法、实验法、统计法与文献法。

（一）调查法

案例 7-1-2

学前教育机构管理政策实施中的问题调查

某课题组针对学前教育机构管理政策实施中的具体问题，开展了"学前教育机构管理政策实施中的问题调查"。课题组在上海地区发放了 300 份调查问卷，回收有效问卷 285 份。其中，公办幼儿园的园长 138 人，民办幼儿园的园长 147 人；市级示范幼儿园园长 28 人，一级幼儿园园长 101 人，二级幼儿园园长 99 人，（民办）三级及以下幼儿园园长 57 人。课题组还对其中 30 位园长进行了深度访谈。研究结果包括：

（1）政策文本熟悉程度调查。只有 21% 的园长非常熟悉国家和地方有关幼儿园管理的主要政策文件；31.1% 的园长认为自己对国家和地方有关幼儿园管理的主要政策文件比较熟悉；47.9% 的园长对国家和地方有关幼儿园管理的主要政策文件的熟悉程度偏低。

（2）对政策文件的反馈与建议。当问及对当前各类政策文件的看法时，园长普遍认为《3—6 岁儿童学习与发展指南》对幼儿园的日常教学工作影响比较大，但理解与运用之间有差距。大部分园长没有参与 2013 年《幼儿园工作规程（修订稿）》（征求意见稿）的意见反馈。不参加反馈的主要原因是"不知道这件事"。

（3）对质量监管政策制定的建议。68%的园长认为，当前我国学前教育机构管理政策制定的难点是质量监管问题，如对幼儿如何开展各类评估、对课程质量与教师如何评估与管理等。访谈中，多数园长认为现有的评估制度给教师带来了不少压力和负担，如文字负担和环境布置过多。[①]

分析： 上述案例是以调查法为研究方法进行的研究。从调查结果可以看出，我国学前教育政策制定与实施的过程还存在许多问题，如缺乏政策制定前的调研与实验，政策颁布后地方政府和各学前教育机构缺乏深入宣传、培训与推广机制，导致幼儿园教师等对政策文本不熟悉；质量评估也缺乏有效的监测与评估工具。

讨论： 你关注的政策问题适合用调查法来研究吗？举个例子讨论一下。

在学习或生活中，我们或多或少都接触过"调查"，也许是填写问卷，也许是接受访谈。学前教育政策调查法是指有目的、有计划、有步骤地对与政策实践现象和学前教育总体情况进行考察，搜集、整理、分析有关资料，并对其做出解释的一系列手段和程序的总称。调查法有助于政策制定者与学者了解当前学前教育政策体系与实践领域存在的主要问题，从而为政策制定与改进奠定基础。

调查法是学前教育政策研究的基本方法。政策研究中的调查法最初受到社会学研究的影响。一些社会学研究者认为调查法有四种基本方式，即普遍调查、抽样调查、典型调查、个案调查。根据政策研究中调查法所调查样本的不同范围，可以分为普遍调查、抽样调查、典型调查和重点调查。根据政策调查法的研究程度，可以分为探索性调查、描述性调查、解释性调查。

学前教育政策研究中常用的调查技术还包括问卷设计、随机抽样、访谈技术等。与问卷调查方法的运用相对应的是实地研究方法，即通过深入访谈、参与式观察、座谈会、个案研究等方式，以现有资料分析为代表，具有定性特征的传统调查方法。根据研究目的编制好问卷，再发放问卷、回收问卷，整理分析数据，就可以得到研究需要的信息和结论。

> **想一想**
>
> 这是一份为了解学前教育相关人员对学前教育免费政策内容的认知程度与态度制定的问卷。（问卷采用匿名形式）
> Q1：您的性别是_____？（1—4题是基本信息）
> Q2：您的年龄是_____？
> Q3：您所在的地区是_____省_____市。

---

① 钱雨.公平·质量·反思——全球化视野下的学前教育政策研究［M］.南京：南京师范大学出版社，2015：288—289.

Q4：您的学历是_____。
Q5：您对学前教育免费的态度是？
　　☐非常支持
　　☐比较支持
　　☐不太支持
　　☐不支持
请同学们阅读前面5题，并试着编出接下来的5题。

_____
_____
_____
_____
_____

（二）实验法

实验法起源于19世纪80年代的心理学实验研究方法，自20世纪20年代开始被学者用于关注社会领域的变革及公共政策的评估。学前教育政策实验法是在已有政策理论或假设的引导下，按照实验设计的模型，有目的地设置某些学前教育领域中的条件和变量，直接观察、记录、分析这一研究对象前后变化的系列手段、技术和程序。20世纪90年代中期以来，随着政府部门对"科学实证主义"的关注和对实验法的赞赏，教育政策采用实验法的研究逐步增多。1999年5月，美国科学与艺术协会在哈佛大学召开会议，提出将随机实验研究方法作为评估教育变革和教育政策的重要手段。

实验方法区别于非实验方法的关键在于对实验参与主体及实验干预的随机分配。随机分配确保政策研究者能够有效地预测政策内容与实验结果之间的因果关系，而因果关系在非实验研究中则不容易确立。因此，政策实验法有简化和纯化学前教育领域复杂现象的作用，可以在政策制定之前预测政策的可行性，或在政策实施之后用于评估和分析该项政策的实际效果。

由于学前教育政策实验的对象包括幼儿、教师、家长等主体，在控制实验条件时，应当以不损害实验对象的身心健康为原则，且主要采用自然实验法，即在自然、正常的教育、教学活动中开展实验。

政策实验法的周期一般比较长，需要一年、数年甚至数十年的追踪研究，以获得更加真实、可靠的结果。进行实验法时，研究的具体技术包括研究组织技术、社会测量技术、资料收集技术、资料整理技术、资料分析技术。

学前教育政策实验法的具体程序包括以下几项：

（1）提出学前教育政策的主要问题和基本假设。

（2）设计实验方案，确定本次实验的目标、对象、方法、时间与分工。
（3）实施实验方案，选择被试，进行分组。
（4）处理各种变量，保证实验的真实性。
（5）收集实验数据，建立实验档案。
（6）分析实验结果，撰写学前教育政策研究报告。

学前教育政策实验法有助于开展现有政策的科学评估与效果分析，通过实验能及时发现与把握现有政策制定与实施中可能出现的主要问题。它的优势在于允许政策研究者或制定者评估环境变化及未曾实施过的政策变量的影响及效应，有助于政府在实施一项新的政策之前对该政策进行试点实验研究，从而为政策的推广和普及提供科学的证据支撑。例如，尽管佩里学前教育实验项目的计算并不足够精确，样本数量太少，但该实验项目仍然在相当程度上证明了学前教育的价值，提高了社会各界人士对学前教育重要性的认识。许多政策分析和制定者对佩里学前教育实验项目，尤其是对它的经济效益分析很感兴趣，在讨论学前教育及有关法律时，一再引用该实验项目的结论和数据。

相对于非实验研究方法，实验研究可以给政策制定者提供宽广的政策实验空间，考察不同政策选择或环境变化的影响。对于学前教育政策制定者和社会民众来说，实验研究结果的简洁、科学也是其主要优势。

拓展阅读

教育精准扶贫中随机干预实验的中国实践与经验

20世纪中后期以来，教育研究与经济学、医学、心理学、计算机科学等学科的交叉与融合不断加深，随机干预实验作为跨学科研究方法的典型，已逐步成为国际上制定政策的关键环节，尤其是在教育和社会政策研究领域。2003年起，反贫困行动实验室和贫困行动创新组织已在全球44个国家开展了近300项教育领域的随机干预实验评估研究，实证研究结果也被广泛应用于南亚、非洲和拉丁美洲等地区的发展中国家政府的教育决策中。

（三）统计法

案例7-1-3

地方政府学前教育成本分担的影响因素

有研究利用2003—2013年的省级数据，建立了地方政府学前教育成本分担的影响因素计量模型，并以2010年为时间节点对学前教育财政体制改革前后的地方政府学前教育成本分担的影响因素进行回归分析,以此对 2010 年以来学前教育财政体制改革的政策效果进行评估分析。

分析结果验证了改革前地方政府学前教育财政投入对公办园的"倾斜性",而且对学前教育成本的分担水平明显受制于地方政府的财政支出能力。而改革之后,大量来自上级政府的转移支付资金使地方政府的成本分担较少受到地区财政能力的限制。研究表明,地方政府学前教育的成本分担水平主要受学前教育财政努力程度和人口结构等因素的影响。总体来看,学前教育财政体制改革初见成效,同时也存在一些亟待完善和解决的问题。

分析: 采用统计法进行政策研究,即对收集到的数据进行数学统计分析,这样的结果客观清晰、可信度高。

讨论: 你觉得统计法有缺点吗?

学前教育政策统计法是运用专业的统计工具,对通过调查法和实验法得来的数据进行定量分析的方法和技术。统计学之父凯特勒(Quetelet)把统计方法从自然科学领域推广到社会科学领域,为社会统计学的建立奠定了基础。政策研究中的统计分为描述性统计和推论统计两大类,其过程一般包括统计调查、统计整理、统计分析三个基本环节。

案例 7-1-4

全国各级各类学校统计数据

据统计,2020 年全国共有各级各类学校 53.71 万所,各级各类学历教育在校生 2.89 亿人(比上年增加 674.48 万人,增长 2.39%),专任教师 1 792.97 万人(比上年增加 60.94 万人,增长 3.52%)。全国共有幼儿园 29.17 万所(比上年增加 1.05 万所,增长 3.75%),全国在园幼儿 4 818.26 万人,学前教育毛入园率达到 85.2%。

统计法与实验法都受到逻辑实证主义的影响,重视数学和逻辑学在科学知识中的作用,力图把数理逻辑的方法引入哲学和社会科学研究领域。这种方法运用一整套特殊的表意符号并规定了严格的逻辑。

20 世纪末,随着自然科学、工程技术学以及数学和统计学等学科的分析研究方法和手段的发展,我国有部分从事工程技术研究的学者用统计学等学科的分析方法,来研究政府的大型社会方案和工程的科学性、可行性和优化等,形成了一系列以统计学为核心的政策分析成果。

学前教育研究中的统计法既可以简化资料、方便描述，又可以检验样本调查的结论，这也是实证主义方法论在政策研究中的主要应用领域。学前教育政策统计法有助于开展现有政策的实施评估、背景与效果分析，通过数据提炼及时发现和把握现有政策在制定与实施过程中出现的主要问题。当前，学前教育政策研究中的统计法主要来自自然科学、工程学、数学等学科，还没有形成自己的体系，总体依然落后。总之，政策研究人员的数理分析能力有待提高。

> **拓展阅读**
>
> **学前教育倾斜政策的成效研究**
> ——基于2010—2018年中国教育统计数据
>
> 自2010年特别是党的十八大以来，我国学前教育政策明显向中西部农村地区、贫困地区倾斜。依托国家出台的学前教育政策文本，我们可通过分解与梳理"重点发展农村学前教育"这一宏观政策目标，基于2010—2018年中国教育统计年鉴数据，对政策文件中提出的正式目标的完成情况进行监测和衡量，并结合我国城区、镇区及乡村的学前教育发展水平的对比来评估政策达成的成效。

（四）文献法

文献法的全称是文献研究法，顾名思义就是指对政策文献进行梳理、比较和分析，以把握政策研究文本的价值理念、社会背景和优缺点的方法。学前教育政策文献法常见于政策历史研究、理论研究与政策比较研究。该方法有利于通过借鉴国外学前教育政策分析的先进理论和经验，探讨本国学前教育政策研究与变革的规律及发展趋势。

在国内学者刚刚接触政策科学这一新学科时，研究重点在于政策文献的学习与引入。例如，对公共政策研究与分析的基本概念、原则、理论和方法等方面的系统介绍，其体系主要借鉴美国及我国台湾与香港地区的某些研究成果，并力求与本地实际情况相结合。20世纪80年代后期，大量美国的公共政策学的专著和教材被译成中文。在这个阶段，教育政策研究尚不深入，关注公共政策研究的学者也来自不同学术领域，研究方法和视角大都取自各自的原有学科，其中政治学研究方法占多数。

在学前教育政策研究中，我们需要通过科学、严密的学前教育政策研究方法，为国家制定相关教育政策、进行教育改革提供理论依据，指导学前教育实践，提高学前教育教学的科学水平。

现在，学前教育政策研究所使用的方法越来越广泛。除了传统的调查法、实验法、统计法、文献法之外，研究者还可以采用社区研究、焦点小组访问、内容分析、社会网分析、田野考察等方法，并结合批判、阐释与议论的后实证主义政策研究方法。事实上，学前教育政策的适宜性与回应性都更多地来自教师、家长和学前教育实践的反馈，需要通过学前教育实践的检验。因此，运用现场观察、访谈或深度个案分析、田野考察等研究方法有助于寻找这一问题的答案。

（1）除了本书中提到的研究案例，你还知道我国有哪些与学前教育相关的统计数据？

（2）和你的同学组成小组，一起尝试进行一项有关政策法规问题的研究设计。

第二节

国际学前教育政策与法规的发展趋势

政策研究必须秉承"全球视野，本土行动"的精神。国际学前教育政策与法规的发展经历了哪些主要阶段？当前国际政策与法规的发展趋势是怎样的？这些经验为我国政策研究者带来了哪些启示？在全球化背景下，研究各国学前教育政策的实质是多元教育理念与实践的交流、碰撞、重构和融合，包括教育观、价值观、思维方式的交融、变通与创新。本节将介绍有代表性的几个国家的学前教育政策与法规的发展现状和变革趋势。

学前教育相关术语

国际社会上与学前教育相关的术语有：早期教育（Early Childhood Education，ECE）、学前教育（Preschool Education）、早期发展（Early Childhood Development，ECD）、早期养护（Early Childhood Care，ECC）等，意义大体接近，多指0—6岁（部分国家是0—8岁）的幼儿教育。经济合作与发展组织在报告中指出，学前教育是终身教育的第一笔投资。学前教育不仅能促进幼儿认知、社会和情感技能的发展，也能提高他们以后的学业成就，为终身学习和职业成就创造条件。此外，优质的学前教育有助于降低学生之间不平等的程度，减少社会经济差异在教育中的影响。基于研究成果，各国政府不仅将儿童视为家庭成员，更将其看作国家的财富，通过积极投入资金来帮助儿童奠定终身学习的良好基础。

一、各国促进学前教育公平的政策与法规

世界各国针对学前教育公平问题所开展的大规模国家行动计划主要包括美国的"开端计划"、英国的"确保开端计划"、日本的"幼儿教育振兴计划"、印度的"儿童发展整合服务"、韩国的"学前公共教育行动"、南非的"国家早期教育领航项目"、秘鲁的"Wawa Wasi 项目"、巴西的"普及学前教育运动"、法国的"ZEP 计划"、爱尔兰的"早期开端"和"旅行者学前学校"、澳大利亚的"多功能土著儿童服务"、波兰的"儿童社区中心"、墨西哥的"普及学前教育运动"以及我国的"中西部农村学前教育推进项目"等。下面将对其中的几项做具体介绍。

（一）美国的"开端计划"

案例 7-2-1

美国立法中的小故事[①]

1971 年的美国距离全面普及学前教育只有一步之遥。当时美国国会在两党投票的基础上通过了《儿童全面发展提案（Comprehensive Child Development Act）》。提案由明尼苏达州参议员沃尔特·蒙代尔（Walter Mondale）和印第安纳州众议员约翰·布拉德莫斯（John Brademas）共同发起，提议建立一个由国家资助、地方管理的学前教育服务网络，向所有幼儿提供高质量的教育、营养和医疗服务。这项提案获得了国会批准，却被时任总统尼克松（Nixon）否决。作为南方保守主义者的代言人和民权运动的促进者，尼克松宣布《儿童全面发展提案》是"向黑暗迈出的一大步"。如此极端地否认政府在学前教育发展中的作用，蒙代尔后来写道："即使对尼克松来说，这也是令人惊讶的。"他谴责总统的否决是"我在 15 年的公共生活中遇到的最不负责任的声明之一"。这项提案的否决导致美国的入园率远远落后于经济合作与发展组织中的其他成员国。

讨论： 如果美国在 1971 年通过了这一提案，会给美国学前教育事业发展带来哪些变化？试着从入园率、师资水平、财政投入方面进行分析。

1."开端计划"的背景：关注处境不利儿童的早期发展

美国学前教育体系可以大致分为公立机构、私立机构和开端计划三大部分。

作为一个拥有多元文化和多元民族的国家，美国把"开端计划"作为 20 世纪 60 年

[①] 钱雨.美国学前教育立法的发展、经验与启示［J］.湖南师范大学教育科学学报，2020，19（3）：16—23.

代国家反贫困社会改革运动中的重要举措。当时,美国有近20%的家庭处于贫困状态,难以获得高质量的教育,在工作、卫生、保健等社会服务方面也受到不公平的待遇。其中,数量众多的贫困儿童、移民子女及残疾儿童构成了美国学前教育中的弱势群体。由于这些处境不利儿童的学前教育机会得不到保障,入学之后的他们,在与同龄儿童的竞争中也处于不利地位。随着非裔和拉美裔移民人数的增长,教育者发现不同族裔学生之间的差距越来越大。

1964年,时任美国总统约翰逊(Johnson)宣布向贫困开战,倡议在"伟大社会"纲领引导下进行大规模的社会改革。随后,美联邦政府颁布了多项和学前教育密切相关的法案,这些法案通过立法保障了学前教育的拨款,承担起政府对学前教育公平问题的责任。1965年启动的"开端计划"就是其中一项通过向处境不利儿童及其家庭提供支持,实现反贫困以及预防由于贫困而引发的一系列社会问题的国家重要干预政策。根据美国国家早期教育研究所(NIEER)的数据,2005年政府对学前儿童的人均投入大约为3 600美元。根据经济合作与发展组织的数据,美国政府对公共学前教育服务的投入占GDP(国内生产总值)的0.4%,对3—6岁儿童的人均投入约为7 881美元。

1995年美国又设立了"早期开端计划"项目。现在,"开端计划"和"早期开端计划"已经为近3 000万名儿童提供了包括早教在内的各种综合性服务,获益儿童数量逐年递增,如图7-2-1所示。

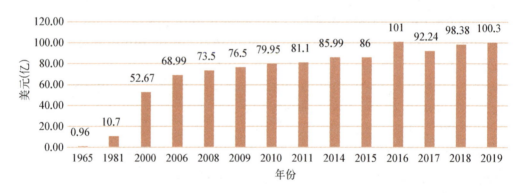

▲ 图7-2-1 美国"开端计划"1965—2019年财政年度投入一览表

2. "开端计划"的具体内容

迄今为止,全美有数以万计的学前教育研究者与实践工作者参与了"开端计划"的研究、实施与评估,"开端计划"项目由此被誉为美国的"学前教育国家实验室"。该计划主要针对低收入的家庭,从孕产期开始就向这些家庭的母亲和儿童提供免费的、广泛的有关儿童发展、健康、教育、营养及其他特定的社会服务,以使这些弱势家庭的孩子能充分发挥潜能,接受良好的早期教育,做好入学准备。

1972年《经济机会法》修订后,残疾儿童也成为"开端计划"的服务对象,并且规定在每个"开端计划"的地方项目中,残疾儿童的比例不能低于10%,从而使残疾儿童在获得学前教育方面得到了法律保障。1977年,"开端计划"在21个州为移民家庭的儿童提供双语教学服务,使那些移民儿童在新的地方能够同样获得学前教育的机会。1995年,"开端计划"又把服务对象延伸到3岁之前的婴儿、学步儿童及怀孕妇女,成立了"早期开端计划"项目。

"开端计划"的稳步发展使获益的弱势家庭儿童数量逐年递增。1980年参加"开端计划"的儿童为376 300名,到1999年达到826 016名。2004年,"开端计划"中注册的幼儿人数已达到了905 851名。

作为管理体制的一部分,政府规定在"健康与人类服务部"中的"儿童和家庭管理署"下成立"开端计划办公室",向有资格且被指定的早期开端机构提供经济援助,用于计划、指导、实施和评价"早期开端计划"项目。这一项目由"健康与人类服务部"主管。和其他项目最大的不同是,"开端计划"的资金直接拨给地方而非各州。"开端计划"的课程由各地根据区域情况自行设计开发,由1 600多个公立和私立的非营利机构网络来督导。2010年9月,位于华盛顿的幼儿保育办公室成立,取代了原有的幼儿保育局,成为如今美国"早期开端计划"的主管部门。

"开端计划"为贫困家庭的儿童提供教育补偿和适合儿童年龄和发展水平的综合性服务,并重视与家庭、社区的合作,使他们在原有基础上获得良好的发展。自1981年美国颁布了推动与规范"开端计划"项目的《开端计划法》后,该法案多次被修订和重新授权。2005年,国会又提出该法的最新修正案——《入学准备法》。2007年修订的《开端计划法》推动了开端计划课程质量的提升,要求所有的"开端计划"学校都要基于儿童发展的原理设计合理的课程,通过标准化过程实施课程,并接受评估。

多年以来,"开端计划"一直在实施模式及管理方式方面有所创新。比如,20世纪60年代末期,亲子计划的成功使美国出现了众多的亲子中心。这种融合家庭与社区的早教模式不仅能使更多的儿童获得高质量的服务,并且在社会上引发了家长自发组织亲子计划的高潮,由志愿者家长组织的各种亲子游戏小组也在全国兴起。家长参与由此成为"开端计划"的一大特色。来自全美各地的家长经常以志愿者或工作人员的身份,参加"开端计划"的服务和管理工作,如表7-2-1所示。

▲ 表7-2-1 美国学前教育机构情况一览表

机构名称	收费情况	英文名称	幼儿年龄
学前班	公立免费	Kindergarten	5—6岁
幼儿班	部分地区免费	Pre-kindergarten/Pre-K/K-4/PK	4—5岁
幼儿园	收费	Preschool	2—5岁
日托	收费	Child Care Center/Day Care Center/Playschool/Playgroup	0—6岁
托儿所	收费	Nursery School	0—5岁
开端计划中心	低收入家庭免费	Head Start Center	0—5岁

（二）英国的"确保开端计划"

1. "确保开端计划"的背景

20世纪末，英国社会日益关注学前教育的状况。当时，英国不同地区为学前儿童及其家庭提供的早期保教服务质量存在很大差异。一系列的社会问题，如低龄孕妇、青少年犯罪、年轻一代读写算能力的缺失、对贫困人群的社会排斥现象等都对学前教育产生了负面的影响，危害着儿童的成长。

为了改变这种状况，英国政府采取了一系列的措施来改善儿童尤其是处境不利儿童的受教育状况。1998年的"确保开端计划"就是其中之一。同时，英国政府在地方当局的主持下实施了"确保开端地方计划"。这一地方计划带有各地独有的特色，分别针对贫困儿童、4岁以下儿童或农村儿童等。

"确保开端计划"与"确保开端地方计划"两者都是从家庭和社区入手，通过跨部门合作开展的针对学前儿童的教育活动。政府建立了确保开端儿童中心，作为对儿童实施优质学前教育的机构和手段。

2. "确保开端计划"的具体内容

为了更好地配合"确保开端地方计划""社区托儿所""早期优质中心"等确保开端项目，为所有地区特别是经济落后地区的5岁以下儿童及其家长提供高质量的信息和服务，英国教育部决定建立一个多功能的服务中心——确保开端儿童中心。这一计划的服务对象包括孕期准妈妈到小学阶段的儿童。英国的确保开端儿童中心由官方指定，地方当局规划、建立并交付使用。

英国政府将确保开端儿童中心的建设分为三个阶段：第一阶段（2004—2006年）的目标是覆盖弱势群体最多的地区，即英国最贫困的20%的地区，这些地区多位于英国西北部；第二阶段（2006—2008年）完成对最贫困社区的覆盖，这里最贫困的定义扩大到包括最贫穷的30%的社区，并扩大到70%的一般贫困的社区；第三阶段（2008—2010年）扩展到英国所有剩余的贫困地区，如英国东南部、伦敦和东中部地区。

确保开端儿童中心的服务内容包括医疗保健、儿童保育等多项服务，并把各种项目进行整合，提供一站式服务。只要孩子和家长去一个确保开端儿童中心，就可以得到诸如医疗、保健、儿童保育等综合服务，节省了他们的时间和交通费用，很好地调动了孩子和家长参与该项目的积极性。英国政府在2004年的《儿童保育十年战略》中确定了到2010年建立3 500个儿童中心的目标，"保证英国的每个社区都至少有一个儿童中心"。英国确保开端儿童中心提供的"核心"服务包括以下几项：

（1）保育和教育在内的全日制早期教育服务。

（2）参与为父母、照料者和儿童组织的会议和活动，征求反馈意见。

（3）参与儿童和家庭的保健服务，包括产前保健（由诸如基层护理信托等其他机构提供的服务）。

（4）扩大服务范围和提供家庭援助服务。

（5）与就业中心联系，为家长提供培训和就业咨询。

（6）为保姆提供培训和支持。

(7) 为儿童和家长的特殊需要提供支持。

确保开端儿童中心所提供的服务必须遵循的原则是：英国排名后30%的社区（即相对贫困地区）中的儿童中心必须提供以上所有的"核心"服务，而其他地区的儿童中心则必须提供除第一项之外的所有服务。在每年的3月和9月的"携手为儿童"计划中，由教育部的合作伙伴（通过签订协议结成的合作伙伴关系，如卫生机构和就业中心等）通过评定，确定给予地方"确保开端计划"执行者高水平、中等水平或者低水平的支持。从实际情况看，2009年9月，89%的地方机构位于低或中等水平的支持类别中，11%的位于高水平的支持类别中。各地的确保开端儿童中心于2004—2005年度开始建立，数量逐年增加。英国政府计划到2010年之前在全国普及确保开端儿童中心。

（三）日本学前教育政策的最新发展

日本在1956年、1964年、1989年、1999年、2008年数次对《幼儿园教育大纲》进行修订，针对学前儿童的教育开展了一系列的振兴计划，以及在世界大潮的影响下于2001年颁布了"21世纪教育新生计划"（亦称"彩虹计划"）。进入21世纪，日本进一步调整了总的教育方针，学前教育也随之发生了一系列的变化。学前教育机构、学前教育课程及学前教育师资方面都严格按照《幼儿园教育大纲》中所规定的内容执行，这在法规上保证了学前教育方针的顺利实施。

1. 二战后日本的学前教育政策

1947年，日本通过了《学校教育法》，它强调幼儿园是受文部省管辖的正规"学校"中的一种，规定将3—6岁的儿童作为招收对象，并把幼儿园的儿童跟小学生、中学生、大学生作为平行的立法对象而出现。《学校教育法》明确规定学前教育是学校教育中的重要组成部分，并有详细的专门条款对此进行论述，日本学前教育从此有了法律的保障。《学校教育法》的相关规定保证了幼儿园教育的实施，从此幼儿园教育在整个教育系统中的地位得到了提升，这对日本学前教育的发展有着深远的积极意义。《学校教育法》为日本学前教育的发展制定了基本框架，并为以后颁布的《保育大纲》和《幼儿园教育大纲》提供了有利的依据。

2. 修订、完善《幼儿园教育大纲》

1956年，日本受美国等西方国家对学前教育改革的影响，开始注重早期智力开发和幼儿园的知识教育，改变了幼儿园的课程体系，开始在原有课程的基础上增加英语、美术等科目，并将《保育大纲》改称《幼儿园教育大纲》，增加了幼小衔接方面的内容，跟小学的分科教学极为接近。然而，修订后的《幼儿园教育大纲》出现了一系列的问题，如幼儿园的课程"小学化"倾向比较严重。针对这一现象，1964年，文部省再一次修订了《幼儿园教育大纲》，要求注意幼儿园教育与小学教育的区别，避免幼儿园教育的"小学化"倾向，重视幼儿园游戏和各种活动的教育，但在一定程度上走上了对智育认识不足的另一个极端。1989年，日本再一次修订了《幼儿园教育大纲》，主要目的是改善幼儿园的教育环境，具体包括要以儿童为主体，突出游戏的指导作用，发挥儿童的个体特点等。1999年，日本对《幼儿园教育大纲》进行了一次全面、完整的修订，为迎接

21世纪做准备，并于2000年要求全国范围内的幼儿园正式实施该大纲。

此次修订是日本教育整体改革的重要组成部分，新大纲进一步强调幼儿的主体性和幼儿的可持续发展，突出了家庭的重要性，鼓励幼儿园在课程建设中发挥创造性。2008年，日本又修订了2000年实施的《幼儿园教育大纲》，修改最多的是人际关系领域，其次是健康领域。

3. 多次制定"幼儿教育振兴计划"

1962年，日本文部省根据政府提出的人才培养政策，制定了"幼儿园七年计划"，要求人口在10 000人以上的城镇，其儿童入园率要达到60%以上。1971年的幼儿入园率是63.5%，振兴计划完全实现。文部省在1972年制定了第二次"振兴幼儿园十年计划"，目标是保证4—5岁幼儿的入园率达到100%。为此，该计划鼓励家长将子女送入幼儿园并制定了一系列的奖励制度，贫困的家庭实行减免保育费的制度。在该计划实行的几年里，日本的入园率大大提高。据统计，1985年日本的3—4岁幼儿入园率为70%，5岁幼儿的入园率达到了90%，在世界学前教育入园率排名中名列前茅。1991年，文部省制定了第三次"幼儿教育振兴计划"，目的是确保在今后的10年里，充分保证3—5岁幼儿入园的机会，政府划拨专项资金用于幼儿园的建设，从而保证了3岁以上幼儿的入园率。此次振兴计划的重点在3岁以上幼儿的保育工作上。1999年，日本颁布了修订的《幼儿园教育大纲》，该大纲充分强调要根据3岁以上幼儿的特点进行教学，并将幼儿园的教学内容分为环境、语言、人际关系、健康和表现五大领域，从课程上充分体现出对3岁以上幼儿保教工作的重视。2001年，文部省颁布"幼儿教育振兴计划（2001—2005年）"，对前三次计划做了补充，主要包括充实幼儿园的教育活动和教育环境，提高教师素质，支援儿童养育，促进幼小衔接，促进幼儿园和保育所之间的沟通和联系，进一步促进日本学前教育的发展。2006年，日本又制定并实施了新的"幼儿教育振兴计划（2006—2010年）"，此计划来源于《关于适合环境变化的今后的幼儿教育的应有状态——为了幼儿的最佳利益》咨询报告中的"七大政策支柱"，首次将认定幼儿园制度的相关内容列入其中。

日本的"幼儿教育振兴计划"以儿童的入园率为出发点，并把学前儿童的教育作为人才培养的基础环节，这充分体现出日本对学前教育的重视。

4. 20世纪90年代以来的育儿支援政策

从20世纪90年代开始，日本政府为了营造更加宽松的育儿环境，相继出台了一系列的育儿政策和法规，以确保幼儿园保育工作的顺利开展，其中包括1991年出台的《育儿休假法》、1994年出台的《关于今后育儿支援的基本方向》和《天使计划》、1995年出台的《紧急保育对策五年计划》、1997年出台的《儿童福利法》、1999年出台的《关于应重点推进的少子化对策的具体实施计划》、2002年出台的《少子化对策+1》、2003年出台的《少子化社会对策基本法》和《下一代培育支援对策推进法》、2004年出台的《少子化对策大纲》等。除了国家颁布的育儿支援政策之外，近几年日本各地政府根据当地特点出台了一系列的地方性措施来支援幼儿园的发展，从而有力地促进了学前教育的发展。

拓展阅读

幼儿教育·保育的免费化

日本从 2019 年 10 月开始实行"幼儿教育·保育的免费化"。但如果细究政策的细节和实际效果，在该政策之下，出现了民办幼儿园借机涨价，少数家庭能够享受到的优惠幅度反而降低，幼儿教育支出增加的现象。

日本的此项政策对优惠对象进行了限制。其一，可以实施"免费"政策的机构必须是：在场地及保育员配置等条件上满足国家规定的所谓"认可保育园"和"认可儿童园（同时具备保育园和幼儿园的机能）"及被纳入国家"儿童·育儿支援新制度"的幼儿园。截至 2018 年 4 月，"儿童·育儿支援新制度"内的幼儿园数量已达到 3 271 所，略超过全体幼儿园数量的 4 成。其二，"免费化"政策规定，入读上述机构的所有 3—5 岁儿童以及低收入家庭（住民税免税对象）的 0—2 岁儿童，可以享受免费的学前教育和保育——免交学费，但餐费需按实际情况支付。

▲ 表 7-2-2 日本保育园与幼儿园的区别

区别维度 \ 园所类型	保育园	幼儿园
机构性质	依据《儿童福祉法》设立的儿童福祉设施，受厚生劳动省管辖	依据《学校教育法》设立的教育设施，受文部科学省管辖
教师	需持有"保育士资格证明"	需要"幼儿园教师资格证书"
招收对象	接收 0—5 岁的孩子	接收 3—5 岁的孩子
标准保育时间	7:30—18:00	9:00—14:00（各园可以根据自身条件适当延长或稍作调整）
是否有提供伙食的义务	有	没有此项义务，根据各园条件自行设定
保育费	由市区町村政府根据家长经济收入状况设定	公立幼儿园的收费标准由市区町村政府决定，私立幼儿园有权自行决定

（四）印度的"儿童发展整合服务"

1. 印度学前教育发展的背景

除国家首都辖区外，印度分为 27 个邦和 6 个联合属地。印度的语言复杂，官方语言是印度语,大约有30%的人口使用官方语言;英语依旧保留了它"第二附加官方语言"的地位;还有其他21种地方性语言。受到人口、经济等多种因素的影响,印度学前儿童一直面临着营养不良、受教育机会缺乏等问题,贫困地区妇女文盲率居高,影响了儿童的家庭养育环境。为此,1974年印度议会通过了《为了儿童的国家政策》。该文件特别强调"国家要向所有儿童提供充分的服务",采取措施向儿童提供"非正规的学前教育"。

2. 印度的"儿童发展整合服务"

在中央政府的组织下,借助于国际社会的资助,1975年10月,印度政府出台了"儿童发展整合服务(Integrated Child Development Services,ICDS)"的国家行动计划。该项目主要关注的是儿童的健康与营养问题,其主要目标包括以下几个方面:

(1)改善0—6岁儿童的营养与健康状况。

(2)为儿童的心理、生理与社会性的和谐发展打下良好的基础。

(3)减少儿童的死亡率、发病率、营养不良率与辍学率。

(4)通过政策层面的合作与不同部门的协作以促进幼儿全面发展。

(5)通过营养与健康教育,提高母亲满足儿童正常的营养需求与健康需要的能力。

随着印度经济的发展,印度政府不断增加本国资金注入,提升国家对于项目运作的主导地位:1982—1984年为3.376亿卢比,1991—1992年为24.35亿卢比,投资金额在8年内增长了7倍多。从2009年开始,印度政府将"儿童发展整合服务"的资金投入模式改为中央政府和邦政府共同分担,部分地区的营养供应资金投入比例为1∶1,东北部分地区比例为9∶1,其他服务的财政投入比例均为9∶1。

(五)韩国的"学前公共教育行动"

1. 韩国学前教育发展的背景

韩国实行一院制,国会是国家立法机构。韩国的人口结构呈现出老龄化与低生育率的特征。据资料显示,韩国65岁及以上的老年人口将在2050年达34.4%;而韩国的低生育率已经持续了五十多年。在这样的人口结构背景以及经济萧条的社会背景下,韩国政府调整了社会投资策略与投资的方向,希望通过增加学前教育投资来提高学前教育质量、降低早期教育的家庭成本,以达到提高生育率、防止女性劳动力流失的目的。

1999年,韩国教育部提出了一个教育发展五年计划,建议成立包括学前教育发展委员会在内的若干组织。2004年,由老龄化与未来社会统筹委员会制定的第一份国家儿童保育扶持计划法案在国会上公布。该法案指出,为幼儿提供普遍的学前教育与保育支持有利于未来的人力资源开发,明确了学前教育对象是0—8岁幼儿。2005年,该委员会继续提出第二份计划法案,提出要增加学前教育与保育机构数量,减轻家庭育儿费用的负担,并提高儿童保育服务质量。

2005年,韩国成立了一个新机构——韩国学前教育署。韩国学前教育署专门负责学前教育政策的研究与宏观督导。在政府的支持与政策导向下,韩国学前教育得到迅速发展。在2002年到2006年之间,韩国托幼机构从30 490所增加到37 523所。儿童早期教育和保育的人均经费从2002年的占GDP(国内生产总值)的0.12%上升到2006年的 0.349%。其中早期儿童教育的公共支出从 335 亿韩元增长至 886 亿韩元；保育费用从 435 亿韩元增长至 2 038 亿韩元。

从 1969 年到 2007 年的近 40 年间，韩国先后进行了六次幼儿园课程改革，并制定出较为完善的国家幼儿园课程体系。2007 年 12 月，韩国教育科学技术部对幼儿园课程进行了第七次调整和改革，并发布了新的课程改革标准，即《幼儿园修订课程总论》，这一课程改革方案于 2009 年起在全国推行。

在韩国，有以下一系列法规与学前教育直接相关：2001 年颁布了在 1982 年的旧法基础上修订而成的《学前教育促进法》，该法案极大地促进了幼儿园数量的增长；同年还颁布了《儿童养护法》；2002 年颁布了《中小学教育法》；2004 年颁布了《学前教育法》。

2. 韩国学前教育的国家改革行动：把学前教育建设为公共教育

1997 年，韩国教育改革委员会提出了一份名为"学前公共教育行动"的计划书。这份计划涉及三个方面：[1]

(1) 3—5 岁的儿童教育应当包含在新的公共教育体系中，为儿童提供整合的教育与服务。

(2) 为达到教育平等，处于低收入家庭或不利因素中的儿童应当享有接受早期教育课程的优先权。

(3) 在学校教育开始之前，所有 5 岁的儿童都至少应该接受 1 年的免费教育，以确保每个孩子都有一个平等的开端。

根据以上三个主要内容，韩国教育改革委员会提出了一系列策略来确保提高中央和地方政府的财政支持，希望能够在 2005 年时让 5 岁儿童的入园率达到 100%。事实上，韩国直到 2012 年才真正普及了 5 岁幼儿的免费教育，这项普遍的学前教育免费资助政策还计划延伸到 3 岁及 4 岁的儿童。

（六）南非的"国家早期教育领航项目"

南非政府自 20 世纪 90 年代以来日益重视学前教育。南非的学前教育体系包括两个部分：学前班（R 年级）——针对一年级之前的 5 岁儿童；托班——针对 0—4 岁的儿童。南非对于 0—9 岁的儿童教育有一个专用名词，即早期儿童发展（Early Childhood Development，ECD），它包含了在托班、学前班和基础阶段（小学 1—3 年级）学习的儿童。

南非政府于 1997 年启动了学前教育一年免费政策"国家早期教育领航项目（The National ECD Pilot Project）"。而在此前（1996 年），南非刚刚颁布了"国家早期教育临时政策"。这一"国家早期教育领航项目"的目标在于确保所有儿童都能够进入学前班就读，并获得高质量的学前课程。至 2007 年，南非的"国家早期教育领航项目"已经为大约 70 000 名处境不利儿童提供了服务，为大约 3 000 名教师提供了有关学前班课程的职业培训和引导，并成立了 2 800 所非政府举办的学前教育机构[2]。之后，南非教

---

[1] Meesook Kim, Jung Na. *Early Childhood Care and Education in Korea: National Policies and Practices* [R]. Korean Educational Development Institute, 2003.

[2] 联合国教科文组织. 南非早期教育（ECCE）报告 [R]. 联合国教科文组织国际教育署, 2007.

育部又颁布了国家标准,以确保在 2010 年起所有的学前班都能够得到政府的资助。该标准尤其关注贫困和有特殊需要的儿童。教育部还在制定政府计划,希望为 0—4 岁的正常和特殊儿童提供整合服务,尤其是贫困家庭的儿童、孤儿和感染艾滋病的儿童。

南非政府制定的其他针对早期教育的项目或计划还包括以下几项:

(1)把学前班整合进基础教育体系。

(2)增加政府预算,以确保参与学前班的儿童人数能够增加。对学前班的政府投资已经成为政府对各地预算分配的一部分。

(3)启动学前班教师培训课程计划,财政部为此提供了特别预算支持。

(4)2010 年争取使所有的 5 岁儿童(约 100 万)都进入学前班接受教育。

根据南非 2002 年修订的《学校法》,强制要求儿童必须在 7 岁时进入小学一年级学习,并且允许在当年 6 月 30 日之前满 6 岁的儿童可以根据自己的意愿提前进入小学。2005 年,大约有 50 万名儿童已经在学前班就读。同年 8 月,在政府就"5 号白皮书"联合发布的学前教育财政投入修订政策中,提出逐步给全国各地的学前班提供经费。同时规定,当新的公立学校加入这一免费学前班计划时,如遇到经费不足,贫困地区享有优先权。

二、各国提升学前教育质量的政策与法规

如何提高学前教育质量一直是学前教育领域的热点问题,这涉及对教育目的、教育过程、教育结果的评价。本部分重点介绍了澳大利亚的"学前教育有效性研究(E4Kids 项目)",以及美国的"学前课程评价研究(PCER)"和"学前教育质量评级体系元评估(QRIS)"项目。

(一)澳大利亚的"学前教育有效性研究"

澳大利亚在联邦政府层面建立了高度整合的国家质量评价标准与监管体系,并鼓励地方政府和各类专业研究机构以国家质量"框架"为依据,开展独立的评价研究,构建一个由中央和地方、政府和学者共同参与的学前质量评估网络。2012 年开展的"学前教育有效性研究"(简称 E4Kids 项目)就是澳大利亚历史上样本规模最大、覆盖面最广的由政府拨款、大学学者主持的学前教育质量评估研究[①]。

E4Kids 项目始于 2009 年,由墨尔本大学与昆士兰科技大学联合开展,受到澳大利亚研究委员会,以及维多利亚教育与早期教育部和昆士兰教育培训部的资助。该研究由墨尔本大学教育研究院早期儿童教育研究中心主任泰勒(Taylor)教授等人主持。

该研究计划对各类学前教育机构和课程对幼儿带来的影响进行长期的跟踪研究。该项目对约 2 600 名 3—4 岁的幼儿开展长达 5 年的追踪调查,直到他们 8 岁,以评估这些幼儿接受学前教育后的发展水平与成就,并和未接受学前教育的幼儿进行对比。泰勒教授介绍了研究目的:"我们知道质量非常关键,但不知道哪些东西决定了学前教育是高

---

① 钱雨.澳大利亚学前教育质量评估研究的发展与启示[J].外国教育研究,2012,39(9):3—8.

质量的。E4Kids 项目的研究目的就是找出这些内容或因素，研究它们如何最大限度地促进儿童的发展。我们的研究是为了证明澳大利亚政府每年为学前教育事业投入 36 亿澳元是值得的。"

E4Kids 项目的研究问题包括以下四点：

（1）澳大利亚的学前教育是如何促进儿童的学习与发展的？

（2）学前机构与课程中的哪些内容促进或没有促进儿童的学习、发展与社会融合？

（3）哪些学前教育环境使儿童获得了积极或消极的学习体验？

（4）产生积极的学前教育效果需要投入多少费用？

该项目包括对儿童的直接评价、对课程与教学的评价，以及对家长、教师与园长的访谈。评价标准则依据已经颁布的学前教育"国家标准"的七大部分内容。在研究方法上，E4Kids 项目将量化研究和录像、访谈等质性研究相结合。例如，在测量儿童认知发展时借助于认知发展量表（WJ—III）；在评估儿童社会性发展时主要依据"公车故事"研究法；在评估教学质量时则采用了美国学者开发的课堂观测工具（CLASS）和早教环境评估量表（ECERS），并对其进行了本土化的修订。研究中所选取的儿童样本分别来源于澳大利亚北部、东部的昆士兰州和南部的维多利亚州。

在开展评估之前，所有的评估人员还必须通过一定的培训和考核。E4Kids 项目的评估人员培训包括 3 天的临床课程和 3 次现场实践。在培训过程中，工作人员需要达到一定的表现指标并通过考核。项目组的研究成员设计并统一了研究中的主要编码方式，由特定的专家对视频编码进行督查。专家组的核心成员参与主要编码，3 名主要编码人员进行独立编码。

（二）美国的"学前课程评价研究"

2002 年美国教育科学研究院发起了"学前课程评价研究"（简称 PCER）项目。推动 PCER 项目出现的主要动力之一是美国政府与教育学者对低收入家庭儿童学业成就的忧虑，以及为调查当前各种本土学前课程的有效性和适宜性情况。

其实，美国教育界关注低收入家庭的儿童早期教育质量已经有数十年的时间。早在 20 世纪六七十年代，不少研究就表明儿童可以通过参与高质量的学前课程获益，为进入小学做好必需的准备。美国学者认为，有必要对今天的学前课程，尤其是针对低收入家庭和危机中的儿童所接受的课程进行更加深入与科学的研究，以了解课程的水平与效果。为此，美国教育科学研究院下属的国家教育研究中心对美国当时的 14 种比较知名的学前课程的有效性进行了评价研究。PCER 项目中，一共有 12 个来自美国不同高校的研究小组对这 14 种学前课程方案进行了为期数年的评估研究。

2002 年起，美国教育科学研究院首先为其中的 7 个研究小组提供了项目基金资助，与国际三角研究所合作实施这些项目，收集并分析这 7 个研究小组的一般数据。2003 年，研究院又增加了 5 个研究团队，一共有 12 个研究团队共同合作。研究经过前期 3—5 年的数据收集与分析，主要研究结果被汇总在美国教育科学研究院的名为"学前课程对入学准备的有效性研究"的研究报告中。PCER 项目的研究结果喜忧参半，引起了美国学前教育界的广泛关注。

PCER 课程评价主要关注的是学前课程对儿童在幼儿园时学业成就的影响，并希望能够预测儿童入小学后的学业持续发展能力。因此，PCER 项目的研究问题主要聚焦于以下三方面：[①]

（1）这 14 种学前课程在干预儿童阅读与前阅读能力、语音意识、早期语言、早期数学知识和行为（包括社交技巧及问题行为）等方面的效果如何？

（2）在学前教育的终极阶段，这 14 种学前课程分别对儿童的发展水平有什么影响？

（3）这 14 种学前课程分别对幼儿园的教学质量、师幼互动及教学实践有什么影响？

从这些问题中可以发现，PCER 研究主要关注的是学前课程对提高儿童阅读与前阅读能力、语音意识、早期语言、早期数学知识和行为（包括社交技巧及问题行为）的有效程度。这些知识和技能领域被认为能够预测儿童进入小学后的学业成功程度。

研究组一共使用了 27 种测量方法来分析儿童的相关发展成就和教学质量。例如，在对儿童行为进行评估时，采用了社会技能评估标准（SSRS）和问题行为评估标准（SSRS）等。PCER 项目的研究报告指出，在 14 种学前课程中只有两种对儿童在小班和中班的学业成就发挥了明显作用。

（三）美国的"学前教育质量评级体系元评估"项目

美国一直关注对教育质量的评估研究。1981 年，美国教育评价标准联合委员会颁布了《教育方案、计划、材料评价的专业标准》。1991 年，由美国教育统计局资助的合作性教育数据收集和报告标准项目工作小组又公布了《教育数据收集与报告标准》。1994 年，美国教育评价标准合作委员会制定了《项目评价标准》。1995 年，美国评价协会制定了《美国评价协会指导原则》。这些重要的文件和标准成了判断美国教育评价质量的主要工具和元评价标准的基础。

在评估工具不断发展的基础上，美国政府与研究机构开展了一系列学前教育质量评估研究。例如，美国国家儿童健康与人类发展研究院（NICHD）主导发起了"NICHD 学前儿童养护和发展研究"，对 1 364 名出生于 1991 年的儿童进行了十余年的长期调查、追踪与评估。美国教育科学研究院发起了"早期儿童教育评价——为什么，是什么和怎样做"等学前教育评价项目。

为了进一步提高评估质量，近 20 年来，元评估——对质量评估研究的再评估研究受到了关注。1999 年，丹尼尔·斯塔弗尔比姆（Daniel Stufflebeam）以教育评价标准合作委员会的项目评价标准为基础，开发了项目评价的元评价标准检核表。元评价的重要意义在于对评价活动自身的效果进行反思，总结成功经验，纠正评价过程中的失误和偏差，从而使评价活动更加科学和规范，提高评价结论的信度和效度。

美国健康与人类服务部的儿童与家庭署发起了"学前教育质量评级体系元评估"（简称 QRIS 元评估）项目，对多个州的学前质量评级系统进行再评估，以了解 QRIS 体系的具体实施效果。这些评价和元评价研究的丰硕成果既推动了美国国内学前教育从政

[①] 钱雨. 美国学前教育课程评价研究项目的背景、内容、实施及其启示［J］. 学前教育研究，2011（7）：20—25.

策到实践的变革,也对国际学前教育的发展与研究产生了重大影响①。

在美国政府推动 QRIS 系统之前,美国对学前教育机构的质量评估包括州政府层面的资质许可和某些学前教育专业协会的质量评估。但前者带有"准入"性质,标准很低,仅包含对诸如场地、安全、卫生等办学条件的最基本的要求,难以发挥质量保障的功能。而后者采用的标准相对较高,且兼顾不到各州的差异,并未得到广泛推行。在美国 QRIS 系统中,绝大多数正规的日托机构与中心都参加了当地的评估,印第安纳州和宾夕法尼亚州的参与率分别达到了 81% 和 67%。而 QRIS 元评估则是对各州各地的 QRIS 系统的再次评估,因此称为元评估或元评价。根据评估研究的数据显示,目前印第安纳州和宾夕法尼亚州 QRIS 系统的参与机构数量、推行实际效果均排名前列。

第三节 我国学前教育政策与法规的展望

在全球视野下,促进学前教育公平、提升学前教育质量是各国政府不懈的追求。虽然种族不同、文化不同,但地球上的孩子都有一个共同的"王国"——童年。让儿童在他们的"王国"里过着幸福的生活,是养育者的共同责任和义务。

一、追求学前教育公平

案例 7-3-1

哈佛大学公开课: 公平

什么才是真正的公平?公平背后的道德依据是什么?这是作者在哈佛大学当年亲身参与的一节有趣的课程体验。教授米歇尔·桑德尔(Michael Sandel)在他的讲座里提出了几个假设的两难情景,每一个都设计巧妙。

第一个情境:电车难题,假设你是一位电车驾驶员,轨道前有 5 个人,此时刹车失灵,电车正向他们碾去;你可以选择变道,但这样会伤害变道上的另一人。请问你的选择是什么?

---

① Malone L, Kirby G, Caronongan P, et al. *Measuring Quality Across Three Child Care Quality Rating and Improvement Systems: Findings from Secondary Analyses* [J]. Mathematica Policy Research Reports, 2011.

> 第二个情境：类似电车难题，但现在你是桥上的旁观者，救5人的条件改变了。请问你的选择是什么？
>
> 第三个情境：你是一名急诊室医生，这一天有6名病人遭遇了严重的车祸被送到医院，其中1位重伤，5位中度受伤，你只能选择救治那1位重伤病人或者其余5位病人。请问你如何选择？
>
> **讨论**：到底什么才是公平？我们如何判断某项教育政策、某个选择更加公平呢？

近年来，我国学前教育资源迅速扩大。2021年，全国共有幼儿园29.48万所，学前教育（包括幼儿园和附设幼儿班）在园幼儿4 805.2万人。其中，普惠性幼儿园在园幼儿占比达87.8%；幼儿园共有专任教师350万人；学前教育毛入学率为88.1%；全国开设学前教育的高校达1 095所。我国的学前政策与法规的变革也在努力追求公平与质量，以推动学前教育事业的不断发展。

公平是一个复杂而充满挑战的概念。公平一词包含着公正、正义、平等、合理、公道、正当等含义，在英语中对应的词有equity、equality、justice、fairness等。追求公平的思想起源于人类社会古老的哲学理念。这既是人类社会永恒不变的诉求，也是引起当代社会激烈争论的热点话题。千百年来，人们不断追问，什么才是公平？"人人生而自由，在尊严和权利上一律平等。"在1948年的联合国《世界人权宣言》中明确提出："不论什么阶层，不论经济条件，也不论父母的居住地，一切儿童都有受教育的权利。"

1960年，联合国教科文组织对教育机会均等做出了阐述，认定这一概念应当包括消除歧视和消除不平等两个部分。"歧视"是指"基于种族、民族、肤色、性别、语言、宗教、政治、社会出身、家庭背景之上的任何差别、排斥、限制他人或给予某些人以优先权，其目的在于取消或减弱教育中的不均等对待"[①]。教育中的"歧视"主要表现在四个方面：

(1) 剥夺某个个体或团体进入各级各类教育的机会。
(2) 将某个个体或团体限制于接受低标准的教育。
(3) 为了某些个体或团体的利益，坚持分流教育制度。
(4) 使某些个体或团体处于与人的尊严不相容的处境。

1966年，美国社会学家科尔曼（Coleman）针对种族、肤色族群的受教育机会平等问题展开了为期两年的调查，向美国国会递交了著名的科尔曼报告——《教育机会平等观念（1966）》。该报告后来被认为是20世纪关于社会问题与教育公平研究的最重要的文献之一。科尔曼报告认为，教育制度除了具有满足社会发展需要的功能之外，还应

[①] 马和民. 新编教育社会学[M]. 上海：华东师范大学出版社，2002：86.

该能够推动社会民主化进程，补偿个体的社会出身不利①。这份著名的报告仍然没能给出明确的教育公平的定义，这也从侧面说明了教育公平概念的复杂性。

在综合这些教育公平理念的基础上，有学者提出，现代教育体系应当包括四种教育公平的成分：

（1）准入公平或机会公平：即在一个教育体系内所有人或群体都有同样的入学和升学机会。

（2）学习环境公平或待遇公平：即所有人能够享有等值的学习条件，处境不利个体或群体享有与强势个体或群体等值的学习条件，这些条件主要包括资源和人力资源。

（3）成果公平或结果公平：即不同背景的个体是否掌握了教育教学目标规定的技能，并在离开教育体系时都有获得同样资格的机会。

（4）结果实现或利用公平：即个人或群体离开教育体系之后是否有同样的机会利用所得技能在社会中实现自己的目标。

2007年经济合作与发展组织的有关教育公平的报告指出，教育公平的概念包括了两层含义："第一层含义是公正（fairness），即要保证性别、社会经济地位和种族等个人和社会因素不妨碍个人达到其能力所允许的教育高度。第二层含义是全纳（inclusion），即要保证每个人都能受到基本的、最低标准的教育，如每个人都应该能读写和做简单的算术。"② 这也就意味着教育公平首先要保证起点和过程公平，其次要保证每个人都能受到最低标准的教育。

在我国，学前教育一般指从出生到6岁的学前儿童的教育。学前教育可以分为0—3岁的早期教育（婴幼儿教育）和3—6岁的幼儿教育两个有机联系的过程。结合教育公平研究的众多观点，学前教育公平的理念包括以下三点：

（1）起点公平：确保每个学前儿童都享有平等接受正规学前教育的权利。

（2）过程公平：提供每个学前儿童相对平等的接受正规学前教育的资源和条件。

（3）结果公平：保障每个学前儿童接受学前教育的质量和效果的相对均等。

对于教育者来说，怎样做可以实现他所认可的教育公平呢？我们不妨从历史中寻找答案。古希腊思想家柏拉图在《理想国》中最早提出教育公平与正义的思想。两千多年前，我国古代的大教育家孔子也提出朴素的"有教无类"的教育民主思想。柏拉图的学生亚里士多德首先提出"公正是德性之首"，并试图通过法律来保证自由公民的教育权利。

在漫长的原始社会，教育公平不过是一种涉及全体成员的低层次的平等：所有人都必须接受为了生存而进行的教育。在奴隶社会和封建社会，教育则成为一小部分人的特权，夏、商、西周"学在官府"，限定只收王太子、王子、诸侯之子、公卿大夫元士之嫡子入学，乡学也只收奴隶主贵族子弟。同样，古希腊斯巴达和雅典的学校是专为贵族阶级而设的；古埃及的宫廷学校只接收王子、王孙和贵族子弟入学。普通劳动人民的子女极少

---

① 张人杰. 国外教育社会学基本文选 [M]. 上海：华东师范大学出版社，2009：152.
② OECD. *No More Failures: Ten Steps to Equity in Education* [EB/OL]. (2007-11-14) [2022-06-08]. http://www.oecd.org/edu/school/nomorefailurestenstepstoequityineducation.htm.

有受正规教育的权利和机会。直至工业社会，教育才逐渐走向大众，不再是统治阶级的专利，它成为普通大众都可以享受的权利。教育公平也成为社会大众茶余饭后、围炉闲谈的重要话题之一，变成社会民生问题的热点与焦点。可以说，教育公平是人类社会文明的标志，也是一代代教育学者为之不懈奋斗的方向与目标。那么，作为社会管理者和政策制定者，怎样做才可以促进和推动教育走向公平，从而使得每一个儿童都能够发展他们的天赋能力和承担社会责任，能够被培养成为准备从事所有职业和促进经济发展的人呢？

近代西方资产阶级积极致力于寻求教育公平，努力推动社会公平的进程。18世纪末，教育公平的思想已在一些西方国家转化为立法措施，在法律上确定了人人都有平等受教育的机会。19世纪初期，被称为"美国公共教育之父"的贺拉斯·曼（Horace Mann）提出，教育不平等是社会不平等的产物。他认为受教育是人的"天赋民权"，不分男女、不分民族、不分教派、不分贫富，公民都享有平等的教育机会。学校本身就是平等化的机器，具有追求机会均等的作用。在《十二年度报告》中，贺拉斯·曼提出一句名言："教育必须是普及的，普及教育的重要性首先表现在政治意义上。教育是促进人类平等的伟大平衡器，也是社会机器必不可少的平衡轮。"

在中国历史上，自隋朝起建立的科举考试制度同样也体现了一种教育公平的理念。早在1 400多年前，我国就开始通过科举制度来选拔学术与政治人才，这项创新型的制度不仅促进了社会流动，使得大量出身中下层社会的人士进入统治阶级，也使应考之人获得了公平竞争的机会，这对于调动人的积极因素，广泛搜罗人才，有着无可辩驳的作用。这是全世界比较正规的教育评价制度的萌芽，从教育公平与教育评价的发展史上来看具有积极的意义。

在教育领域，"教育公平"这一术语经常会和"教育平等""教育机会均等"等术语混淆。从字面看来，"平等""均等"倾向于表示两个或多个事物间的对等关系、相同关系，偏于事实判断[①]。比如，教育平等指人们不受政治、经济、社会地位和种族、民族、性别、宗教差异的限制，在法律上均享有受教育的权利。而教育公平的范畴则更加宽泛，实现的难度也更高。教育公平可以理解为对教育资源进行配置时所依据的合理性规范、原则，是对教育状况做出的价值判断。教育机会均等是教育公平中的问题或要素之一。

拓展阅读

不平等的童年[②]

所有的父母都希望自己的孩子能够得到最好的照顾和教育，然而，父母能够给予自己深爱的孩子们的资源、天赋、机会却不尽相同。

---

① 郭彩琴.教育公平论——西方教育公平理论的哲学考察[M].徐州：中国矿业大学出版社，2004：36.
② 安妮特·拉鲁.不平等的童年[M].宋爽，张旭，译.北京：北京大学出版社，2018.

> 安妮特考察了贫困家庭、工人阶级家庭、中产阶级家庭孩子在学校和在家里的生活,从而确认父母的社会地位会以一种在很大程度上是无形的但又是强有力的方式冲击着孩子的人生经历,并标识出了不平等的社会地位是如何影响教育方式的。比如,中产阶级家庭中的孩子能够更好地发展敏捷的口头表达能力,拥有更多词汇量,在权威人士面前表现得更为安适自如等。

我国的幼儿园入园率从2010年的56.6%到2021年的88.1%,学前教育毛入园率跃升的背后,是政府主体责任的层层落实,是公办民办并举的生动实践。为持续扩大学前教育资源总量,国家鼓励各地采取多种途径挖掘潜力,利用腾退搬迁的空置厂房等资源举办公办园,鼓励和支持街道、村集体、有实力的国有企事业单位,特别是高校举办公办园。

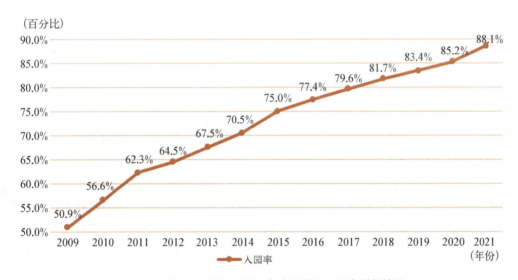

▲ 图7-3-1 2009—2021年中国幼儿入园率增长情况

在教育公平政策的引领下,各地因地制宜地采取了相应的措施来提升入园率。比如河北省正定县把腾出来的办公楼优先改建成幼儿园;武汉市通过"建公扶民、扩容增量",加大幼儿园建设力度。与2010年相比,2019年武汉市的幼儿园数量、在园幼儿规模均增长了近一倍,学前三年毛入园率超过90%。2018年印发的《中共中央国务院关于学前教育深化改革规范发展的若干意见》再次提出,规范小区配套幼儿园建设使用,并明确要求对小区配套幼儿园的规划、建设、移交、办园等情况进行专项治理。2019年1月,《国务院办公厅关于开展城镇小区配套幼儿园治理工作的通知》印发,拉开了治理的序幕。随后,各地分别出台了治理方案,按"一事一议""一园一案"进行整治①。

---

① 纪秀君,赵彩侠.普及普惠奋力攻坚新跨越 学前教育十年发展收好官[EB/OL].(2020-12-27)[2021-03-12]. http://www.jyb.cn/rmtzgjyb/202012/t20201227_385617.html.

二、提升学前教育质量

案例 7-3-2

如何评价幼儿园的质量

在上海工作的周老师不理解幼儿园的质量到底体现在何处,是幼儿园硬件条件高档吗?是教师队伍学历高吗?周老师所在的幼儿园要开始准备幼儿园评级了,园里开会强调了幼儿园评估标准及评价细则,系统学习了《上海市幼儿园办园质量评价指南》。

讨论:幼儿园质量提升的关键在哪里?请阅读一下《上海市幼儿园办园质量评价指南》的相关内容,讨论一下这份文件和我国《3—6岁儿童学习与发展指南》有哪些相同之处,说一说你对教育质量标准的理解。

质量是另一种公平。推动学前教育事业和谐发展是人类进入民主社会的动力和结果。越来越多的人已经认识到,办好学前教育事业就是在构筑全人类未来的财富。那么,何为"办好"学前教育事业?这里就要引入一个专业概念——教育质量。

教育质量是指教育水平高低和效果优劣的程度,最终体现在培养对象的质量上。"质量"正成为一个全球化的社会热点词汇,是今天世界各地的政策研究者与教育工作者共同关注的核心词。我国政府日益重视学前教育事业,为"促进学前教育公平,提升学前教育质量"做出了表率。随着国家层面的各纲要规划与各地的学前教育三年行动计划等地方政策的制定与推行,以提升学前教育质量为目标的中国学前教育的政策法规体系也日益完善。

2021年12月,教育部、国家发展改革委、财政部等九部门印发了《"十四五"学前教育发展提升行动计划》(以下简称《学前提升计划》)。在深入分析、论证和研判的基础上,《学前提升计划》对"十四五"学前教育改革发展的总体目标做出部署:到2025年,覆盖城乡、布局合理、公益普惠的学前教育公共服务体系进一步健全。同时也提出了具体目标:一是发展目标,全国学前三年毛入园率达到90%以上,普惠性幼儿园覆盖率达到85%以上,公办园在园幼儿占比达到50%以上。二是保障机制目标,进一步完善普惠性学前教育保障机制。三是质量目标,幼儿园保教质量全面提高,幼儿园与小学科学衔接机制基本形成。

当前,学前教育实现了基本普及的目标,开始迈入全面提高质量的新阶段。"十四五"期间,学前教育改革发展的主要任务是在补齐普惠性资源短板的同时,把工作重心转移到完善体制机制和提高学前教育质量上来。

中国学前教育不仅要传承中华传统文化与历史对于当代儿童发展的重要意义,也要致力于对世界文化的理解与把握,引导儿童尊重与理解其他文化。优质的学前教育应当培养儿童具有宽容、鉴赏、公平、尊重及反思等品质。

> **案例 7-3-3**
>
> "幼有善育"迎来升级版①
>
> 上海作为教育综合改革国家试点省市,在全国率先构建"政府引导、家庭为主、多方参与"的3岁以下幼儿托育服务机制,完善"普及普惠、安全优质、多元包容"的3至6岁学前教育公共服务。2021年,学龄前儿童善育工程又被列入上海民心工程,"幼有善育"正在从"基础版"加速打造为"升级版"。

许多关注教育政策研究的学者都曾引用过智利女诗人加夫列拉·米斯特拉尔(Gabriela Mistral)的诗歌。她那富有强烈感情的抒情诗歌一度是拉丁美洲理想的象征,并成为拉丁美洲历史上第一位获得诺贝尔文学奖的诗人。米斯特拉尔在她被引用最多的诗歌——《他的名字是今天》中如是说:"我们所需要的很多东西都可以等待,但孩子是不能等待的。他的骨在长,他的血在生,他的意识在形成。我们对他的一切,不能答以'明天',他的名字叫作'今天'。"

拓展阅读

幼儿园禁授小学内容,还需家长配合

2011年12月教育部曾下发《关于规范幼儿园保育教育工作防止和纠正"小学化"现象的通知》,要求各地防止和纠正"小学化"现象,幼儿园、学前班要坚持以游戏为基本活动;严禁幼儿园提前教授小学教育内容。在该通知下发后,各地先后转发,有的还专门出台了防"小学化"的地方性文件和规定。几年下来,幼儿教育"小学化"的现象依然存在,甚至有愈演愈烈之势。日前,教育部再次明令禁止幼儿园提前教授小学内容,这十分及时,而且非常必要。

出现这种积重难返的局面,不能说教育主管部门没有作为,与幼儿园课程"小学化"现象相比,家长们心头上"不让孩子输在起跑线"的根深蒂固的观念更应该得到纠偏。"望子成龙、望女成凤"是每个家长的热切期盼,对孩子的期望值过高,使得家长忽视了孩子的成长特点和教育规律。在这样的社会现实背景

---

① 上海市教委新闻办.家门口上托班 一街镇一普惠 上海"幼有善育"迎来升级版[EB/OL].(2021-02-27)[2021-03-12]. http://edu.sh.gov.cn/xwzx_ bsxw/20210303/f7d2cf9de65747fa875f29543ff1e1b7.html.

下，幼儿园就易投其所好，无视教育部门的禁令，违规授课、超前教育。不难解释，幼儿园"小学化"，家长也是主要原因之一。

今天，学前教育事业的健康发展对我国基础教育质量的提高、国民素质的提升乃至综合国力的提高意义深远。从政策研究的角度来加强对学前教育事业的管理，促进学前教育公平，提高学前教育质量，是我国学前教育事业发展的迫切需求。

想一想

你身边有哪些"小学化"倾向的表现？你如何看待这些现象？

三、关注0—3岁婴幼儿的保育和教育

案例7-3-4

中国人口出生率又现新低

近些年来，我国人口出生率逐年下降，人口老龄化问题严重。为此，我国于2021年开放三孩政策，鼓励父母生育三孩。然而，政策实施后的两年里，我国人口出生率不仅没有提高，反而持续降低。根据相关数据显示，2016年二孩政策施行初期，我国的出生人口攀升至1 786万，创造了2000年以来的历史新高。然而，在2017年时，出生人口便降低至1 723万人，2018年则降低至1 523万人，创下1949年以来的历史新低，而2019年无疑又进一步刷新了新中国成立以来的低点，比上一年度又下降了58万人。

讨论：导致我国生育率降低的主要原因是什么？为了推动人口发展，当前的托育政策还需要哪些变革？

近年来，国际社会对国家发展0—3岁婴幼儿教育战略的意义与价值的认识日益深化。联合国教科文组织的《达喀尔行动纲领》提出，把"儿童早期教育和托育服务"作为实现全民教育的首要目标。经济合作与发展组织发布的"强壮开端"（Starting Strong）的报告分析了各成员国早期保育和教育发展的现状和动态，列出相关政策，追

求发展和改进。1999 年，世界学前教育组织（OMEP）和国际儿童教育协会（ACEI）在瑞士召开了 21 世纪幼儿教育国际研讨会①，讨论制定全球幼儿教育课程的问题，制定指导国家婴幼儿教育政策的一般原则。2002 年，联合国儿童基金会启动了"走向世界项目"，旨在通过帮助发展中国家制定儿童学习和发展的标准来帮助其改善婴幼儿教育。

随着 2021 年我国提出的三孩政策，托幼机构的数量远不能满足家庭的现实需求，婴幼儿托育服务供需矛盾突出。产假结束后重返职场，把孩子交给上一辈老人照顾，这是中国妈妈通常的做法。由于中国老龄化加剧以及晚婚晚育情况较为普遍，上一辈老人对于抚养三孩显得有心无力，而日益高涨的保姆或育儿嫂的聘请费用更令很多家庭难以负担。托育服务的价格和质量日益受到社会关注。

想一想

对于托育服务，到底应该向家长收取多少费用？托育服务应该免费吗？对此你怎么看？

从当代各国学前教育政策与法规的关注焦点来看，3 周岁前婴幼儿的保育和教育是各国关注的重点之一。脑科学和认知心理学的成果表明，出生后的前 1 000 天对个体一生至关重要。在这些成果的影响下，越来越多的国家开始将公共资金投入 0—3 岁儿童的教育中，开始为该年龄段儿童提供免费的早期教育机会。

现今，我国 0—3 岁儿童的入园入托率极低，基本以家庭照顾为主，这增加了女性就业的不稳定性和家庭压力，制约了三孩政策的实施；同时，保育的质量和平等性也无法得到保障。幼儿园资源不足，无法延伸服务小年龄段儿童。巨大的托育需求催生了商业化的托儿机构，但其师资不规范，托育质量无法保障。部分地区虽然存在以社区为基础的 0—3 岁儿童服务机构，但是主要以短时的早教活动为主，不具托管性质，且覆盖面小，不能满足普通家庭对婴幼儿托育的需求。当前我国托育政策的热点问题包括师资培养、质量监督、安全督导等。可以预见，基于教育神经科学、儿童发展等研究成果，发展 0—3 岁婴幼儿的保育和教育政策将成为我国学前教育政策研究未来十年的重点关注议题。

本章小结

本章第一节介绍了教育政策与法规研究的主要方法：调查法、实验法、统计法和文献法。

---

① 姚健儿.高职学前教育幼儿园、家庭、社区合作共育的几点思考［J］.宿州教育学院学报，2016，19（5）：74—76.

本章第二节介绍了国际上部分国家的促进教育公平和提高教育质量的重要政策与法规，如美国的"开端计划"、英国的"确保开端计划"等。

本章第三节展望了我国学前教育政策的宏观发展趋势，提出追求学前教育公平、提高学前教育质量、关注托育政策将成为我国未来学前教育政策研究与变革的重点。

思考与练习

1. 填空题

学前教育政策与法规研究的主要方法有_____、_____、_____、_____。

2. 选择题

（　）（1）在制定关于处境不利儿童的早期干预政策时，为了解儿童与家庭关于早期发展的具体需求与问题，最适合采用的研究方法是_____。

   A. 实验法 B. 文献法 C. 统计法 D. 调查法

（　）（2）对政策文献进行梳理、比较和分析，以把握政策研究文本的价值理念、社会背景和优缺点的研究方法是_____。

   A. 实验法 B. 文献法 C. 统计法 D. 调查法

3. 简答题

在我国的托育政策研究中，重点议题有哪些？

4. 论述题

你认为学前教育应该纳入免费教育或义务教育体系吗？为什么？

附录　学前教育政策与法规原文

《幼儿园管理条例》

《幼儿园工作规程》

《幼儿园教育指导纲要（试行）》

《3—6岁儿童学习与发展指南》

《关于幼儿教育改革与发展的指导意见》

《中国儿童发展纲要（2021—2030年）》

《国务院关于当前发展学前教育的若干意见》

《儿童权利公约》

《中华人民共和国未成年人保护法》

《幼儿园教师违反职业道德行为处理办法》

《新时代幼儿园教师职业行为十项准则》

《幼儿园教师专业标准（试行）》

《幼儿园园长专业标准（试行）》

《教师资格条例》

《学前教育专业师范生教师职业能力标准（试行）》

《幼儿园保育教育质量评估指南》

《中华人民共和国民办教育促进法》

《托儿所、幼儿园建筑设计规范》

《托儿所幼儿园卫生保健管理办法》

《托育机构设置标准（试行）》

《托育机构管理规范（试行）》

《托育机构婴幼儿伤害预防指南（试行）》

《托育机构保育指导大纲（试行）》

《托育机构负责人培训大纲（试行）》

《托育机构保育人员培训大纲（试行）》

《幼儿园玩教具配备目录》

《中小学幼儿园安全管理办法》

《中华人民共和国教育法》

 《中华人民共和国学前教育法》

 《中华人民共和国教师法》

 《中华人民共和国家庭教育促进法》

 《学生伤害事故处理办法》

 《上海市托育服务三年行动计划（2020—2022年）》